JE SUIS NÉE UN DIMANCHE

VICTOIRE DE MONTESQUIOU

JE SUIS NÉE UN DIMANCHE

Préface de Jean d'Ormesson
de l'Académie française

JCLattès

À Patrick, à mes six enfants
et
» aux quelques êtres qui m'aiment et que j'aime, à ceux qui éprouvent plutôt qu'à ceux qui pensent, aux rêveurs et à ceux qui font confiance aux rêves comme aux seules réalités... »

Edgar POE.

Ma chère Victoire,

Le petit Marcel, que ma famille ignorait puisqu'il n'était ni diplomate, ni conseiller d'État, ni inspecteur des finances et dont la tienne traitait avec condescendance l'agitation et le snobisme, parle quelque part d'une princesse de Guermantes qui passe, éternelle, de génération en génération. Les Montesquiou, qui jouent un rôle considérable dans la vie et l'œuvre de l'auteur de la Recherche, *sont une de ces familles dont la permanence et l'éclat enchantaient le jeune Proust. De Montluc à Robert de Montesquiou et à ton père, en passant par d'Artagnan, par* maman Quiou *et par l'abbé de Montesquiou, les tiens n'ont pas cessé de jouer un rôle dans l'histoire de notre pays. Et, au même titre que la princesse de Guermantes dans* le Temps retrouvé, *on dirait qu'ils ne meurent que pour revivre sous d'autres espèces.*

Autour de cette lignée de guerriers, de politiques, de poètes, les femmes ne sont pas moins remarquables que les hommes. Je ne dirai rien de toi : les lecteurs qui ne te connaissent pas encore te découvriront en lisant tes pages; ceux qui te connaissent déjà retrouveront dans tes souvenirs une de ces reines de Paris qui régnait par sa beauté, par sa simplicité, par son élan vers autre chose – qui a fini par triompher. L'âge me permet, pour ma part, de me souvenir, avec fidélité, avec une vraie émotion, du temps où tu étais une petite fille sous laquelle perçait déjà la jeune femme éblouissante que tu allais devenir. Tu avais de qui tenir. Ta mère était un de ces personnages de légende qui rendent plus lumineux le monde où ils évoluent. Des vieillards qui avaient, à cette époque-là, à peu près l'âge que j'ai aujourd'hui m'assuraient – mais je me refusais à les croire – que la mère de ta mère était plus belle encore que ta mère. On entrait là dans un univers qui relevait de la fable, de la mythologie. Ta grand-mère avait trois sœurs. Les quatre sœurs Boussod étaient comme ces trois déesses entre lesquelles le berger Pâris avait longuement hésité. On racontait que quand les quatre sœurs – ou même une seule d'entre elles – entraient dans un lieu public, un bal, un restaurant, au temps de la Belle Époque, les conversations cessaient, la musique s'arrêtait, les dîneurs s'immobilisaient et laissaient tomber leur fourchette. Il y avait dans ta famille – et surtout, à mon goût, du côté des femmes de la famille – comme un halo d'enchantement. Elles étaient toutes nées un dimanche.

Ce monde était naturellement un monde de privilèges. Il y avait des châteaux, des fêtes, des hommes illustres, tout ce parfum grisant de la réussite et de la beauté. C'est un terrible handicap d'être né dans tant de passé. Tu ne t'es pas contentée de relever le défi. Tu as voulu sortir de ces feux d'artifices. Une des façons d'en sortir, c'est de les raconter au lieu de les vivre.

Tu racontes un monde évanoui qui était brillant et dur, spirituel et égoïste, plus tourné vers le passé que vers les bouleversements de l'avenir. Il y avait, dans ce monde, un goût très sûr de la beauté, de l'élégance, de la grâce. Il y avait de la légèreté, de l'indifférence, une sorte de violence dissimulée sous les manières. Ce qui le sauve, ce décor, c'est la mélancolie, la nostalgie, le bruit du râteau dans les allées du parc, les rites immémoriaux qui faisaient sa grandeur. J'ai fait sauter sur mes genoux une petite fille de cinq ou six ans, qui doit en avoir quinze ou seize aujourd'hui. Elle est aussi jolie que sa mère et elle s'appelle Nine comme sa grand-mère. Lorsque plus tard, ses petits-enfants et peut-être les enfants de ses petits-enfants tâcheront de se faire une idée de ce qu'était la survivance des traditions dans une époque déchirée entre la barbarie fasciste, l'oppression communiste et la domination de l'argent, ils se pencheront peut-être sur ces pages pour voir défiler la province française et les salons parisiens. Sur une société abolie, une duchesse de Clermont-Tonnerre, une comtesse de Pange, une duchesse de Sabran, un prince de Faucigny-Lucinge, beaucoup d'autres encore, ont apporté leur témoignage. Voilà que tu y joins la fraîcheur de tes souvenirs d'enfance.

On verra défiler au fil de ta mémoire des hommes d'État et des écrivains, des présidents de la République et des Premiers ministres, des fêtards, des jeunes gens fous, les jardins de Verrières où règnait Louise de Vilmorain et les pampas d'Argentine. Tu me permettras de me souvenir plutôt de quelques visages de femmes que j'ai admirées et aimées.

Ta mère d'abord. Tous ceux qui l'ont connue me comprendront. Elle était l'image d'une gaieté, d'une grâce légère qui savaient se muer en courage. Elle riait, elle pleurait, elle était plus femme qu'aucune femme et elle était la beauté même, le charme, l'élégance. Ta sœur, Véronique, si différente de toi, et pourtant, elle aussi, si liée à tout ce passé qui affleurait en vous. Ta tante, Nononne, qui était la femme du merveilleux oncle Robert de Billy, ta tante Andrée, tant de cousines et d'amies qui formaient autour de toi comme une guirlande de Julie.

Et puis, justement, il y avait Julie. C'était la version Montesquiou de la Françoise du Temps perdu, *de la Céleste de Proust. C'était une forte femme et une sacrée cuisinière. C'était une femme de grand cœur. Elle avait de saintes tempêtes et un fichu caractère. Elle m'avait tricoté un chandail gris trop petit qui était une des choses les plus précieuses qui m'aient jamais appartenu. Au milieu de tous vos charmes et de vos grâces sans fin, elle tenait debout la maison. Je n'ai jamais su si c'était ta mère que j'aimais, ou si c'était toi – ou si ce n'était pas plutôt elle.*

Et puis, bien sûr, il y avait toi. Un soir – tu devais avoir douze ou treize ans –, à Marsan, dont tu parles dans ces pages, égaré par les vapeurs de l'armagnac qui porte ton nom ou par je ne sais quelles passions, je me suis laissé aller à te dire qu'un jour je te couvrirais de bijoux, de fourrures et d'autres choses encore. Je ne t'ai jamais donné ni bijoux ni fourrures. C'est pour payer ma dette que je t'écris ces lignes. Il me semble en les écrivant, que ma gorge se serre un peu. Ce n'est rien. Ou presque rien. Juste un peu de passé qui me remonte au cœur.

JEAN

Je suis née le 16 septembre 1934, un dimanche à cinq heures de l'après-midi, dans la maison de mes parents à Neuilly. Ma mère m'a toujours dit que ce fut une journée merveilleuse. Elle me chantait l'air de *Mélisande* : « Je suis née un dimanche, un dimanche à midi, saint Michel et saint Gabriel... » Mon père me prénomma Victoire en souvenir de sa mère morte alors qu'il avait neuf ans.

Mon image est celle d'une petite fille blonde, maigre, volontiers silencieuse, très imaginative et douce, l'aînée de trois enfants.

En 1939, nous n'étions que deux, ma sœur Véronique et moi. De cette enfance, il ne reste que quelques reflets : une maison claire à Neuilly et son minuscule jardin donnant sur la lisière du bois de Boulogne. Un salon tendu de soie écrue, où je ne faisais que passer pour dire bonsoir. Une mère, très belle. Elle préparait alors ses diplômes d'infirmière. Ma plus grande récompense : lui servir de blessée imaginaire pour la technique des pansements. Je restais immobile pendant des heures, la tête serrée dans des bandes Velpeau.

Le premier sentiment de culpabilité : un mensonge! Portant des chocolats à ma Nana alsacienne, j'en croquai un. Malgré le constat évident de mon méfait, je persistai à nier. Ma mère me punit. Pendant une semaine, je fus privée de bandages! Je ne l'ai jamais oublié. Je me vois toujours, la tête cachée dans un petit meuble de coin, accomplissant ma vilenie, me croyant protégée de tout soupçon!

Mon plus joli souvenir, un cadeau de Mamédoux, nom que je donnais à ma grand-mère maternelle. Un petit oiseau bleu dans une cage en verre. Il chantait, battant des ailes, tournant la tête quand je remontais le mécanisme. Je le gardais toujours dans ma chambre. Après la débâcle, je l'ai retrouvé, il ne restait plus un barreau et l'oiseau avait perdu bien des plumes, mais sifflait toujours à ravir.

Puis ce fut l'hiver 1939. Le départ de Paris dont je ne garde aucun souvenir. Je me rappelle l'arrivée en pleine nuit, par une tempête de neige, à Montrozier, en Aveyron, petit village médiéval.

La 15 CV Citroën refusait de monter la côte. Véronique et moi, accrochées au manteau de fourrure noire de notre mère, nous marchions avec peine dans la neige profonde. La lueur des phares éclairait mal la route, les ombres étaient immenses. J'avais froid, les larmes se figeaient sur mon visage. Je sentais des bras tendres m'emporter, ceux de mon père, en uniforme.

Je ne le revis qu'en 1941, dans le grand escalier de Marsan, après son évasion du train l'emportant vers l'Allemagne.

Le château fort où nous étions réfugiés était une des demeures de Maurice Fenaille, mon arrière-grand-père maternel. Connu universellement dans le monde des arts, ce fut un grand mécène, un illustre collectionneur. Grâce à lui, la manufacture des Gobelins prit un nouvel essor. Il devint l'ami de Rodin et l'aida. Il restaura aussi le château de Montal, dans le Lot, en rachetant dans le monde entier les sculptures, les cheminées Renaissance qui en faisaient partie, et en fit don au président Poincaré, lors de l'inauguration! Il crut à l'avenir du pétrole, cette énergie nouvelle, et fit fortune.

Il ressemblait à Victor Hugo : même chevelure blanche, un regard très doux. C'est la seule impression que je garde de lui.

Dans cette demeure aux gigantesques escaliers de pierre, les plafonds semblaient atteindre le ciel. Le froid était intense. Ma sœur et moi, nous couchions dans le même lit, le feu dans la haute cheminée ne réchauffant pas la pièce. Terrorisées, blotties l'une contre l'autre, nous écoutions le vent siffler sous les petites fenêtres mal jointes du donjon.

A Noël, tous les cousins se réunissaient dans le salon, autour d'un immense sapin couvert de bougies et de cadeaux. Je me sentais isolée au milieu de tous ces enfants.

Maman était absente, partie accompagner mon père au Front. Je reçus en cadeau un chalet de bois, sorte de maison de poupée. J'y jouais des heures, toujours seule. Ma sœur avait trois ans.

A cette époque, dans ce milieu aisé, les enfants restaient auprès de leur gouvernante, enfermés dans leur chambre ou leur salle de jeu. Ils se retrouvaient pour saluer une ou deux fois par jour les grands-parents et, parfois, pour la promenade quotidienne, mais toujours accompagnés.

Ma seule évasion possible, la lingerie située sous les combles, le domaine de Claire Bienaimé, la femme de chambre de Mamédoux. Elles avaient aussi fui Paris.

Claire parlait avec un fort accent bourguignon et me racontait, tout en raccommodant ou durant le repassage, l'histoire d'Alise Sainte-Reine, une jeune chrétienne martyrisée lors du siège d'Alésia. Je subissais une étrange fascination. Elle me décrivait les costumes, les mouvements de scène. Elle changeait d'intonation à l'apparition de tous les personnages. Je vivais intensément chaque épisode, me serrant plus près de ses genoux quand l'émotion devenait trop dense. Peut-être est-ce ce premier contact désuet avec le théâtre qui m'en donna plus tard la passion?

Un soir, Claire nous invita tous dans la lingerie à venir saluer une naine, apparue très mystérieusement. On nous fit asseoir par terre les uns après les autres, dans la pièce faiblement éclairée. Minuscule, elle nous attendait, debout sur la grande table. Remuant sans cesse ses petits pieds, cette étrange personne nous désignait de sa main potelée, chacun à notre tour, dévoilant nos bêtises, nos caprices, nos gentillesses. Nous restions médusés de nous savoir découverts. Seule habituée à sa voix, je reconnus Claire immédiatement. Je devinai aussi qu'elles étaient deux! Ses mains appartenaient à Berthe, une autre femme de chambre, j'identifiai son tablier noir à fleurs mauves. Je gardai ce secret très longtemps, jusqu'au jour où, jeune femme, j'évoquai tous ces souvenirs avec Berthe, alors retraitée et retirée dans sa maison près du château.

Les domestiques faisaient partie de la famille. Nous les respections, nous les aimions bien plus que certains parents, qu'on ne voyait que rarement. Nous fûmes élevées par ces femmes sans âge, dont la vie entière se consacrait au service et au bien-être de leur maîtresse. Avec autorité et beaucoup d'affection, elles nous éduquaient comme leurs propres enfants devenus nos compagnons de jeu. Aidées d'un bon sens irréfutable, elles nous enseignaient une morale joyeuse, faite de dignité, de respect d'autrui et de courage. Cette éducation me permit de m'adapter à toutes les situations et de comprendre plus rapidement que d'autres que les êtres humains se ressemblent tous, même s'ils sont de milieux différents.

Trop petites pour être admises à la salle à manger, nous prenions nos repas dans la bibliothèque avec Nanie, la nurse anglaise au fort accent cockney qui succéda à Nana. Ma nourrice me quitta à la déclaration de la guerre pour retourner en Alsace près de sa famille. Ce fut mon premier vrai chagrin!

Nanie, jamais contente, ronchonnait sans cesse sur ses nouvelles conditions de vie, dues à la guerre naissante. Dans son jargon anglo-français, elle exprimait son dépit de n'être plus « servie » comme dans sa place précédente qui était fort luxueuse! Elle m'ennuyait avec ses radotages. Je ne l'aimais pas beaucoup, du reste, elle préférait ma sœur et me grondait injustement. Je ressens encore les fessées données avec la brosse à cheveux... Aussi, je riais de sa fureur durant la promenade, quand je marchais trop rapidement pour échapper à sa surveillance. En cachette je me moquais de son indignation, lorsque Calendré, le vieux maître d'hôtel, lui posait sans civilité les mets sur la table... En attendant que nous ayons fini nos assiettes, il se couchait de tout son long sur le coffre à bois, sous l'œil féroce d'un sanglier empaillé!

Notre séjour à Montrozier se termina en mars 1940; nous partîmes pour Marsan, où nous attendait maman. Mon grand-père paternel mourut quelques mois auparavant. Je l'avais peu connu. Un homme très distant, paraît-il, sans aménité ni tendresse, il supportait mal la présence des enfants. Un jour, il me chassa du jardin, furieux contre moi car j'avais osé lui dire zut. J'avais quatre ans.

Les gens, à Marsan, racontaient que « monsieur le Duc » n'allait jamais dans le village, tout le monde le craignait! Avec la guerre, tout allait changer.

Ma mère, à peine âgée de vingt-six ans, inexpérimentée, ayant mené jusqu'alors une vie facile et mondaine, allait, seule, du jour au lendemain, prendre en main l'organisation de la maison; avec l'aide du vieux régisseur, M. Ceres, elle mènerait aussi l'exploitation. Elle fut tout de suite acceptée par les domestiques de la vieille génération. Avec générosité et efficacité, elle fit face aussi au déferlement de l'exode.

Dès janvier 1940, le château de Marsan fut envahi. Réfugiés belges, polonais, roumains, officiers français se succédèrent.

Les membres de la famille proche, des amis intimes, leurs enfants, leurs femmes de chambre s'installèrent jusqu'à la fin des hostilités. Nous étions plus de trente personnes, sans compter tous ceux qui travaillaient sur la propriété. La guerre redonnait à cette grande maison une vie communautaire aussi intense qu'à la Belle Époque, mais les heures seraient graves. Pendant cinq années, nous allions partager de durs mois de privations, leurs contretemps humoristiques, et surtout les luttes secrètes pour la défense de la liberté.

Avec inquiétude, je ne percevais que le climat angoissant de ce monde secret, interdit aux enfants. Je comprendrais très vite la gravité de la guerre, sans pouvoir en parler à quiconque.

Quand je pense à Marsan, c'est avec une infinie tendresse, un certain recueillement.

Sous mes paupières closes, le même tableau apparaît indéfiniment : un château blanc, aux toits d'ardoise, encadré par quatre tours, aussi simple qu'un dessin d'enfant ! La barbacane ouvrant sur une cour intérieure, la chapelle ponctuant l'aile orientale. Sa présence domine tout le paysage des coteaux, escortée par le petit village. Entièrement détruit par le Prince Noir, reconstruit dans son architecture actuelle au XVIIe siècle, ses dimensions me semblaient écrasantes, mais je m'y sentais heureuse de vivre parmi tous ces gens allant et venant, attentifs à leurs occupations. Le château est orienté plein sud, la lumière inonde les pièces par les hautes fenêtres, même celles situées au nord. C'était une maison très gaie et vivante.

Par la porte d'honneur, aux serrures impressionnantes, on entrait dans le vaste vestibule au sol de mosaïques italiennes ; des bustes de marbre, des potiches chinoises dessinaient une perspective de galerie. La cage du grand escalier de pierre était alors envahie par le déménagement de Neuilly. Je revois encore ces lettres noires « Gros-Piron » pareilles à un juron, imprimées sur toutes les caisses entassées, la paille emmaillotant les bras et les pieds des fauteuils. Ma sœur et moi aimions nous cacher sous cet amoncellement ordonné, riant aux éclats de n'être pas découvertes par la pauvre Nanie !

A droite, la lingerie du nord, où les dames du village venaient repasser. Chacune prenait son fer en fonte sur une cloche octogonale chauffée au bois, lissant inlassablement les draps de batiste et les nappes damassées.

Dans la lingerie du sud, Antoinette, auréolée de cheveux extraordinairement blancs, brodait et raccommodait à longueur d'année. A gauche, après une minuscule entrée, domaine accordé aux chiens, la cuisine, aux murs couverts de batteries de cuivre, son importante cheminée où Marion, la doyenne, s'asseyait pour préparer les chaufferettes, et, bien entendu, le gros fourneau noir à la rambarde de cuivre, devant lequel s'affairaient Palmyre et sa fille Julie.

L'une replaçait, à l'aide d'un long tisonnier, les anneaux de fonte des différents foyers avec un bruit inimitable de ferraille, tandis que l'autre remuait la queue des sauteuses, soulevait les couvercles, pour surveiller la cuisson de mets incomparables.

En suivant la salle à manger du personnel, sa longue table recouverte d'une toile cirée à carreaux rouges et blancs, puis la souillarde : les volailles y étaient plumées, les légumes épluchés. Enfin, une réserve, petite pièce aux murs suintant d'humidité, et très peu éclairée. Mme Laborie, la fille de cuisine, y gardait les victuailles au frais. Elle les descendait au fond d'un puisard à l'aide de paniers suspendus à des cordes. Aux murs, plusieurs garde-manger grillagés finement, sous lesquels s'alignaient des pots de grès contenant les œufs conservés dans le lait de chaux, les confits d'oie, de canard, la graisse. On y faisait le beurre, denrée si précieuse à l'époque. Petits et grands, surpris dans l'oisiveté, s'y succédaient pendant des heures pour actionner la manivelle de la baratte, qui ronronnait commc une toupie.

Vers le midi, à la frontière de ce vaste domaine culinaire où s'élaboraient tout le jour et tard dans la nuit tant de repas, la grande office. Sur les quatre murs des armoires élevées faisaient corps avec le plafond. Eugène, le maître d'hôtel y rangeait toute la vaisselle, les verres à pied, les couverts d'argenterie allongés si sagement dans leur écrin doublé de daim rouge.

J'étais beaucoup plus impressionnée par les pièces réservées aux personnes de la famille que par celles faisant partie de la cuisine, où régnait une grande complicité vis-à-vis des enfants. Ainsi, nous avions rarement le droit de nous asseoir à la table de la salle à manger, sauf pour les fêtes. Nous y étions présentes, silencieuses, autour d'une petite table dans un coin. Le maréchal de Montluc, en pied, tout de noir vêtu, le cou enserré de sa fraise blanche, nous scrutait sans relâche de ses yeux perçants.

Les pièces de réception se succédaient, impressionnantes,

marquées durant neuf siècles par la présence d'une même famille, celle des Montesquiou-Fezensac. Leur passé est celui de la Gascogne, avant de prendre part à l'histoire de France.

Mon père s'est toujours référé à ces pages illustres, empreintes de droiture et de courage, pour m'apprendre, dès l'enfance, à affronter la vie. Je me souviens parfaitement de cette phrase exprimée sur un ton irréfutable, devant le maroquin du *Mal Aymeri* de Montesquiou : « Tout te sera pardonné, sauf de ne pas travailler. Portant le nom d'une des cinq grandes familles de France, tu n'useras d'aucun droit. Ton devoir est de Servir. »

Dans l'esprit d'une petite fille de onze ans, plutôt timide, ces mots furent lourds de conséquence. Sur l'instant, je restai pétrifiée, mon esprit se heurtant à une incompréhension totale. Mais, comme le font les enfants gentils, je promis innocemment que j'essaierais ! Chaque fois que je travaillais bien, mon père me pinçait l'oreille, comme le faisait Napoléon à ses grognards, disait-il. Ce geste me rendait fière. Lorsque je travaillais mal, j'étais punie selon la règle.

Il fallait prendre son temps pour traverser cette galerie au parquet si brillant, nous ne résistions pas à y faire des glissades. Eugène nous tirait aussi sur sa brosse à pied pour effacer nos traces, ce nouveau jeu nous semblait si amusant !

Le premier salon, celui des maréchaux, aux boiseries de chêne foncé, sur lesquelles s'échelonnaient les portraits de ces ancêtres qui par leurs victoires s'étaient illustrés sur les champs de bataille. A côté, le petit boudoir où les dames prenaient le thé délicatement servi sur des napperons amidonnés; trois vitrines se découpaient par leur transparence sur la toile fleurie, j'y collais mon nez, pour mieux regarder les porcelaines. La troisième porte à deux battants s'ouvrait sur le grand salon « rouge » aux lambris blancs. Cet adjectif coloré venait de son mobilier Louis XVI recouvert de velours frappé cramoisi, très précieux à nos yeux, non par la qualité de son ébénisterie, mais par sa légende ! Il avait été sauvegardé par le régisseur durant la Révolution française. Cet homme, tout dévoué à la famille, l'emporta dans sa ferme pour le soustraire au vol.

Trois portes-fenêtres donnaient sur un immense perron, d'où l'on découvrait la chaîne des Pyrénées, signe de pluie trois jours après leur apparition. Enfin, deux bibliothèques, dont les très beaux livres tapissaient tous les murs. Maman avait choisi celle du fond, plus facile à chauffer, pour y passer ses heures de loisir. Elle restait des soirées entières devant le feu de bois, telle Pénélope, brodant des smocks sur nos futures robes. Elle jouait de l'accordéon ou chantait en s'accompagnant de sa guitare, pour ma plus grande joie. Je devins musicienne grâce à elle.

Parfois, elle faisait des parties de jacquet avec un oncle. Le bruit feutré des jetons en ivoire et en ébène ponctuait mes lectures. J'avais découvert tous les livres d'histoire de France, illustrés par Job. Sainte Geneviève de Paris, Jeanne d'Arc, Bonaparte me retenaient des journées entières dans cet antre calfeutré!

Au premier étage, les chambres se répartissaient de chaque côté du grand escalier. A droite, au nord, deux petites pièces où nous passions l'hiver. Dès la fin de l'été, nous y déménagions. Sur les murs, un papier rayé jaune et gris, des rideaux délavés encadraient la haute fenêtre donnant sur la cour; nos deux lits, au ventre rebondi par une couette volumineuse, recouverts de piqué blanc, se séparaient par une table de nuit au dessus de marbre gris, où la lumière verte de l'abat-jour dessinait une tache mystérieuse. A l'intérieur un pot de chambre se dissimulait. Nous possédions une moitié de l'armoire chacune.

Les tiroirs devaient être bien rangés, tous les mois, Nanie y veillait, renversant leur contenu pour nous enseigner l'ordre. Dans la cheminée, un poêle bleu et son panier à bois. Un guéridon, deux chaises, la table de toilette délimitaient notre domaine. Le cruchon, la cuvette en porcelaine bleue, le broc en émail blanc étaient toujours remplis d'eau. Je cherchais à la cuisine l'eau chaude dans la bouilloire en cuivre, je la recouvrais d'un capuchon en percale ouatinée, parfois il me servait de couvre-chef pour les déguisements.

Une petite porte menait à la chambre rouge de Nanie. Elle écoutait la radio anglaise, se sentant ainsi moins exilée; tous les après-midi l'eau chauffait sur le réchaud pour son thé, une habitude anglo-saxonne, comme l'épaisse bouillie de maïzena que nous devions avaler chaque matin pour notre petit déjeuner!

Au bout du couloir, entièrement tapissé de gravures de chevaux, un escalier en colimaçon grimpait au grenier. J'y remplissais les brocs d'eau froide au réservoir d'eau de pluie recueillie par les gouttières. Souvent un rat mort y flottait, et cela me dégoûtait beaucoup.

En face, l'appartement de nos parents. Un arbre immense couvert de feuilles, de fleurs, croulant sous les lianes et les oiseaux colorés, escaladait les murs et les rideaux, recouvrant tout le mobilier. Cette perse transformait la chambre de ma mère en île des mers lointaines. Je me suis souvent représenté ainsi la maison de Paul et Virginie.

Tous les matins, j'assistais à sa toilette, émerveillée par sa beauté. Devant la coiffeuse, elle brossait avec abandon sa longue chevelure blonde, puis j'admirais la dextérité avec laquelle elle échafaudait son lourd chignon, comme si elle se repentait d'avoir laissé échapper un temps précieux. Son regard très bleu était tendre, enfantin, bouleversant de charme. Je revois sa moue boudeuse, lorsqu'elle soulignait ses lèvres de rouge. Après s'être habillée, elle s'agenouillait sur son prie-Dieu, au pied d'un grand crucifix en ivoire accroché à l'intérieur d'un triptyque de bois clair. Je restais silencieuse devant son recueillement.

Elle écrivait son journal sur un grand bureau d'acajou, généralement en fin d'après-midi. Le soleil couchant caressait de sa lumière dorée ses longues mains aux doigts délicats posées sur le cahier à la couverture noire cartonnée. Les rayons roses éclairaient une fois encore ses photos préférées dans leur cadre de bois : celle de mon père, les nôtres dans les bras de Mamédoux, ma grand-mère maternelle.

Venait l'heure de notre dîner. Nous irions l'embrasser plus tard. Elle nous bordait dans notre lit en nous racontant une histoire.

Blottie sous mon édredon, bien serrée dans les draps, j'écoutais avec ravissement l'histoire de Charlotte, si gourmande, puis plus tard celle de la petite sirène d'Andersen. Mes larmes roulaient sans fin sous mes cils, laissant sur ma taie d'oreiller un goût de mer. Ensevelie dans mon chagrin, je finissais par m'évanouir, aussi, dans un sommeil infini.

La chambre de mon père, attenante à celle de maman, s'agrémentait du même tissu, deux énormes armoires lui donnaient un air plus sévère. Son lit, étroit, s'insérait dans l'alcôve. Au-dessus, la prière de Kipling. Il me la fit lire souvent. Je ne le voyais que très rarement dans cette pièce, sauf pour se changer. Il travaillait toujours dans les champs, ou à son bureau dans les communs. Pendant la guerre, sa chambre devint notre salle d'études, deux tables de bois blanc, un tableau noir remplaçaient le bureau à cylindre et les fauteuils profonds en cuir. Ma mère y laissa les portraits, les décorations, le grand cordon du Saint-Esprit ayant appartenu à l'abbé de Montesquiou. Les plaques de métal scintillaient dans la pénombre, je songeais, interrogative, aux batailles, à ces guerres toujours présentes. Sur les nombreux paliers menant aux chambres voisines, les bibliothèques se succédaient, imposantes derrière leur porte en verre. Dès l'âge de douze ans, mon père me donna à lire des dizaines de volumes. Balzac, Stendhal, Montherlant, Benjamin Constant sortaient de leur oubli poussiéreux, pour ma plus grande joie. Il fallait, déjà, se préparer aux examens, se cultiver.

Comme dans toutes les grandes demeures, certaines chambres, les plus belles, étaient réservées aux invités. La chambre Empire, précieuse détentrice de tous les souvenirs du roi de Rome et de sa gouvernante Maman Quiou. La chambre jaune et la chambre grise, très petites, attribuées aux célibataires. La chambre Robinson, seule à posséder un lavabo, sous tenture parsemée de roses comme les murs. La chambre bleue, tout en camaïeu, ressemblait à une volière de conte de fées, des centaines d'oiseaux se cachaient dans des bambous. Parmi toutes ces pièces décorées avec raffinement, la chambre de la marquise nous fut réservée, son papier était par trop délavé par le soleil. Nous y habitions tout les étés. Ces deux dernières chambres donnaient sur une salle carrelée de tomettes, où l'on jouait à la grenouille. Les palets de bronze y rebondissaient et roulaient en faisant un vacarme assourdissant.

De là, on prenait le couloir de la « chapelle », menant à la tribune ouverte sur l'église du village. Des centaines de gravures illustrant les scènes bibliques nous escortaient. Près de ce sanctuaire, les deux dernières chambres de la maison, de style Napoléon III, abritaient tous les souvenirs de la famille d'Orléans.

J'aimais entrer à la chapelle par ce balcon, prier en silence. Je regardais la petite lampe rouge, symbole de la présence réelle. Ayant la foi, cette lueur me rassurait.

Sous les toits, un grenier qui n'en finissait pas : là dormaient les domestiques. Maman nous interdisait de nous y aventurer. J'étais la seule à y aller pour la corvée d'eau.

Aujourd'hui encore, si mes yeux ne voyaient plus, je pourrais me diriger dans cet immense château. Mes points de repère m'escortent comme une douce musique. Odeur d'encaustique, de boiserie, parfum de fleurs séchées, rose, chèvrefeuille, cyprès, encens. Bruits permanents de portes grinçantes, de tomette décalée, latte de parquet soulevée.

Musique de l'enfance heureuse.

Je suis émue chaque fois que je retourne dans ce lieu où s'écoulèrent les années décisives de ma vie jusqu'à ma majorité. Mon cœur bat secrètement, car c'est ici que je suis devenue gasconne pour toujours, dans ce village, sur cette terre aux collines dorées.

Pendant sept ans, mon seul univers sera cette maison habitée par tant de générations, cette petite localité aux trois cents habitants, salués chacun par leur nom.

Ma salle de jeux; des prés, des champs bordés de haies, des mares, des bosquets de chênes grêles, un grand if. Mes occupations : l'école communale et son poêle, plus tard les devoirs et les leçons sous la surveillance d'une institutrice à demeure, les travaux des champs, les corvées dans les fermes, les marches sur les routes blanches.

Tel un jeune arbre, je subis les métamorphoses du jeu fantastique des éléments : les hivers venteux et glacés, l'euphorie du printemps, la chaleur sans rémission des étés de sécheresse et l'ivresse automnale. L'attente du retour immuable des saisons, la participation aux rites accompagnateurs de travaux agricoles, cette genèse de la terre modela mon âme à jamais. Depuis l'âge de sept ans, aidant les métayers et leurs femmes aux tâches saisonnières, j'ai acquis inconsciemment leur humilité, leur ténacité pleine d'espérance devant la force implacable de la nature, leur sagesse. « Que voulez-vous! c'est ainsi », phase rituelle de l'acceptation de la volonté divine.

Avec le recul du temps, je sais qu'une certaine discipline exigée pendant cette période de guerre, les restrictions me furent très bénéfiques. Rien n'était dû. Toujours veiller à ce que le poêle de ma chambre ne s'éteigne pas, chercher de l'eau chaude pour la toilette au bain-marie du fourneau, l'eau courante n'existant pas. Mais, surtout, ne pas oublier de le remplir à chaque fois, pour les autres!

Les lampes à pétrole devaient être descendues chaque matin, prêtes le soir, leur manipulation si difficile, voire inquiétante, devenait l'apanage d'Eugène, le maître d'hôtel.

Bien entendu, nous mangions sans rechigner les mets proposés au menu, écrit en lettres rondes sur une feuille de porcelaine, même si, jour après jour, les carottes succédaient aux topinambours. Ne jamais jeter le pain, aliment sacré. Julie le fabriquait à la maison, trois fois par semaine. Les femmes ici font toujours une croix sur la miche avant de le rompre. Le gaspillage n'existait pas, la facilité, inconnue. Chaque geste gardait toute sa signification, le temps était toujours précieux.

Lorsque je gardais les vaches, assise sous le noyer, je tricotais, en même temps, pour les nouveau-nés du village. Nous allions à la corvée des doryphores, tâche répugnante, je tenais à la main un pot de confiture rempli d'eau où je les noyais; même, après la récolte, nous ramassions les pommes de terre oubliées.

La pire des missions : garder le troupeau de dindons dans les chaumes! Ces maudites bêtes, pourchassant des sauterelles, me faisaient courir des kilomètres, agrippée à la gaule ornée d'un chiffon rouge.

Je ne portais pas de chaussettes dans mes sandales à semelle de bois et rentrais à la maison les chevilles en sang. Je jouais avec mes poupées, des perles, et dessinais, surtout à la mauvaise saison. Au long des promenades nous pensions à ramasser du petit bois pour allumer le poêle chaque matin, la dualité de l'utile et du loisir accompagnait la vie quotidienne. Les domestiques m'apprenaient le pourquoi et le comment des tâches, m'aidant quand se présentait le moindre risque. Je devais tout savoir faire.

La maison s'éveillait dès l'ouverture des persiennes. Trente-quatre au rez-de-chaussée! Leur claquement sec contre les murs, le grincement de chaque crémone m'incitaient à me dresser dans mon lit. Une demi-heure plus tôt, les cloches annonçant la première messe avaient dissipé mon sommeil. J'attendais le signal donné par Eugène, paresseusement enfouie dans la tiédeur des draps chiffonnés.

Nanie craquait une allumette. Le poêle ronflait, laissant filtrer cette odeur aigre de papier journal et de margotin brûlés, et ce joli voile de fumée bleue. Pleine de curiosité impatiente, comme aux jeux de hasard, je tirais les rideaux, ouvrais les volets, pieds nus, sans prendre le temps de mettre ma robe de chambre. Allait-il faire beau? Le temps a toujours donné une couleur définitive à ma journée. De quel côté viendrait le vent ce matin? De l'ouest? Ce serait la pluie dessinant les flaques d'eau où j'aimais sauter en galoches. Du sud? C'est toujours le terrible vent d'autan, malmenant les gens comme les branches des arbres, mais à qui l'on pardonne, car au bout de trois jours une pluie chaude et douce apaiserait la terre bousculée par cette tourmente. Du nord? Se faisant plus rare, il s'annonçait avec le sifflement du premier train Toulouse-Auch et la triste ritournelle de la girouette de la tour est.

Une toilette de chat au gant mouillé dans la cuvette d'eau froide, les cheveux tirés et brossés par Nanie, essayant désespérément de transformer mes baguettes de tambour en boucles, une assiette à soupe de bouillie, j'étais enfin prête à enfiler mon tablier bleu d'écolière.

Je traversais la cour du château et me rendais à l'école du village. Minuscule, sans étage, elle se divisait en deux pièces séparées par un couloir : celle des petits dirigée par Mlle Arné, l'autre pour les primaires sous la férule de Louis Lages, les menant au certificat d'études.

Sur les murs, l'alphabet et les consonnes magiques telles que... ch... ph... alignées par paires, si difficiles à retenir. Une carte de France, une reproduction d'un château fort autour duquel travaillaient les serfs, caracolaient des chevaliers en armure et oriflammes. Une dizaine de tables stigmatisées de dessins informes, d'initiales encrassées, creusées au canif, l'encrier en porcelaine blanche, tapi dans un creux bien rond où l'encre violette gardait des reflets d'or. J'entends encore, pendant la dictée, les plumes Sergent-Major grincer maladroitement sur les feuilles du cahier à gros carreaux. Je revois avec horreur les becs s'écarter, laissant une tâche indélébile. Le buvard vert la rendait plus pâle, mais la gomme y laisserait un trou.

Notre cour de récréation était la rue du village : une route blanche venant de la campagne, menant à la boulangerie au centre de l'agglomération. La façade de la mairie nous faisait front, abritant un préau sinistre pour les jours de pluie.

Les garçons jouaient à la balle au prisonnier, à chat; les filles à la ronde, chantant, rougissantes, des comptines romantiques : « Celle que j'aime n'est pas ici, ah la voici, la voilà celle que mon cœur aimera... »

Nous ânonnions sans fin les tables d'addition, de multiplication, les verbes être et avoir, les bras sagement croisés sur nos pupitres, nos yeux ne quittant pas le regard de la maîtresse. Parfois le vol maladroit d'un hanneton suspendu à un fil nous faisait tous nous retourner vers le fond de la classe, les mains cachant maladroitement un fou rire, les paupières plissées, redoutant le coup de gaule sur la tête et les pages de lignes...

Le samedi, à tour de rôle, nous participions au jour de grand nettoyage : essuyer la poussière, faire disparaître les jalons de la semaine écoulée, bouts de craie, de buvard, miettes de pain, traces de boue et d'herbe, cocottes en papier. Mouiller le sol avec l'eau contenue dans un entonnoir que nous laissions s'échapper goutte à goutte avec notre index. Épandre la sciure de bois, ramasser le tout dans une grande pelle.

L'hiver, nous enlevions les cendres du poêle, les grands empilaient la réserve de bois pour la semaine. L'après-midi de ce jour consacré à la propreté, nous devions aussi nettoyer et décorer l'église pour la grand-messe du lendemain. Le ménage se faisait de la même manière, mais un seau rempli d'eau, le fond percé de quatre trous, remplaçait l'entonnoir. J'aimais dessiner de grandes arabesques de pluie fine sur le dallage de terre cuite. Félicie, la servante de l'abbé Casterède, et Jeanne Daubèze arrangeaient en bouquets joyeux et naïfs les fleurs que nous avions ramassées.

Selon les saisons, nous apportions des fleurs ou des branchages à notre maîtresse. Je rentrais tous les jours déjeuner. Beaucoup d'enfants restaient dans la salle de classe, se nourrissant de pâté et de pain, parfois d'un morceau de poulet ou de saucisse, d'une pomme. Ils faisaient des kilomètres à pied, matin et soir, pour se rendre à l'école et rentrer à la ferme. Souvent mon père me le rappelait lorsque j'osais me plaindre de mes engelures. La marche à pied était le moyen de locomotion naturel le plus usité. Les intempéries n'arrêtaient personne. On se couvrait la tête et les épaules d'un sac de jute et les sabots bourrés de paille remplaçaient les espadrilles.

Au château, on n'attelait la jument et la charrette que pour se rendre à Auch, éloigné d'une quinzaine de kilomètres de Marsan. La vieille 15 CV Citroën équipée au gazogène ne sortait que pour les voyages ou les déplacements urgents.

Après un an à la communale, je suivis mes études avec Mlle Quilbeuf. Institutrice dans le Nord, l'invasion allemande l'avait chassée, l'école où elle professait n'existait plus. Petite et frêle, ses yeux très bleus rassuraient, atténuant la sévérité de son visage, les cheveux blancs retenus dans un chignon bas, la sobriété propre de ses vêtements dénotaient une personne soignée. Autoritaire mais douce, elle eut cependant l'intelligence de comprendre mon désarroi d'être subitement seule sans compagnes. Intimidée les premiers jours, je me sentais désemparée de ne plus entendre cette musique collective, répondant aux interrogations de la maîtresse, triste de ne plus sentir cette complicité de toute la classe face à l'autorité.

Je n'allais plus en récréation, quart d'heure de liberté tant attendu où nous marchions par trois, inséparables amies, nous tenant par la taille, les oreilles bourdonnantes de secrets, le rire aux dents.

Dorénavant, je me promenais avec Véronique, accompagnées de notre demoiselle, sur les chemins de pierre blanche menant aux quatre routes, le croisement avec la route nationale, notre but familier. Les jours ensoleillés, les pierres blanches comblant les nids-de-poule, enchâssées de petits cristaux, scintillaient dans la lumière rase. Elles provoquaient des chutes redoutables à bicyclette, meurtrissant mes coudes et mes genoux, s'incrustant sous la peau.

Ces balades se révélaient de véritables chasses au trésor : premières jonquilles frileuses à l'odeur sucrée, aubépines blanches éclairant les haies encore noires, ajoncs parsemés de petits sabots si jaunes, au parfum très entêtant. Les reines-des-prés, les boutons-d'or, les marguerites trop serrées dans ma main laissaient tomber mollement leur tête, alors que j'allais les disposer dans l'eau fraîche d'un petit vase.

L'automne nous apportait des surprises inestimables. Les mûres trop noires et juteuses, tâchant de violet nos lèvres et nos doigts, les coings rebondis à la peau duveteuse. Les baies rouges des églantines, les prunelles bleues, si âcres au palais, agréables seulement après les premières gelées. Toutes ces merveilles s'entassaient en culbutant dans mon panier d'osier, rapporté triomphalement à la maison.

L'hiver, la semelle de mes galoches frappait le sol gelé, nous cassions la glace avec des bâtons. Emmitouflée, joyeuse dans mon cache-nez, j'entrevoyais un doux nuage blanc me précédant à chaque respiration, le froid vif me faisait songer aux *Contes* d'Andersen. Parfois, des canards sauvages se posaient sur la mare du fond.

Début mars, j'aimais m'arrêter à mi-parcours, au lavoir d'en Panassac, alimenté par le ruisseau « le Lana ». L'herbe semblait bleue, parsemée de milliers de violettes sauvages. Image magique, miraculeuse. Je croyais aux fées.

Fin septembre, après les premières pluies, de grands cercles verts se dessinaient dans l'herbe. Un matin, les mousserons tout ronds apparaissaient comme par enchantement, serrés les uns contre les autres. Nous les apportions précieusement à Julie. L'omelette du soir me semblait encore plus délicieuse.

La salle d'étude m'impressionnait, lieu trop vaste pour moi toute seule. Mlle Quilbeuf sut, cependant, capter mon attention. Elle m'intéressait aux différentes matières comme aux péripéties inattendues des histoires pour enfants. Je travaillais bien. Assez paresseuse, je lambinais en rédigeant mes devoirs, suçant rêveusement le bout de mon porte-plume, j'écoutais le pincement de sa navette en écaille sur le fil de coton. Elle ne quittait jamais son ouvrage, fabriquant des napperons et des cols en macramé.

M. l'abbé Casterède, précepteur de mon père, vieux curé de campagne, passionné d'archéologie, historien de notre famille, m'apprenait le latin et me donnait des cours de catéchisme. C'était un saint homme, indulgent, d'une infinie bonté. Je ne lui connaissais qu'un seul défaut, la curiosité. Dès son arrivée dans la pièce, il me pressait de questions, voulait connaître le nombre et le nom des invités séjournant au château. Butée, je ne lui répondais pas. Dépité par mon mutisme, il me traitait de cachottière ce qui me vexait terriblement.

J'apprenais par cœur l'existence de Dieu, les dogmes, les actes de foi, d'espérance et de charité. La lecture des Évangiles m'intéressait beaucoup, en particulier les récits de Noël, de la Résurrection et la terrible Passion du Christ. Le latin m'amusait, j'essayais de comprendre certaines phrases dans mon missel, la traduction en français m'étant d'un grand secours.

Cette initiation doctrinale fut salutaire au fondement religieux de ma foi. Remise en question par les autres maintes fois au cours de mon adolescence, je ne reniai jamais cette croyance. Chance extraordinaire dont je mesure, aujourd'hui, la force.

Après les heures d'étude, nous avions droit au goûter. L'hiver, du pain trempé dans du lait chaud, sucré avec le miel de nos ruches. Au retour de la belle saison, des tartines de raisiné, confiture indescriptible, savante alchimie de tous les fruits de l'automne, mijotant des heures sur un coin du fourneau. L'été, du pain frotté à l'ail, véritable délice accompagné d'une tomate tiède cueillie au potager. Cette odeur tenace et piquante irritait ma mère. Elle détestait ce bulbe dont nous raffolions ma sœur et moi.

Enfant, je n'ai jamais porté de montre. La journée se ponctuait de maints sons familiers, remplaçant poétiquement les aiguilles du cadran. L'angélus, aux trois heures cruciales du jour, sanctifiait nos actes si on y prenait part. Les paroles simples me reviennent naturellement aux lèvres : « Je suis la servante du Seigneur, qu'il soit fait selon Votre désir... Le Verbe s'est fait chair, il a habité parmi nous... » Du plus loin que l'on pût être, au bas des vignes de la Grangette, travaillant aux champs d'en Panassac, le son des cloches rappelait une présence divine, une humilité naturelle face à l'incommensurable.

A midi, les chevaux de trait passaient sous la barbacane; leurs lourds sabots écrasant le gravier résonnaient dans la cour du château, accompagnés du cliquetis des chaînes rabattues sur leur dos. Ils aspiraient, avec un bruit de succion lente mêlée au grincement du mors, l'eau claire de l'abreuvoir. Des vaguelettes affleuraient calmement leurs naseaux. Sur la pointe des pieds je regardais les gouttes perler sur leur doux museau. Quelquefois, Lucien me permettait de monter à califourchon et de les accompagner jusqu'aux écuries. Accrochée à la crinière, il m'aidait à grimper. Je trouvais agréables cette chaude humidité le long de mes jambes nues, l'odeur forte du cuir et des poils trempés de sueur. Une tendresse animale m'unissait à eux. La corne de leur sabot dérapait sur les galets ronds. Je tressautais, appréhensive, mais fière de dominer le monde du haut de ma monture.

A longueur de journée, la scie électrique perçait l'air de son sifflement strident. Trois hommes se relayaient durant les mois d'hiver à la corvée du bois, pour supporter les allées et venues de la brouette lourdement chargée, remplir tous les coffres de la maison, les plus importants destinés au fourneau de la cuisine et à la chaudière. Le charbon était un luxe inconnu.

Deux fois par jour, la petite cloche de la cuisine annonçait quinze minutes avant l'imminence du déjeuner et du dîner. Nous avions juste le temps de rentrer nous laver les mains, mettre de l'ordre dans nos habits, nous coiffer. Le soir Julie, compréhensive, donnait l'alarme une demi-heure plus tôt, car la toilette devait être plus soignée.

Mon père, retenu aux travaux de la ferme, ou bavardant dans la cour, arrivait toujours très en retard. Je suis certaine qu'il prenait un malin plaisir à faire attendre tout le monde, en particulier la cuisinière. Dans sa colère impatiente, elle n'hésitait pas à carillonner plusieurs fois. Il entrait l'air courroucé ou taquin dans la salle à manger, au milieu du repas, nous faisant sentir l'odeur d'étable sur ses mains. Souvent il participait à la traite des vaches. Nous poussions des cris de dégoût, il se fâchait gentiment, mais nous donnait fermement rendez-vous le lendemain à la ferme, pour apprendre à traire, nous qualifiant de saintes nitouches!

Le tocsin nous annonçait le décès d'un Marsanais. Je détestais l'entendre, surtout tôt le matin. Ce réveil funèbre m'angoissait. Je redoutais la mort. Surtout depuis que j'avais feuilleté, dans la bibliothèque, un livre de reproduction des dessins de Dürer. La mort, armée d'une faux implacable, enlaçait, charmeuse, une jeune fille, un chevalier, un évêque, avec un sourire édenté, les orbites vides de regard. A l'âge de quinze ans, pour la première fois, je vis un mort. L'abbé Casterède reposait en habits sacerdotaux au presbytère. Son visage calme et heureux me tranquillisa tout à fait.

Si un orage menaçait, le métayer, M. Guinle sonnait les cloches de Saint-Martin-de-la-Verdale, la chapelle mortuaire des Montesquiou-Fezensac. Le carillon frénétique éloignait, disait-on, le nuage noir de grêle! Au premier tintement, toutes les persiennes étaient fixées, les fenêtres fermées, le linge séchant à l'extérieur rentré précipitamment. Marion allumait le cierge de Pâques.

Le mardi matin, j'entendais le grincement poussif du char à six roues cerclées de fer, tiré par deux chevaux. Lucien venait chercher le linge savonné la veille, pour le porter au lavoir d'en Panassac. Chaque lundi, les trois épouses des métayers faisaient la lessive hebdomadaire. Dans la cheminée de la buanderie, derrière la cuisine agricole, on allumait un grand feu de bois, le trépied installé bien en équilibre. On y posait le chaudron de cuivre contenant l'eau maintenue continuellement en ébullition. Nappes, draps, taies, serviettes et torchons s'entassaient mollement déployés dans l'énorme cuvier en bois. Mme Labadens juchée sur un escabeau répandait abondamment une couche de cendre passée au tamis, parfumée à la feuille de laurier, sur un drap réservé à cet effet, recouvrant le tout. La journée entière, elle l'arrosait à l'aide d'une louche profonde en bois, fixée au bout d'un long bâton. L'eau sale s'écoulait par une bonde et filait en gargouillant dans une rigole. La buée s'étirait en lambeaux pâles sur les murs bas, noircis par la suie. Une odeur douceâtre s'insinuait dans mes narines; écœurée je quittais ce lieu obscur. Maintes fois répété, ce lent mouvement d'aspersion, enveloppé de vapeurs grises, semblait venir du fond des âges. Une cérémonie de purification en quelque sorte, tout y participait, l'eau, le feu, les parfums, une femme immobile accomplissant un rituel inné.

La lessive, toute dégoulinante d'eau, s'empilait dans les comportes en bois alignées et solidement fixées sur la longue plate-forme du char. Le lavoir se trouvait à un kilomètre environ. Les femmes agenouillées au bord de l'eau, les genoux enserrés entre trois planches, frappaient le linge de leur battoir, le rinçant jusqu'à ce que l'eau des bassins redevienne claire. L'opération durait un jour entier. Pendant les quatre étés de sécheresse, il fallut aller jusqu'à la rivière de l'Arrats, à Aubiet. Une expédition de cinq kilomètres durant laquelle les lavandières étaient assises sur des chaises coincées entre les baquets. Le départ se faisait à l'aube, afin de terminer dans la journée et de revenir avant la nuit. L'hiver, l'eau glacée gonflait et bleuissait leurs doigts, mais, courageuses, elles bavardaient avec entrain tout en travaillant.

Le lavoir était un lieu de rencontre où les rumeurs naissaient, s'amplifiaient et mouraient au fil de l'eau. Les cultivateurs, les hommes de peine, en allant travailler, s'arrêtaient pour les taquiner ou pour « fréquenter ».

Par mauvais temps, le linge propre séchait sous les poutres du grenier. A l'arrivée du printemps, toute la prairie devant le château se recouvrait d'îlots blancs. J'aidais bien sûr au ramassage. Des sauterelles vertes, des pucerons s'échappaient à temps des toiles pliées avec soin à l'intérieur de hautes corbeilles en osier.

Le râteau de fer, passant et repassant régulièrement sur les graviers de la cour, rappelait avec sa petite musique métallique la fin de la semaine. Tout était remis en ordre la veille du repos dominical, seul jour où chacun s'arrêtait, enfin, de travailler! Certains pour quelques heures seulement. Ainsi les ouvriers agricoles, comme Lucien qui devait panser les huit chevaux de trait et Pujol nourrir ses quatre cochons. Les domestiques se reposaient l'après-midi. Ils s'habillaient avec les habits du dimanche, nous aussi, et se promenaient une canne à la main, jusqu'à l'heure du dîner. Marion, plus casanière, préparait le thé, le servait.

A la cuisine du château, les deux jardiniers portaient des corbeilles, des baquets croulants de beaux légumes luisants, des fruits odorants et ensoleillés, des fleurs cueillies à la rosée.

Dans toutes les pièces, maman, aidée de la jeune gouvernante Aline Cambus, réinventait de ravissants bouquets. Des nappes blanches, fraîchement amidonnées, fleurant l'herbe, se dépliaient posément sur le molleton épais, protégeant l'acajou blond de la table. Eugène dressait un couvert plus raffiné. Il choisissait le service de porcelaine de Limoges; de grands oiseaux de basse-cour, des poissons d'eau douce envahissaient toute l'assiette. Véronique et moi découvrions avec joie l'animal caché sous la serviette pliée. Les verres de cristal si fins, l'argenterie plus ornementée mêlaient leur éclat au « milieu de table » piqueté de fleurs courtes et de feuilles.

A la cuisine, les volailles s'apprêtaient, les flancs tendus à craquer par la farce, les desserts dressés reposaient au frais dans la petite pâtisserie, les gâteaux accompagnant crèmes et compotes se succédaient en rangées serrées dans les boîtes en fer-blanc. On décantait les vins à l'office. Tout le monde participait à la préparation de la fête, les uns désireux qu'elle soit plus belle encore que la précédente, les autres par amusement.

La fête faisait partie, tout simplement, de la vie, même pendant les longs mois de guerre! Il fallait vivre malgré les souffrances, l'angoisse rampante. Toutes les solennités religieuses s'accompagnaient de cette attente fébrile : organisation méthodique des préparatifs, ordonnance du décor, recherche dans l'esthétisme basée sur l'expérience des habitudes et l'imagination inventive des nouvelles générations. « Du temps de monsieur le Duc père, je faisais comme cela! » « Ne pensez-vous pas que ce serait joli si... » Le dialogue allait et venait de pièce en pièce, s'arrêtant devant les armoires fermées à clef. En un tour de main, elles s'ouvraient enfin, juste lc temps d'exhiber des objets inconnus, irrésistiblement emportés par une main rapide.

La plus belle fête, la Fête-Dieu. On érigeait trois reposoirs : au milieu du village, contre l'atelier de menuiserie de M. Ribera; le second très champêtre, à la sortie de l'agglomération, au pied de la croix de pierre sur la route de Lahitte; le dernier, plus imposant, s'adossait à la porte principale du château. Un couvre-lit de dentelle était suspendu sur le manche en bambou de la tête de loup, appuyé sur les battants entrouverts. Sur les nappes brodées, un crucifix, quatre chandeliers de bronze doré, des bouquets.

L'abbé Casterède, une lourde chape brodée d'or sur ses épaules, abrité sous un dais de damas jaune et rouge soutenu par quatre hommes, s'avançait lentement, portant l'ostensoir d'or. Les enfants de chœur le précédaient, balançant des encensoirs d'argent, élevant très haut la croix de la procession, suivie des communiantes enfouies sous leur voile d'organdi. Devant lui, les petites filles, vêtues de robes blanches, la tête couronnée de fleurs, marchant à reculons, lançaient délicatement des pétales de roses puisés dans des corbeilles rondes suspendues à leur cou. Les fleurs glissaient doucement devant le soleil de l'ostensoir et, meurtries, s'abîmaient sous les pas.

Derrière s'avançaient d'abord les femmes, puis les hommes du village portant les bannières de velours et de broderies à l'effigie de la Vierge Marie, de saint Martin. Les chants nasillards accompagnaient la marche traînante et maladroite, due aux chaussures peu souvent portées, mises seulement pour le mariage, les enterrements et les fêtes carillonnées. A chaque halte devant le reposoir, nous recevions la bénédiction du saint sacrement, genoux à terre, tête baissée. Toute l'assistance reprenait d'une voix chantante et recueillie les litanies des saints, sorte d'incantation envahissante parmi l'odeur des lys et des volutes de l'encens. L'assemblée, naïve, semblait émue de participer à ce rite sacré, réconfortée instinctivement par les gestes immuables d'un paganisme inné.

Aux fêtes des Rogations, le prêtre, après avoir célébré la messe basse, allait en procession bénir les champs porteurs de moissons futures, les protégeant contre les intempéries.

Aux Rameaux, l'église était bondée, bruissante du frottement odorant des branches de laurier. Après la bénédiction, les femmes, rentrées chez elles, en accrochaient une petite branche dans toutes les pièces de leur demeure, sur les piliers des granges, aux murs des étables et du poulailler. La maison, les bâtiments de la ferme seraient éloignés du malheur toute l'année.

Dès le jeudi saint, je savais que les cloches partaient pour Rome et reviendraient dans la soirée du samedi de Pâques, sonnant à toute volée. Je ne comprenais pas très bien pourquoi, durant la semaine sainte, elles restaient toutes les trois, visibles, suspendues au clocher à claire-voie!

A mes interrogations répétées, la réponse était évasive, mystérieuse. « Seule leur âme volait vers la cité sainte. » On me conseillait, cependant, de guetter leur retour dans le ciel. Le matin de Pâques, après une cérémonie retentissante d'alléluias pleins d'espérance, Véronique et moi nous cherchions les petits œufs en sucre, les minuscules cadeaux dans les massifs autour du perron. S'il pleuvait, intelligemment les « cloches » avaient semé leurs friandises dans les salons.

A la fin des vêpres du dimanche de Pentecôte, ma sœur et moi offrions, sur le parvis, des morceaux de tourteau, un gâteau régional, doré, rond, percé en son milieu comme une roue. Sa pâte briochée, parfumée à la fleur d'oranger, était délicieuse. Les boulangers, dans le sud du département, en confectionnent toujours; dès la première bouchée, les images du temps s'animent, foudroyantes.

A Noël, les crèches s'installaient jusqu'à l'Épiphanie sur notre cheminée et contre un pilier de l'église. Du papier kraft se bosselait en vallons et collines, recouverts de mousse frisée, cueillie dans le sous-bois. Suivant une longue marche, les villageois de plâtre coloré se rapprochaient de l'étable où attendaient le bœuf et son compagnon, l'âne aux yeux délavés. Les bergers et leurs troupeaux s'avançaient, guidés par l'Étoile. Au loin, on devinait les caravanes des Rois mages. Tout s'organisait dans un rythme méticuleux pour renouveler « un certain miracle » devant les yeux écarquillés des enfants ravis. Un ange inclinait la tête chaque fois qu'ils déposaient un petit sou à l'intérieur de sa sébile. Un minuscule enfant Jésus tendait les bras vers eux.

Après le dernier chant en patois, mon père portait des couronnes de pain au pied de l'autel et s'agenouillait. Le pain était béni, rompu, placé dans les corbeilles recouvertes d'un linge blanc; tout le monde en emportait un morceau. Froid, mal cuit, dur, les bouts d'anis piquant légèrement la langue, nous le mangions cependant, par respect de la tradition.

La guerre fait son apparition, dans mon album de photos, avec deux petites filles en tablier à carreaux, un képi militaire sur la tête, le drapeau français à la main. Une date : 2 septembre 1939, mobilisation générale. Quelques pages plus loin, un officier en uniforme du 69ᵉ régiment de chasseurs, au bras d'une jeune femme blonde très belle, en tailleur noir, jupe aux genoux, veste courte très épaulée, un chapeau basculé sur le front. Je déchiffre une phrase mélancolique écrite au crayon : « Unique permission de Pierre, décembre 1939. »

Aujourd'hui, en tournant ces pages, une sensation de solitude m'étreint. Plus loin, ma mère est seule, assise sur les marches du perron, ou debout, le regard profondément triste, tenant Véronique et moi par la main. Ma petite sœur souriait, l'œil coquin, inconsciente du drame présent. Un soir maman, assise dans sa chambre mal éclairée par la lampe à pétrole, prononce un nom de ville à la résonance abrupte : « Narvik ». J'apprends que papa a les oreilles gelées, il souffre. Un tableau le représente pendant la campagne de Norvège, coiffé de son grand béret orné d'un cor de chasse, sur un horizon de vagues noires et menaçantes.

Je revois deux minuscules kilts écossais, dans les orange et vert, un couvre-théière, ses derniers cadeaux achetés en Écosse, avant le retour de son régiment en France. Mon père disparaît de ma mémoire. Une attente mélancolique m'habite quotidiennement. Je l'aime tant.

Autre image bien présente des premiers mois de l'année 1940, la quiétude de Marsan est bousculée par des arrivées ininterrompues. Des hommes en uniforme sortent des chambres toujours réservées aux invités et circulent dans les couloirs. D'autres soldats font tourner la manivelle du téléphone accroché sur un des murs de l'entrée. Cet appareil, généralement muet, n'arrête pas de sonner, les conversations s'enchaînent sur un ton saccadé. On couche des enfants dans la chambre de leur mère dans de petits lits à barreaux de cuivre ou sur des matelas descendus en catastrophe du grenier. Un tiroir de commode devient le berceau d'un nouveau-né. Une petite réfugiée polonaise, dont je me rappelle encore le nom, Jeanine Pryla, vient partager notre chambre pendant quelque temps. Mlle Quilbeuf organise une classe. Je trouve un charme nouveau à la salle d'étude. Des chuchotements puérils, des cascades de règles intempestives, quelques gommes bondissant sur le parquet, les grignotements fréquents d'un taille-crayon envahissent le silence d'une façon inhabituelle. Michel, le fils de Julie, fait partie de cette classe volante, en attendant d'être inscrit à l'école du village. Doux, paisible, il sera mon compagnon de jeu pendant des années, mon confident muet.

Pour la première fois, j'attrape des poux! Maman nous enduit la tête de pétrole, nous l'emmaillote dans une serviette-éponge. Le lendemain matin, les poux sont morts, les lentes muettes sous l'ongle, mais nos nuques brûlent, parsemées de cloques! J'aurais préféré la honte d'être appelée « pouilleuse » comme tous les enfants de la débâcle!

Toute une généalogie insoupçonnée va surgir en quelques semaines et nous entourer d'une affection un peu trop spontanée. Véronique et moi sommes regardées sous tous les profils, reconnues pour telle ressemblance, interrogées d'une façon inopinée. Une timidité soudaine fait face aux questions « sottes » des grandes personnes peu habituées aux relations avec les enfants. Ainsi, oncle Jean et tante Bébeth, sœur de mon grand-père paternel, nous rendaient muettes d'embarras, pareilles à une peuplade découvrant le premier homme blanc ! Cette tante inconnue ressemblait à un personnage de Greuze, douce et ronde, fort intimidée par la présence de son époux. Il la dominait non seulement de sa très haute taille, mais aussi par la sévérité permanente de son attitude. Je remarquai que seul le chant lui accordait vie et gaîté. Quand elle s'asseyait au piano, sa figure poupine s'illuminait. Les mélodies de Reynaldo Hahn, de Gabriel Fauré transformaient la salle de jeu du premier étage en salon de musique, où l'assemblée se tenait silencieuse. Nous l'applaudissions avec joie. Même le visage longiforme et contracté de l'oncle Jean se déridait avec bonhomie. Je découvrais une autre expression musicale, plus empruntée, bien différente des rengaines ou des complaintes chantées par maman s'accompagnant à la guitare ou à l'accordéon. Ainsi, lorsqu'elle interprétait les mélodies classiques au piano, tout n'était que charme et musicalité.

Ce mélange de générations, rassemblées à l'improviste, provoquait des remous dont je garde encore les échos dans la tête. C'était toujours aux heures des repas qu'éclataient les discussions fracassantes. Les éclats de voix rebondissaient à travers la table, oncle Jean, pétainiste, officier de la guerre 14-18, n'admettait pas l'idéal gaulliste des autres membres de la famille. Fous de rage, certains quittaient la pièce, un silence gêné s'installait, ponctué de quelques grognements crâneurs derrière un bruit de porte refermée brusquement.

Stupéfaite par tant de colère et de démesure, ignorant tout des contradictions de ce pays envahi, je n'avais qu'une préoccupation, l'absence de mon père. Un seul événement me tenait à cœur : la reddition et l'emprisonnement de tout son régiment.

Maman m'avait appris la nouvelle en me disant bonsoir. Je pleurai malgré ses bras chauds et rassurants. Une peur tenace me ligotait. Je ne comprenais rien à la guerre, à ses lois, mais refusais l'idée de ne plus revoir mon père. La lampe de chevet, le papier peint se déformaient, chaviraient devant mes yeux inondés. Entraînée au fond d'un gouffre humide et froid, une terreur poisseuse me poussait, malgré moi, vers le sommeil. Je devins somnambule. On me retrouvait, au petit matin, glacée, assise sur une marche du grand escalier. Poursuite inconsciente d'une enfant en mal de père, vivant son attente jusque dans le sommeil.

Les domestiques retrouvaient, à leur tour, des membres de leur famille sinistrée. Ils arrivaient nombreux, épuisés. Tout le monde se logeait, tant bien que mal, au grenier, à l'ancien couvent, dans des maisons inhabitées du village. Je sens encore cette odeur de moisi et de salpêtre, en allant porter des couvertures avec Julie, accueillant ses sœurs et ses neveux. Les emplois ne manquaient pas. La communauté s'agrandit. Parmi les nouveaux arrivants, certains enchantèrent mon enfance, comme Plazetta. Jeune Italien, petit, costaud, très mobile, ses yeux étaient clairs, ses cheveux frisés. Il savait tout faire. Menuisier, il fabriquait les meubles pour nos poupées, nos sandales à semelles de bois articulées et lanières de toile. Il sifflait tout le temps. Puis il se transformait en forgeron, comme par enchantement. Je restais des heures à le voir faire, ayant la permission de Nanie, tricotant non loin de là, près des serres. Devant mes yeux hypnotisés, le fer rougeoyant devenait mou, s'aplatissait dans une gerbe d'étincelles, sous le marteau, pour devenir carré quelques instants plus tard. J'aimais entendre ce son argentin, bien rythmé, accompagnant la transformation de l'outil. Tous ses gestes relevaient de la magie : les braises toujours incandescentes grâce au soufflet que j'avais le droit d'activer, les nuages de vapeur et le chuintement âcre de la ferraille brûlante plongée dans un bac d'eau noire, ressortant dans son utilité intégrale. Le râteau retrouvait toutes ses dents, la troisième griffe de la fourche réapparaissait, la charrue pouvait à nouveau rouler, le soc fendre la terre!

Plazetta jouait de l'accordéon et chantait. Je me rendais déjà compte qu'il charmait toutes les femmes par sa bonne humeur, ses blagues et son rire irrésistible. Il nous aimait beaucoup, Véronique et moi. Nous lui rappelions ses deux petites filles laissées en Italie. Il nous portait toutes les deux, une sur chaque bras. Quand j'eus quinze ans, c'est lui qui, le premier, à la fête du village, m'apprit la valse musette, la java. Il me tenait fermement et me faisait tournoyer comme une toupie, sans que mes pieds ne quittent le sol, à l'envers, à l'endroit. J'étais grisée, car, malgré la vitesse, je ne perdais pas la tête. Il est resté à

Marsan longtemps après la guerre. Puis nous a quittés pour une autre vie. Il s'est mit en ménage, ce qui faisait alors partie du domaine de l'interdit. Les ragots allaient bon train, mais je comprenais qu'il aille vivre avec la femme de son cœur. Après son départ, à chaque fête de la Saint-Maurice, je pensais qu'il viendrait faire un tour...

En revanche, j'avais été horrifiée par l'attitude d'un réfugié tchèque. Un matin, réveillée par des hennissements douloureux, en ouvrant les volets, je l'avais surpris en train de battre un cheval à mort. Le percheron gris pommelé résistait en reculant sous les coups de trique qui pleuvaient sur son museau. Il refusait de se laisser atteler et s'écroula, tremblant de soubresauts. Les doigts crispés sur le montant des vitres, j'avais mal partout, terrorisée par tant de brutalité imbécile. Ce fut mon premier choc devant la manifestation de la méchanceté à l'état brut. Au détour de ce manège de visages, certains ont accroché mon regard, d'autres se sont évanouis dans le fatras de l'anonymat, de l'oubli.

Pourquoi, tant d'années après, l'inattendu, l'inexplicable restent-ils les seuls maîtres de notre mémoire?

Un après-midi, une longue voiture grise, conduite par un chauffeur en livrée et casquette, s'est arrêtée silencieusement dans la cour. Un vieux ménage, très élégant, de petite taille, est entré dans le vestibule, accueilli chaleureusement par tous. Je me souviens même de leur nom : « Zirmaï », l'ambassadeur de Roumanie et son épouse.

Ils avaient quitté Paris occupé. Ils demeurèrent au château longtemps. Une chevelure abondante, une barbe soignée éclairaient de leur blancheur le beau visage aux pommettes hautes, très colorées, de l'ambassadeur. Un col dur enserrait son cou, sa cravate de soie s'ornait toujours d'une perle. J'écoutais sonner avec ravissement sa montre de gousset, extirpée de son gilet pour me faire plaisir. Sa femme, habillée avec raffinement, roulait les R, comme seule Elvire Popesco le fait encore. Ils nous racontaient de merveilleuses histoires de villages ensevelis sous la neige, de lacs gelés, de plaines infinies, parcourues de traîneaux, de sarabandes de musiciens jouant jusqu'à l'aube.

Un matin, Philippe de Rothschild arriva à Marsan pour s'y cacher quelque temps puis, de là, rejoindre par l'Espagne le général de Gaulle à Londres. Sa femme, bien que catholique, avait été emmenée à sa place en Allemagne. Elle mourut dans un camp de concentration. Il avait une fille unique, Philippine, qu'il adorait : son âge était le mien, il ne me parlait que d'elle. Pour elle, toujours, il écrivit un merveilleux livre, un conte de fées :*Aile d'argent*. Tous les après-midi j'allais dans la chambre Robinson, pour l'écouter me lire le chapitre écrit dans la nuit. De haute taille, son élégance me paraissait originale, il portait toujours une veste de velours rouge, un nœud papillon volumineux fermant le col de sa chemise. Son front dégagé avançait dans sa chevelure en suivant une découpe semblable à celle des notables de Dickens. Bel homme, son regard n'était que bonté, intelligence et malice. Mais il se révéla très mal élevé. Allongé sur la chaise de repos Louis XV, il ponctuait sans discontinuer sa lecture d'énormes pets tonitruants et fort nauséabonds. Mal à l'aise, je le foudroyais du regard. Il éclatait de rire, ajoutant que cela n'avait aucune importance, alors que cet acte nous était totalement interdit, devenant répréhensible comme les rots. Il fallait toujours se contrôler.

Aile d'argent racontait l'histoire d'une théière magique portant, tel un casque gaulois, deux ailettes sur son couvercle, lui permettant mille facéties. Après la guerre, je reçus le livre illustré par Philippe Julian. En le lisant, je reconnus bien des passages avec nostalgie. Mon enfance était déjà si lointaine.

1940-1941. Les années se suivent, monotones. Le retour des saisons est plus immuable que jamais. La vie en autarcie se fige dans l'attente des récoltes.

C'était sans doute vers la fin de l'été, une bourrasque de bonheur a chamboulé notre vie. Maman nous coiffait dans la salle de bains, tout ensoleillée. Marion a surgi en trombe, sans prendre la peine de frapper, en balbutiant : « Monsieur le Duc, Madame, monsieur le Duc. » Ses mains chiffonnaient la toile de son tablier bleu, une larme ronde glissait sur sa joue ridée. Maman pose précipitamment la brosse et le peigne, elle court dans les couloirs, suivie de près par les battements de mon cœur. Nous arrivons sur le palier. Papa est là, immobile dans le grand escalier, en costume marron, un imperméable beige sur les bras.

En écrivant ces lignes, je suis encore tremblante. La joie est totale. Le temps arrêté, le bonheur promis à la portée des mains, l'espoir si frémissant. Ses yeux vert d'eau font trembler mes joues. Mes mains parcourent à tâtons son visage mal rasé, puis se cachent dans les siennes, si grandes, si fortes. Ses ongles sont nets et carrés. Il nous serre toutes les deux contre sa poitrine. Je ferme les yeux, mes narines retrouvent son odeur. Je souris. C'est le bonheur.

AVEC l'arrivée du printemps, ma mère me parle de plus en plus souvent d'un petit frère. Elle s'affaire près d'un berceau, le garnit de piqué blanc. Un moïse posé sur quatre roues grossières, à la capote ronde et profonde. Le matelas est en balle de blé bien tassée, l'oreiller en crin, matériaux naturels utilisés à la campagne en ce temps-là. Brassières, culottes, chaussons bien tricotés, entreposés soigneusement dans l'armoire aux étagères recouvertes de papier bleu, le même qui protégeait mes livres de classe! Je fais mes premiers essais de « tricoteuse » en m'acharnant sur une écharpe au point mousse. La laine ne glisse pas facilement. Elle est peu dégrossie, mal lavée, sentant encore le suint. Je tire la langue et serre trop fortement les aiguilles en bois!

Antoinette, la lingère, toujours si bien mise avec ses guimpes de dentelle, son tablier en taffetas marine, taille, brode au point d'épine de minuscules chemises en batiste. Les langes sont découpés dans une couverture en coton épais. Tous les lits en possédaient une, elle pesait un poids terrible. Comme les oiseaux, toutes les femmes de la maison tourbillonnent autour du nid. Dans cette effervescence, je ne me souviens pas de ma mère embarrassée par son gros ventre. Par contre, je la vois couchée, le front ouvert, après une chute due au parquet trop bien ciré. Très inquiète, j'allais la voir, marchant sur la pointe des pieds, dans la pénombre de sa chambre. Il ne fallait pas la fatiguer. Un pansement cachait son front.

Nanie, plus souriante, reprend en main la nursery. Elle règne à nouveau sur l'étage des enfants. Évincée depuis quelque temps par Mlle Quilbeuf qui fait dorénavant étudier ma sœur Véronique, elle se voit, maintenant, confier de hautes responsabilités. « Je serai la gouvernante du marquis » (papa était duc depuis la mort de son père), dit-elle très fière. Il est évident que le futur « héritier » sera un garçon, car, à la cuisine comme à l'office, les domestiques ne m'en parlent qu'en ces termes, comme si la descendance devait être assurée! Eugène, le maître d'hôtel depuis deux générations, a sorti des coffres les casseroles à bouillie, les petits couverts, le rond de serviette et la timbale en argent, marqués au chiffre.

Le 7 juillet 1942, papa m'annoncera la naissance d'un frère. Je n'en suis pas du tout étonnée.

Maman est à la clinique du docteur Barthélemy, à Auch. Beaucoup de mystère entoure cette naissance. Ma seule interrogation, son absence. Mon ignorance est totale sur ce sujet tabou, l'« accouchement ». Je n'ai pas encore vu vêler ou mettre bas un agneau, mais je ne crois pas non plus à ce que disent Julie ou Antoinette : « Les garçons naissent dans les choux, les filles dans les roses! »

La chambre laquée blanc est petite, des bouquets exquis de fleurs blanches embaument. Les rideaux en voile frissonnent doucement dans une lumière tamisée. Maman, calée dans les oreillers, me sourit. Elle se repose vêtue d'une liseuse rose, ses nattes attachées par des rubans de même couleur. Après m'avoir serrée sur son cœur, de sa voix profonde elle m'indique le petit lit à barreaux, dont la flèche est recouverte d'un voile de coton blanc orné d'un nœud bleu.

Très intimidée, je me penche sur le nouveau-né rond et rose. Il pleure. Ses cris aigus et fêlés, pareils au miaulement d'un petit chat, me surprennent. Je rougis de confusion, de joie, consciente d'être l'aînée, de devoir protection et tendresse à ce petit être. Avant d'être baptisé en l'église de Marsan, il sera ondoyé à la clinique par l'abbé Casterède. Avec Véronique, venue pour la circonstance, nous grandissant du haut de notre petitesse, nous ne perdons pas un geste du rite. Le prêtre a apporté les saintes huiles, le sel dans des petits flacons serrés dans un étui de cuir noir. A la grimace du bébé lorsque le sel est déposé dans sa bouche, nous éclatons de rire. A cette époque, l'Église permettait aux nouveau-nés d'être ondoyés, la mortalité enfantine étant encore fréquente dans les campagnes.

Selon la tradition, papa a frotté sa petite langue avec de l'ail et une goutte d'armagnac. Désormais, Aymeri est gascon, un Montesquiou-Fezensac. De Montrozier, mes grands-parents maternels Mamédoux et Papédoux sont venus en voiture à gazogène, accompagnés de mes grand-tantes : tante Odette, ma marraine, et tante Violette. Avec amusement, je constate que la famille s'est établie, après la débâcle, sur deux départements. Le côté maternel en Aveyron, l'autre dans le Gers. Durant sept ans, j'irai d'un endroit à l'autre, selon l'humeur du temps et ses exigences.

Pour cette fête, presque tous les membres des deux familles sont réunis. Ce baptême sera la seule fête avant de tristes jours à venir. Aymeri porte la robe ayant appartenu au roi de Rome, cadeau de l'impératrice Marie-Louise, femme de Napoléon Ier, à Maman Quiou (comtesse de Montesquiou-Fezensac), la gouvernante de l'Aiglon. Robe longue en organdi de coton brodé, ornée d'entre-deux de dentelle et de rubans de satin blanc. Un petit bonnet aussi apprêté couvre sa tête.

Tout le village participe. Après la cérémonie, Aymeri est consacré à la Vierge, telle est la coutume. Dans cette petite chapelle annexe, l'œil est attiré par une statue de sainte Thérèse de l'Enfant-Jésus, en pierre, dont le style moderne tranche sur l'ensemble des statues sulpiciennes. Maman en avait fait don à l'église de Marsan pour le retour de captivité de mon père, elle portait une profonde dévotion à cette sainte modeste. Le sonneur, grimpé sur le clocher, sonne les deux grosses cloches à toute volée, en les faisant tourner sur elles-mêmes. Des dragées blanches et bleues sont distribuées à tous les enfants.

Véronique et moi avons aussi des robes en dentelle blanche, ceinturées d'un large ruban en taffetas noué à la taille. Pour une fois nos boucles sont parfaites, les bigoudis en fer martyrisant notre tête la nuit entière ont fait merveille. Personne n'a oublié cette réunion familiale, si joyeuse, célébrant la venue de cet enfant tant attendu. Cette naissance exorcise le malheur. Ce jour d'allégresse pour tous semble effacer les angoisses de l'attente infinie. Le temps s'est arrêté. Mon père et ma mère sont heureux, entourés de leurs trois enfants; l'image du bonheur se pose dans l'album dans un battement d'ailes furtif. Cinq mois plus tard, en novembre, le grincement des chenilles, le roulement massif des camions écrasent la zone libre, effacent la ligne de démarcation. Tous les habitants de Marsan et du château sont allés aux quatre routes voir passer le défilé incessant des convois allemands.

Imitant mes parents, instinctivement, j'ai refusé d'y aller, méprisant cette curiosité envers l'ennemi. Je voulais aussi protéger par ma présence Nanie, de nationalité anglaise. Geste ô combien infantile! Je me prenais déjà trop au sérieux.

Dans les allées du parc, nous poussons le landau bleu marine où Aymeri gazouille. J'entends le bruit métallique venant de la route nationale. Les arbres n'ont plus de feuilles. Le vent du sud pousse vers nous cette rumeur maléfique, fatalité implacable envahissant notre paisible Gascogne. Raidie dans mon inquiétude, une certitude m'habite, de plus en plus lancinante. Papa nous quittera pour combattre dans le maquis. Le sol parsemé d'aiguilles de pin et de feuilles sèches semble se dérober à chacun de mes pas. Maman m'a fait jurer de ne rien dire. Je dois me murer dans mon secret et mon chagrin. Consciente de la gravité du moment, je mènerai la lutte en me taisant. Ne rien dire surtout à ma cadette si espiègle, ouverte à toute complicité dès le premier regard, son nez en pied de marmite semblant se moquer de tout. Elle n'a peur de rien, de personne, elle répond très effrontément. Si par mégarde on ne fait pas ses quatre volontés, la colère est sa meilleure arme. Elle me domine de sa personnalité et saura toujours exploiter ma timidité, mon manque d'audace, et se moquer de mes pleurs. Ils lui paraîtront si inutiles.

Une rumeur circule depuis quelques jours : la tour de l'est menace de s'écrouler. D'énormes madriers sont posés en hauteur pour étayer la barbacane, maintenus par de larges planches entrecroisées. Désormais une seule personne à la fois se frayera un chemin en longeant le mur de la voûte.

Grâce à ce subterfuge, les voitures allemandes devront faire le tour du château, passer devant le perron, nous donnant le temps de les entendre, de les voir arriver et surtout de prévenir papa. N'étant plus en sécurité, avec quelques camarades et M. Marrambat le postier, ils se cachent à cinq kilomètres environ dans les bois de Bethbèze. Dès le départ des soldats ennemis, des draps blancs sèchent, subrepticement suspendus aux fenêtres du côté nord. C'est le signal du retour possible. Marsan sera très fréquemment perquisitionné, longuement, à une cadence plus accélérée dès 1944. Les Allemands n'ont jamais voulu s'y installer. Le village est situé trop loin de la ville, vulnérable par son isolement en pleine campagne, et l'eau se fait rare.

A partir de cette année 1942, la sécheresse sera terrible et durera quatre ans. La terre se craquelle, se couvre d'écailles brunes. Des crevasses la déchirent. La citerne sous la cour est vide. Tous les jours M. Laborie va chercher de l'eau à l'Arrats avec la tonne tirée par les chevaux. C'est le rationnement.

A la fin de chaque perquisition, toute la communauté restait traumatisée pendant des heures. Cette peur ne fit qu'augmenter au fil des années de guerre, les risques devenant plus grands. Les résistants cachaient leur dépôt d'armes et de munitions dans les foudres du chais. De nombreux jeunes gens fuyant le travail obligatoire séjournaient là, munis de faux papiers, en tant qu'ouvriers agricoles. Pour plus de sûreté, leurs tâches se rattachaient au territoire lointain des métairies. Marsan servait d'étape avant le franchissement des Pyrénées pour tous ceux qui rejoignaient de Gaulle par l'Espagne. Ils y trouvaient un gîte sûr et de la nourriture. Mais la Gestapo recherchait surtout papa.

Armée d'un sang-froid inébranlable, ma mère faisait « visiter » toute la maison. Je la revois pénétrant dans la salle d'étude, suivie d'un officier et de plusieurs soldats. Ceux-ci portaient des grenades à manche dans leur ceinturon. Feignant d'ignorer leur présence, je continuais d'écrire sous la dictée de Mlle Quilbeuf, imperturbable, mon cœur se précipitant à coups redoublés contre ma poitrine. J'imitais le visage impassible de maman les accompagnant. La peur me clouait à ma chaise. Dès que la porte se refermait, nous nous arrêtions d'écrire, reprenant notre souffle, les mains posées sur la table, les joues rouges, l'appréhension accrochée au ventre. Pourvu qu'ils ne l'emmènent pas en otage? Cette phrase se répercutait inlassablement dans mes oreilles. Je ne reprenais vie qu'en la retrouvant souriante, un peu pâle, réconfortant les domestiques, les remerciant pour leur attitude courageuse. J'étais si fière d'elle.

Une fois, Julie resta en joue plus d'une heure devant le fourneau. Folle furieuse, n'ayant pas l'autorisation d'ouvrir le four où cuisaient de futurs choux à la crème, elle montrait, de ses mains tremblantes d'indignation, les résidus noirs collés sur la plaque. Elle en parle encore aujourd'hui avec la même véhémence.

Très rapidement mon père partit pour l'Indre, dans un maquis de la Brenne...

Les jours les plus douloureux de cette guerre, pour moi, furent les moments fugaces où mon père entrait par surprise dans ma chambre à coucher. A peine remise de ma stupeur joyeuse, le regardant intensément pour me replonger dans ses bras, on nous arrachait l'un à l'autre. Quelques heures après son arrivée, aussitôt dénoncé, il repartait avec précipitation. Mon affolement s'intensifiait en entendant les automitrailleuses rouler sur le gravier. Je murmurais des prières instinctives, en serrant mes doigts de toutes mes forces, espérant confusément le protéger par des paroles sacrées! A la joie folle de le revoir après une si longue absence succédait une sensation de froid intense, de mort.

Pendant plusieurs jours, rien ne pouvait me distraire de ma tristesse. A la fin de la guerre, au moment des règlements de comptes, le dénonciateur ayant été démasqué par les F.F.I., mon père n'a jamais voulu connaître son nom. C'est bien plus tard que l'on me cita cet acte de générosité. Il ne nous a rien raconté, cela faisait partie de la vie. Il n'avait pas à en parler. J'appris seulement comment il s'était évadé en sautant du train l'emmenant en Allemagne avec un de ses amis, lui faisant traverser la Seine accroché à une chambre à air, son compagnon ne sachant pas nager. Arrivé aux environs de L'Isle-Jourdain, dans le Gers, il avait voyagé avec un marchand de cochons, caché dans la camionnette. J'ignore encore tout de sa Résistance.

D'un naturel craintif, je vivais cette période de guerre en proie à une perpétuelle anxiété. Tourmentée par les mêmes cauchemars, chaque nuit je me débattais dans mon sommeil, affrontant des situations dramatiques. La plus vraisemblable, la mort de mon père. Allongé sur une charrette de foin, les membres ensanglantés, sa tête couverte de bandages s'inclinait sur l'épaule gauche. Des hommes vêtus d'uniformes kaki le poussaient dans la cour. A chaque secousse des roues, sa face ballottait lamentablement. La grande porte s'ouvrait lentement, en grinçant. Personne n'apparaissait dans l'embrasure. Je m'éveillais à ce moment-là, instant précis où l'on ouvrait les volets de la fenêtre à l'heure de notre réveil.

Comme les animaux, je sentais à fleur de peau rôder la menace d'un malheur. Accablée par cette angoisse rampante du non-retour de mon père, je me recroquevillais dans un coin, ne parlais à personne. Nanie me grondait, m'accusant de bouder. Je quittais à regret ma tanière. Parfois, au repas du soir, assis autour de la table faiblement éclairée par la lumière des lampes à pétrole, nous écoutions, en silence, le lourd vrombissement des avions volant en rase-mottes. Les vitres tremblaient. Tante Adé s'ingéniait à me faire mal en mettant ma crédulité à l'épreuve, elle me certifiait de sa voix sèche et affectée que nous serions bombardés. Elle ouvrait en grand la fenêtre, pour regarder la direction prise par les appareils.

De ma chaise j'apercevais la campagne blanchie par le clair de lune. Sachant qu'aucune lumière ne devait être entrevue, je la suppliais de refermer. Elle prenait un temps infini, consciente de l'inexistence du danger. J'éclatais en sanglots. Cet interdit, enfreint avec tant de désinvolture, m'était insupportable. J'avais vu peindre en bleu nuit toutes les vitres nues de la maison, puis les couvrir de croisillons de papier. On m'avait expliqué le but de la Défense passive. Des bouffées de révolte et de haine se bousculaient dans ma gorge. Elle ne faisait aucun cas des recommandations, me traitant d'idiote, se moquait de mes frayeurs.

Chaque soir, tassée dans un vieux fauteuil, je berçais mon frère, tirant doucement le moïse vers moi puis le repoussant. Il tanguait légèrement au passage des roues sur les lattes du parquet. Je m'ennuyais un peu, car l'enfant prenait le temps de s'endormir. Le dos de mes mains était très gercé, rouge, sillonné de crevasses. Je le frottais contre la poignée du berceau. Serrant les dents, je savourais une étrange sensation de douleur et de plaisir mêlés. Je ressentais la même impression après avoir enlevé mes galoches, repassant inlassablement mes orteils sur le marbre glacé de la cheminée. Je ne pouvais plus supporter la souffrance de mes engelures. Le Baume des Pyrénées ne calmait rien.

Tout pas résonnait sous la voûte du vestibule, s'amplifiant le long de la cage du grand escalier. Une seule voix devenait multiple.

Étant aussi en guerre contre l'Angleterre, je pensais que les Allemands viendraient chercher Nanie, à laquelle je m'étais attachée depuis la naissance d'Aymeri. Elle s'en occupait avec dévouement. Un matin, elle partit pour Périgueux, dans un camp destiné à toutes les personnes de nationalité britannique. Comme du bétail, elles furent rassemblées, recensées, triées. Certaines partirent pour l'Allemagne. Vu son âge, la banalité de sa profession et l'insignifiance de sa personne on la relâcha au bout de trois jours. Son absence m'avait plongée dans un véritable désarroi. J'errais dans notre couloir, serrant entre les doigts, comme un talisman, une statue de la Vierge de Lourdes.

Les *Ave Maria* s'enchaînaient mécaniquement. Inconsolable, Véronique pleurnichait sans cesse, encore plus désemparée que moi par son départ. Qui prendrait soin d'Aymeri? Serait-elle jetée en prison, percluse de rhumatismes comme elle l'était? Reviendrait-elle? Elle revint et m'apparut extrêmement petite, flottant dans son uniforme froissé. N'ayant rien pu avaler, ses joues avaient perdu leur rondeur, leur couleur. Ses petits yeux clignaient encore plus vite derrière les lunettes cerclées de fer. Pas coiffés depuis son départ, ses cheveux s'échappaient en touffes tristes de son chapeau bleu marine.

Elle s'écroula en larmes sur sa chaise basse habituelle, bafouillant quelques phrases en anglais : « *My God! O my God! How is my poor Aymeri?* » Après toutes ces péripéties, devenue un personnage, pour ainsi dire, héroïque, elle voulut me donner des leçons d'anglais. Tous les jours, j'allais dans sa chambre m'asseoir devant la table ronde, fébrile à l'idée d'apprendre cette langue interdite, un symbole de résistance. C'était le livre de la classe de sixième de Carpentier-Fialipp : couverture cartonnée bleu foncé, de forme longue et étroite, des dessins et la prononciation phonétique accompagnaient chaque phrase. Son odeur n'était pas la même que celle des autres livres de classe, je l'ai retrouvée, plus tard, dans toute édition venant d'Angleterre. J'y enfouissais mon nez avec ravissement, le papier sentait le neuf, le propre.

Les soirs d'hiver, en attendant le dîner, vêtues de nos robes de chambre écossaises, nous jouions souvent aux perles. Puisant les boules multicolores dans une boîte bleue, celle des bonbons Boissier, nous les enfilions sur du fil de coton. Je n'aimais pas entendre les aboiements coléreux des chiens, messages de visites inattendues, d'inconnus. Je restais en suspens, le doigt levé. J'attendais. J'avais peur, perpétuellement peur. Je ne pouvais pas aller seule aux toilettes, situées au bout de notre couloir, pourtant si court lorsque je le revois aujourd'hui! L'obscurité se peuplait de bruits insolites, de présences furtives, mes pieds se coinçaient dans le tapis. Ce que je redoutais le plus, c'était le bruit de chute d'eau précipitée dès la chaîne tirée, car le diable apparaîtrait dans le tourbillon! Je m'en persuadais. Les rires moqueurs de ma sœur me rassuraient à peine. Souvent elle refusait de se lever pour m'accompagner. Je me savais ridicule! Mais que faire? C'était la course éperdue, la porte refermée furtivement et les battements de mon cœur sous ma chemise de nuit.

Maman nourrit longtemps son bébé. Elle portait Aymeri sur sa hanche, vêtue d'une robe faite de mouchoirs provençaux rouges et bleus, les cheveux retenus dans une résille en velours cramoisi. Comme une gitane, elle lui donnait le sein à l'endroit où elle se trouvait, au grand dam de Nanie, horrifiée par ce comportement désinvolte, ses principes stricts de nurse anglaise « diplômée » remis en question.

Un matin, une petite Polonaise, âgée d'une dizaine d'années, me fit découvrir le monde insoupçonné des relations sexuelles, leur déroulement, le plaisir échangé par l'homme et la femme. Submergée par une vague de dégoût, je suivis, fascinée, ses descriptions obscènes, mais culpabilisée jusqu'à l'étouffement. La venue de mon institutrice fit cesser mon tourment. Je n'en parlai à personne et plus jamais avec elle. Je croyais commettre un péché.

Dorénavant, j'observai le comportement des animaux familiers. Tous les dires de la petite fille polonaise s'avéraient exacts. Mon trouble s'atténua devant la réalité d'événements si naturels. Ma tendresse vis-à-vis de mon entourage ne fut pas modifiée. Je restais en alerte, plus avertie des relations humaines.

En 1943, papa revint à Marsan pour quelques jours, accompagné d'un groupe d'amis et de cousins proches.

Ce printemps-là, j'ai neuf ans. Les jours sont très ensoleillés, la lumière dorée joue dans toute la maison. Avec papa, je franchis la porte de la chambre Robinson. Une dame au teint ravissant brosse avec gaieté ses cheveux châtain clair, légèrement bouclés. Odette, car tel est son nom, a un rire très communicatif. Ravie d'être à nouveau près de mon père, dont je ne lâche pas la main, je remarque cependant son admiration, leurs regards suspendus. Cette dame me donne le secret pour avoir de beaux cheveux brillants : « Il faut les brosser cent fois par jour ! » Cela me paraît fou !

Avant le dîner, Véronique et moi allons saluer tout le monde réuni sur le perron pour prendre un verre dans la douceur du soir. Maman est d'une grande beauté, très mince dans sa robe longue, à dessins de cachemire beiges et roses. Je ressens une nervosité mal contenue quand elle se penche vers moi pour m'embrasser.

La mauvaise humeur se répand dans la maison, les enfants sont mal supportés. Ballottée entre l'attirance et la méfiance, les sensations d'impuissance et de mélancolie, je traîne de pièce en pièce. Passant par l'office, curieuse, je m'arrête pour écouter une conversation. Eugène raconte le dîner de la veille à quelques domestiques terminant la vaisselle : « Monsieur le Duc, à la fin du repas, a levé sa coupe de champagne vers les invités, puis vers madame la Duchesse. Toute blanche, celle-ci s'est dressée, d'un geste brusque de la main, elle a fait tomber le verre. Il s'est brisé en morceaux, le vin de Champagne s'est répandu sur la table. Elle est sortie de la pièce en tremblant. » Je n'entends plus rien. Du reste, les commentaires ne m'intéressent plus. Je sais. J'ai compris. Comme un chat voleur, je m'enfuis en me coulant sans bruit par l'entrebâillement de la porte. Tremblant sur mes genoux, les joues en feu, les mains glacées serrées autour du cou, je sens que le malheur est présent. La guerre s'est infiltrée, meurtrière, dans notre maison. Les corps ne sont pas encore atteints, ce sont les cœurs. Le bonheur s'est enfui. Je me cache derrière les rideaux d'un salon. Les larmes glissent amères et froides. La nuit semble descendre plus vite. Tante Andrée, la sœur de papa, me trouvera là, immobile.

Avec maman, nous partons tous les trois pour Montrozier, accompagnés de Nanie. Nous habiterons chez Mamédoux. Le gazogène est chargé à ras bord de bûchettes, une abondante provision emprisonnée dans un filet, fixée sur le toit. Le pique-nique est prêt dans la jolie mallette en osier. Nos poupées ne quittent pas nos avant-bras. Nanie ronchonne déjà, portant Aymeri sur ses genoux. Insouciance de grandes vacances anticipées. Mlle Quilbeuf ira se reposer.

Exode du cœur. Maman, le visage très pâle, les lèvres serrées, prétextant la migraine, ignore mes questions. Dérobade du chagrin, mais refus du désespoir dans une fuite digne vers d'autres rivages. La mélancolie me serre la poitrine. La vieille Citroën roule devant le château, des mains s'agitent aux fenêtres, la poussière estompe la haute silhouette de Marsan.

LE village de Montrozier surprend mon regard alors que la voiture traverse très lentement le joli pont de pierres, étroit passage sur l'Aveyron datant du XIIe siècle.

Sa beauté hiératique se détache sur le ciel. Le château fort et son donjon veillent. Accrochées à ses flancs, les petites maisons tassées sous leur épais toit de lauzes se collent les unes aux autres. A ses pieds la rivière, après s'être battue au travers de la roue du moulin, déchiquetée sur la digue, se repose, étale, avant de serpenter le long des prairies.

Ma joie de retrouver ce refuge, après quelques années d'absence, est réelle.

L'arrivée, dans cette campagne riante, est un enchantement. Le murmure continu de l'eau, la fraîcheur de l'air traversé par les odeurs d'étable, l'invention du paysage, ce monde inhabituel me dérangent agréablement. Une impatiente curiosité m'habite. A l'instant, les jours d'incertitude, les heures de peine s'effacent de ma pensée. Rassurée par la sérénité ravissante du visage de maman, j'ai envie de m'amuser, de courir, de rire comme une enfant. Elle a fermé les yeux quand sa mère l'a serrée sur son cœur, l'enveloppant de ses bras ronds et doux. Durant ce tendre instant, elle m'apparut si fragile, si petite.

Mamédoux habitait une petite ferme fortifiée, reliée à la terrasse du grand château par une passerelle enjambant la route du village. On y accédait par une porte basse en ogive, à la dernière marche de l'escalier à vis, où un porte-parapluies en tôle peinte offrait cannes et ombrelles pour la promenade. Ici tout est en pierre, l'Aveyron en est parsemée ; pierre grise aux reflets nacrés, schisteuse, douce au toucher. A Marsan, elle est rare, précieuse, blonde, ne sert que de parure, le torchis la remplace.

Cette maison n'est qu'une façade tournée vers le sud, son dos faisant corps avec le rocher. Petite mais spacieuse, elle se déplie en plusieurs petits édifices s'imbriquant entre eux par des marches, des ponts de bois. Une maisonnette pour enfants, celle des *Contes* de Grimm, avec coins et recoins.

Au premier étage nos chambres, celle de maman, avec une grande salle de bains. Tapissées de toile de Jouy, intimes et gaies, en un clin d'œil je sais qu'ici je n'aurai jamais peur. Un phare, de grands voiliers rouges, quelques marins en chapeau de paille et pantalon court guident mes rêves à bord de petites embarcations vers des îles couvertes de palmes. Quelques bons sauvages m'offrent des fruits inconnus. Un lavabo habillé de la même toile s'encastre dans le mur, entouré d'étagères. Quel plaisir de tourner un robinet ! Voir gicler l'eau courante, chaude et froide, me paraît magique. Au rez-de-chaussée, l'appartement de ma grand-mère et la salle dont la cheminée moyenâgeuse occupe tout un mur. Elle est si haute et vaste que l'on peut s'y asseoir de chaque côté. Deux bancs de bois sculpté semblent nous attendre. Une « verdure » décore l'autre partie devant laquelle un canapé et ses fauteuils profonds, recouverts de velours vert sombre, font cercle. Deux grandes fenêtres laissent entrer la lumière à ras des dalles.

Toutes les issues peuvent être calfeutrées par d'épaisses tentures. Le froid y est redoutable l'hiver. Au fond, la table longue où nous prendrons tous nos repas. Une petite terrasse suivie de quelques marches mène au jardin suspendu où s'alignent quatre à cinq pommiers. Un noyer déploie son ombre immense, un chêne entoure de ses branches la courbe du mur abritant l'escalier. Sous sa voûte un recoin servant d'office conduit à la cuisine où je retrouve, telle une bonne fée, Claire Bienaimé. Son visage rond et rieur m'est si accueillant. Quel bonheur de sentir ses baisers sonores. Je me pelotonne dans son tablier blanc qui sent la lavande, car là je me sens protégée, attendue, aimée.

A l'entresol, mon grand-père maternel, Papédoux, avait sa chambre, sorte d'atelier d'écrivain-peintre-ingénieur ! Doux, timide, son intelligence m'étonnait déjà. Original, il ne s'exprimait qu'au passé simple, remplaçait « pas » par « point », truffant sa conversation de mots, d'expressions en langue basque ; il en avait traduit et publié une grammaire et un dictionnaire.

Passionné de mécanique, aidé de son mécanicien Grégoire, il fut l'inventeur de la traction avant. Désintéressé, distrait, il donna son brevet! Parmi les premiers coureurs automobiles, il participa à la course Paris-Boulogne au volant de (son invention) la « Tracta ». Après un terrible accident et plusieurs semaines de coma, son comportement différait de la norme! De ce choc, il avait gardé une démarche légèrement ataxique. Par moments ses mains semblaient pendre, inertes, de ses avant-bras. Sans prévenir, au milieu d'une conversation, il sortait sur la pelouse faire le poirier. « Cela me rend intelligent », disait-il au milieu de nos fous rires.

Grand admirateur de Claude Debussy, il interprétait de mémoire toutes ses mélodies, m'affirmant que ce musicien était le précurseur de la musique moderne et non Igor Stravinski. Chaque fois que j'entends une des « Arabesques », j'entrevois ses longues mains parcourant doucement le clavier. Le dernier accord évanoui, il se retournait d'un seul mouvement, ôtait d'un geste superbe de la main le lorgnon fiché sur la longue arête de son nez, toujours accroché à la poche de son gilet par un cordonnet noir. « Merveille! Merveille! Quel admirable musicien, n'est-ce pas, *Bitoya*, mon enfant! » (Victoire en basque.)

Très souvent, il récitait du Mallarmé, me regardant de ses yeux bleus. J'écoutais, attentive, cette autre musique. Ces quelques vers sont toujours présents dans ma mémoire : « La lune s'attristait, les séraphins en pleurs rêvaient l'archet au doigt, dans le calme des fleurs vaporeuses tiraient de mourantes violes de blancs sanglots glissant sur l'azur des corolles. C'était le jour béni de ton premier baiser... »

Un petit carnet noir fermé par un élastique rouge ne quittait jamais sa poche. Notant à tout moment ses réflexions, ses découvertes, il écrivait avec un stylo muni d'une pointe, objet archaïque qui m'étonnait à chaque utilisation. Pour Papédoux, rien n'égalait cet instrument bizarre, sauf peut-être sa vieille machine à écrire ressemblant à une torpédo miniature! Très gourmand, il dégustait des bonbons à longueur de journée. Mamédoux, agacée, cachait les sucreries. Son grand jeu, en découvrir les cachettes et se faire gronder comme un enfant pris en faute, à notre grande joie.

Je l'avais surpris, un jour, faisant sa toilette, ses cheveux gris emprisonnés dans un filet; il se rasait avec un coupe-chou après l'avoir préalablement aiguisé. Après cette opération, bien souvent, quelques gouttes de sang séché ponctuaient son menton, sa pommette droite. D'une élégance naturelle, l'été il portait des costumes en lin ou de toile rayée finement, un canotier orné d'un gros-grain noir. L'hiver, vêtu de noir, il se coiffait d'un béret basque, un nœud papillon ornant toujours son col de chemise.

En voyage, mon grand-père emportait pour tout bagage une gibecière en toile, un pliant de bois clair, le tout suspendu à son épaule. « Ainsi, disait-il, je puis m'asseoir n'importe où, les trains sont tellement encombrés ces jours-ci ! » Il enregistrait sa vieille bicyclette noire, elle le suivait partout.

C'est dans cet appareil qu'il descendait du train le menant de Rodez à Marsan où il venait très fréquemment pour de longs séjours.

Dragon à cheval au début de la guerre de 1914, sa passion et sa connaissance de la mécanique lui firent choisir l'aviation. Sa conduite fut si courageuse qu'il reçut la croix de guerre, la médaille militaire et la Légion d'honneur à titre militaire. Très effacé, il ne racontait que les anecdotes drôles de cette période.

Enfermé des journées entières dans sa chambre-atelier, il dessinait des plans, travaillant à la fabrication d'un moteur à injection devant révolutionner la conception automobile. Son souhait était de mourir au Groenland, à bord d'un grand voilier, prisonnier des glaces. Cette idée me paraissait folle, j'essayais, en vain, de lui en démontrer l'absurdité. En riant devant mon inquiétude, il me répondait d'un ton sentencieux : « Je suis né à l'achèvement du premier étage de la tour Eiffel, le jour de la grève des limonadiers, et je mourrai au pôle Nord ! »

Tel un poète à la longue silhouette fragile, sans faire de bruit, il sèmera avec nonchalance le rêve, l'humour, la poésie et la musique.

Pour le moment, j'ai encore neuf ans, mon ignorance des drames qui se cachent toujours derrière les personnages d'une jolie et nombreuse famille est totale.

Depuis cet été 1943, désormais Montrozier se métamorphose insensiblement en lieu de vacances, féerie de loisirs, point de réflexion, terre d'asile. Bien des années plus tard, pareille à un animal blessé, j'irai m'y cacher, les paupières refermées sur une boule noire, refusant de regarder le monde extérieur, la tombe où j'ensevelirai les réalités par trop insupportables. Marsan est la terre où je grandis, Montrozier celle où je devins une autre.

A chaque étape de mon destin, une femme m'accueillera à la disparition de l'autre. Bienfaisantes, guides merveilleux, elles me conduiront à l'initiation, m'enseignant la tolérance, la connaissance des autres, les réalités et les supercheries de la vie. Après leur départ de ce monde, elles seront toujours là, fidèles, présentes à mon esprit.

Je les ai aimées de tout mon être. Mamédoux (ma grand-mère maternelle), chez qui je vis à ce moment-là, tante Odette, sa sœur, ma marraine, habitant la dernière maison du village, tante Yvonne, sœur de Papédoux, demeurant au grand château. Ces deux dernières ne quitteront jamais le village. Elles y rendront leur dernier soupir.

Des balbutiements de l'enfance aux tâtonnements de l'adolescence, ma grand-mère tiendra le rôle d'éducatrice. Ayant horreur des enfants mal élevés, elle veillera à ce que les bonnes manières, la politesse, l'aspect extérieur soient exemplaires! Autoritaire mais douce, elle ne laissait rien au hasard : le langage, la tenue à table, l'exécution des devoirs scolaires. Le pronom indéfini « on » banni de la phrase, les verbes existaient pour être conjugués à toutes les personnes! A la vue d'un dos rond, un tabouret remplaçait immédiatement la chaise à dossier. Le coude sur la table, enfoncé maintes fois énergiquement sur son extrémité. Parler la bouche pleine, boire sans s'essuyer auparavant les lèvres, pousser les aliments sur la fourchette avec le pouce nous attirait des réprimandes rapides, sans appel. Par contre, de bien jolis bons points nous récompensaient dès le plus petit effort, nous encourageant à mieux faire pour lui plaire. Son sourire devenait irrésistible. Sans me révolter, j'acceptais cette sévérité, sa beauté avait un pouvoir magique. Mamédoux était ravissante. Tout en elle me semblait parfait : l'ovale de son visage, ses yeux clairs au regard parfois mélancolique, le nez court, impertinent, le tracé de ses lèvres joliment esquissé, gourmandes mais pudiques, sa silhouette mince, harmonieusement proportionnée. L'image de ses mains admirables se profile encore sous mon regard : longues, les doigts fuselés, comme ceux de la Marie-Madeleine du maître de Moulins, soignées, les ongles minutieusement laqués malgré les travaux de jardinage. Les cheveux châtain clair, courts, retournés sur sa nuque.

Elle n'était pas la seule à être belle!

Depuis cinq générations, la beauté est un don accordé à toutes les femmes de la famille. Ma bisaïeule russe et ses quatre filles : Raymonde (Mamédoux), tante Odette, tante Simone, tante Violette.

Le journaliste Hervé Mille, ami des trois générations, raconte qu'un maître d'hôtel nouvellement arrivé au service de leur père, en pénétrant dans le salon, laissa tomber brusquement le plateau chargé du service à thé tant il fut stupéfait par la sublime beauté des quatre sœurs!

Femme rayonnante de charme et de grâce, Mamédoux s'habillait d'un rien. Mlle Chanel l'avait fortement influencée dans sa manière d'être : jupe droite, veste d'homme passepoilée, tricotée par une femme du village, cape jetée négligemment sur les épaules, ensemble en jersey glissant sur le corps. Le noir encore, et toujours le soir, l'été, robes en toile bise, en soie naturelle. Elle portait toujours les mêmes bijoux : une alliance de brillants, des perles aux oreilles, autour de son cou, une montre tenue par des gros maillons aux ors contrastés enserrait son poignet fragile. Son élégance naturelle surprenait par son raffinement, remarquable non seulement dans son art de vivre, mais aussi dans la décoration de sa maison, la qualité des mets, l'ordonnance du jardin, etc.

Symbole de la féminité même, sa forte personnalité surprenait parfois assez brusquement. Non seulement elle dirigeait la marche de la maison, mais, prenant toutes les initiatives, elle décidait seule. Papédoux, rêveur et fantasque, ne lui était d'aucune aide, son attitude me faisait penser à celle d'un enfant contrit.

Tante Violette, dès le début de la guerre, demeura auprès de sa sœur dans une maisonnette attenante au jardin, dont le mur s'ouvrait brusquement pour laisser passer un léger pont de bois clair. Véritable fée, sachant tout faire de ses mains, rien ne semblait impossible à réaliser. Fabriquer des rideaux, tricoter des courtepointes, tapisser le mobilier, peindre à l'aquarelle, créer des nuages de dentelle, broder des nappes. L'agilité de ses doigts m'émerveillait. Très bonne, aimée de tous, sa foi était grande. Un saint François d'Assise femme, rendant grâce à Dieu avec humour et patience pour toutes les merveilles de la nature. Son époux, de vieille famille protestante, ne laissait jamais paraître ses états d'âme; une seule passion l'habitait, l'agriculture. Il surveillait de près l'élevage d'ovins en stabulation libre, comme en Argentine, faisant de nombreux aller et retour entre Marsan et Montrozier. Leur dernier fils Claude, de quelques années plus âgé que moi, vivait comme un Robinson des bois, au grand dam de Mamédoux n'arrivant pas à lui inculquer les bonnes manières.

D'une extrême gentillesse, sa timidité le laissait déconcerté en société. En revanche, il savait apprivoiser les oiseaux, les écureuils, une pie prise au nid ne quittait pas son épaule dès son retour à la maison. Poser des collets, chasser avec une fronde, dénicher des prédateurs à la cime des arbres lui semblait beaucoup plus important que de bredouiller sur un banc d'école. Claude me montra comment on attache délicatement un fil à la patte d'un gros hanneton pour le faire monter et descendre à ma guise. Il m'apprit à construire des cabanes, des barrages sur les nombreux ruisseaux; ces petites chutes artificielles faisaient tourner joliment de minuscules moulins fabriqués de ses mains.

Mais notre passe-temps favori était la pêche.

Nous allions nous poster en aval sur la digue moussue du moulin. Je le suivais à pas de chat, portant ma canne à pêche sur l'épaule, tout en faisant bien attention de ne pas glisser. J'aimais sentir cette douceur fraîche des algues se fondre entre mes doigts de pied. Assis à l'ombre des hauts peupliers, bruissant au moindre souffle, nous restions hypnotisés par la danse du bouchon. A cette époque-là, l'Aveyron était claire, peuplée de goujons, de vairons, voire même de belles truites souveraines. Après avoir accroché un misérable ver à l'hameçon, entendu le léger « ploc » de l'onde, je comptais jusqu'à dix, le liège laqué de rayures rouges et blanches disparaissait brusquement. A chaque prise, un grande excitation m'envahissait. Très gentiment Mamédoux acceptait ces fritures abondantes, dévorées avec gourmandise.

Parfois maman venait nous rejoindre avec Véronique, portant le panier du goûter, recouvert d'une serviette à carreaux. D'énormes tartines de pain beurré accompagnées d'un morceau de chocolat étaient aussitôt englouties tant la faim nous vrillait l'estomac. Nous apprenions à boire à la régalade, le goulot me collait aux lèvres comme une ventouse; en l'éloignant pour reprendre ma respiration, l'eau dégoulinait sur mon menton.

Chaque semaine nous préparions une excusion différente.

La promenade la plus longue, propice aux imprévus, la préférée, celle du Mas-Berthier dans les Palanges, à plus de dix kilomètres du village. Tôt le matin, on attelait le cheval à la charrette, les paniers du pique-nique préparés la veille dans l'agitation s'entassaient à l'arrière, suivis de la couverture à carreaux beiges, noirs et blancs, maintenue roulée par des courroies fermées d'une poignée, des plaids colorés, des tricots et pèlerines. Quelques parapluies et ombrelles hérissaient ce désordre organisé. Mamédoux et mes tantes n'oubliaient pas leur canne à bout ferré, utile contre les vipères, indispensable pour escalader les rochers. Les chiens participaient à l'aventure : Joumounette, la pékinoise, notre réveil-matin, les « dakis » de tante Nononne, nom donné à ses sempiternels bassets à poil ras, doux comme le satin.

Nous grimpions sur les sièges dans une impatience générale : aboiements répétés, ordre de se taire, les « ça suffit », les « taisez-vous », piaffements des sabots, sifflements des crins contre les mouches intempestives et, pour clore ce tintamarre, le claquement sec de la portière... Les joues rouges, retenant notre respiration, sagement juchés sur la banquette de cuir craquelé, nous attendions le départ, serrés les uns contre les autres, les jambes ballottantes ne pouvant atteindre le tapis. Enfin, la voiture s'ébranlait doucement, le grincement du frein annonçait la grande descente, nous quittions Montrozier. Le trot bien cadencé de la jument nous menait dans un doux balancement jusqu'à Trébosc, dernier hameau avant la montée vers les Palanges.

Aux tressaillements de la charrette, cahotant sur les pavés disjoints de la voie romaine, je savais qu'il fallait descendre. Précédant la voiture d'une bonne longueur, nous courions sur le chemin étroit bordé de murets. Tante Violette découvrait, avant nous tous, le nid recelant des œufs bleu pâle, les touffes de menthe poivrée, les scabieuses indigo, les orchidées sauvages au visage de chat. Les ruisseaux passés à gué déchaînaient des cris, éclaboussant l'air auréolé de gouttes d'eau. Les châtaigniers, le sous-bois plus touffu filtraient la lumière. Je ralentissais la marche, la montée devenant plus raide. Silencieusement, me rapprochant de la tante, je lui prenais la main : « Racontez-moi, s'il vous plaît, *La Chèvre de M. Seguin.* »

J'avais envie d'entendre cette histoire triste, m'identifier à cette petite bête grimpant dans la montagne, ivre de liberté, sentir la peur m'envahir dès la phrase fatidique : « Et la montagne devint violette... » Je restais immobile, le regard suspendu à ses lèvres. Un léger picotement sous les paupières, je me sentais coupable. Pourquoi avait-elle désobéi? Des larmes tièdes s'échappaient enfin, desserrant l'étau de ma gorge. Tante Violette, patiente complice, me prêtait son mouchoir si fin, doux à ma figure boursouflée.

A peine remise de mes émotions, nous arrivions les dernières, découvrant un paysage admirable, que je reconnus plus tard dans les Highlands. Un immense plateau aux limites arrondies, recouvertes de bruyère, se déroulait nonchalamment jusqu'à l'infini. Un grand lac s'y reposait. Auprès d'une imposante bergerie, j'entrevoyais un pavillon en fer posé sur pilotis, rescapé de l'Exposition universelle. La première maison préfabriquée de l'époque 1900, achetée par Maurice Fenaille, amateur de bâtiments, passionné d'architecture. Cette construction incongrue au milieu de cette solitude harmonieuse m'intéressait beaucoup. Elle semblait planer au-dessus du sol. Pour y rentrer, il fallait escalader les marches en fer dans un bruit de gong. Ses proportions réduites, son confort inconcevable, « salle de bains, cuisine moderne », ses fenêtres pouvant s'ouvrir et se dissimuler derrière des volets : tout me surprenait. Il y avait même l'électricité, l'eau courante!

Assis en tailleur autour de la couverture déployée à l'ombre embaumée d'un tilleul, nous attendions fébrilement que Mamédoux ouvrît les paniers d'osier.

Le couvercle se soulevait avec un grincement plaintif. J'aimais regarder les assiettes de bakélite rouge serrées par des lanières en croix, les gobelets empilés telles de petites tours penchées, les boîtes contenant sandwichs, morceaux de poulet, les couverts articulés. Les œufs durs brillaient de toute leur blancheur accompagnés de salières minuscules. Les thermos verts chapeautés de métal s'imposaient par leur fragilité. Comme une ronde multicolore, toutes ces merveilles se plaçaient devant chacun. Nous guettions le signal, la serviette blanche autour du cou.

A l'improviste, des fourmis piquaient nos jambes. J'étais terrifiée par les guêpes, d'un geste maladroit je repoussais leur assaut. « Il ne faut pas bouger, voyons », me criait-on. Le pique-nique terminé, il fallait tout ranger. Cela faisait partie du jeu : nettoyer les assiettes avec des feuilles, ramasser les papiers gras et autres déchets. Les bâtons glissés sous les anneaux d'osier, les couvercles refermés, chacun suivait ses impulsions. La somnolence poussait les uns à faire la sieste sous une bâche posée sur les brancards de la charrette; d'autres, les mains croisées sur le ventre, le canotier sur le nez, ronflaient par saccades au pied de quelques arbustes. Mes tantes bavardaient doucement, abritées sous leur ombrelle de toile bleue. Aymeri se laissait bercer.

Avec des gestes lents et poétiques, ma tante, à l'aide de quelques joncs, dressait une pagode, un petit pont fragile au-dessus d'un filet d'eau. Avec des coquelicots, une princesse chinoise, accompagnée de ses dames d'honneur, semblait flâner dans une minuscule contrée asiatique. La limpidité de l'air, le bleu poudré du ciel accordaient aux perspectives du paysage une fragilité nostalgique.

Le bonheur ordonné de cette journée paisible me laissait au cœur un avant-goût de félicité infinie. J'oubliais la mainmise de la guerre sur mon univers.

Après quelques jours d'indépendance, Mamédoux décida la fin des vacances. Ma vie d'écolière reprit. Tôt levée, réveillée par le baiser sonore de Claire Bienaimé et le galop effréné de Joumounette le long du couloir, je descendais à l'école des filles par un raidillon longeant le rempart du jardin suspendu.

L'étroite bâtisse de pierre, entourée d'une cour grossièrement pavée, d'un jardin potager rétréci, dévisageait de ses deux fenêtres une grange faisant office de préau. Cette école était menée par deux religieuses sécuralisées au moment de la « séparation de l'Église et de l'État ». Comme je m'étonnais qu'elles soient en civil, vêtues comme des paysannes, Claire me décrivit des scènes d'iconoclastie dramatiques. Sa voix chevrotait d'émotion en me racontant l'expulsion des ordres religieux, l'anticléricalisme. Je n'en croyais pas mes oreilles.

Fidèle à ses principes d'éducation, Mamédoux établit un emploi du temps. Véronique et moi suivions un horaire précis, intelligent, le long duquel loisirs, jeux et promenades prenaient autant d'importance que les études. J'avais l'impression rassurante d'être façonnée, conduite, prise en main entre cette discipline souple et son art consommé de me faire découvrir le monde. Nous regardions ensemble *L'Atlas, L'Illustration, Lecture pour tous.* J'écrivais à maman en anglais. Mes lectures étaient choisies. Une fois le livre achevé, je lui racontais ou en écrivais le résumé. Elle comblait l'absence de ma mère, repartie trop vite. Mamédoux tenait à ce que nous participions comme les autres enfants à tous les événements de la vie du village. A la Fête-Dieu je fis partie du cortège, habillée en ange, deux grandes ailes bleu et or battaient dans mon dos.

A la descente des vaches, transhumant des plateaux d'Aubrac, je fis des kilomètres après le village de Zénières, avec tous les gamins, pour accueillir le troupeau. La reine, l'ancienne, la plus vaillante, venait en tête. De petits drapeaux tricolores flottant aux cornes, des couronnes de fleurs en papier autour du cou, des crinières fichées dans son collier de cuir clouté, ainsi parée, la bête semblait fière d'annoncer le retour du troupeau, de le précéder, faisant tinter l'énorme cloche de fer pendue à son poitrail. Pendant une heure, ce n'était que concert de sonnailles, martèlement mesuré des sabots, mugissements affaiblis des jeunes veaux, cris de joie, applaudissements des enfants.

Un soir, entrée subrepticement dans le salon peu éclairé, j'écoutais, derrière le paravent en cuir de Cordoue, des phrases insolites venant du poste de T.S.F. caché dans le buffet. « Pom Pom Pom, Pom... Les Français parlent aux Français », bruits étranges, gargouillis, sifflements. « Le vent de la montagne me rendra fou. » « Mine de rien, mon capitaine. » « Josette viendra chercher les deux sacs de pommes de terre... » Étranges messages.

Mamédoux, surprise par ma présence silencieuse, m'attira gentiment vers elle. Me regardant très sérieusement, elle me demanda de ne rien raconter. Je promis. Sur un ton grave, ma grand-mère m'expliqua la signification, l'importance de ces phrases venant de Londres, diffusées par Jean Oberlé, l'un de ses vieux amis.

A la fin de la guerre, je sus que le médecin de famille, chef de réseau, lui confiait des communications pour le maquis caché dans les Palanges. Elle montait seule au Mas, roulant à bicyclette jusqu'au hameau de Trébosc. J'imagine sa silhouette gracile, alourdie par des pantalons de velours et de grosses chaussures, se faufilant entre les arbres par les raccourcis ensevelis sous les fougères.

A cette époque, personne à Montrozier ne soupçonnait ses activités clandestines. Aujourd'hui, je peux concevoir les sentiments perplexes animant ces hommes vivant dans la solitude et la crainte, rencontrant cette femme ravissante, responsable d'une mission dont dépendait leur avenir! Femme au beau visage, impassible, consciente de ses devoirs, redoutant au fond d'elle-même son pouvoir de séduction.

Ma mère allait et venait de Marsan à Montrozier. Elle restait peu. Je ne la voyais pas assez. Son désarroi, son jeune âge devaient être les mobiles de cette errance momentanée. Notre vie, si bien aménagée par sa mère, lui laissait le temps de se distraire. Aux obligations, elle préférait les voyages. Ses séjours à Montrozier devenaient des vacances : longues randonnées à bicyclette de plusieurs jours, avec une bande de cousins et d'amis d'enfance retrouvés après l'exode, dîners costumés, chasses au trésor au hasard desquelles nos mains innocentes distribuaient des messages codés. Un matin, le besoin d'être avec elle se faisant plus exigeant, je lui demandai de rester. Cela devait être un jeudi. Telle une enfant prise en faute, sa réponse fut déconcertante : « Alors je ne pourrai pas visiter les gorges du Tarn ! Tout est prêt pour le départ ! » Je ne pus que l'embrasser dans le cou, cachant ainsi ma désillusion.

Choyée durant son adolescence, elle affrontait les difficultés, les contradictions de la vie. Depuis 1939, les épreuves se succédaient sans doute à un rythme trop accéléré et cruel !

J'allais presque tous les jours embrasser ma grand-tante Yvonne, sœur de Papédoux. Elle séduisait par la vivacité de son esprit, son amabilité, sa passion des êtres et de la vie. Elle adorait les enfants. Veuve de la guerre de 1914-1918, elle n'avait qu'un fils. Comme Mamédoux, rien ne l'amusait plus que d'imaginer des loisirs, inventer des distractions, organiser des jeux pour faire plaisir à ses nombreux neveux et nièces. Nous l'appelions tante Nononne. Elle veillait au bien-être de tous, s'ingéniait à leur venir en aide, avec simplicité et discrétion. Connaissant par leur nom tous les habitants du village et des hameaux avoisinants, au courant des joies et des chagrins de chacun, dès qu'elle les apercevait elle s'arrêtait pour leur parler dans la cour de ferme, en chemin, au milieu des champs. C'était une grande dame.

Active, autoritaire, elle joua un grand rôle à la Croix-Rouge, au conseil municipal de Montrozier naturellement, dans son département qu'elle aimait viscéralement. Continuant l'œuvre de son père Maurice Fenaille, elle protégea l'architecture régionale, releva les vieilles pierres, restaura le patrimoine menacé. Bien plus tard, elle fut une des pionnières à mener la lutte pour garder au Larzac son intégrité, participant à toutes les manifestations, même les plus extrémistes, écrivant des lettres outrées au ministre en place...

Un trop long nez déséquilibrait son visage finement dessiné, mais elle charmait par l'intelligence de son regard, son sourire malicieux. Toujours vêtue de couleurs vives, elle n'hésitait pas à assembler le vert pomme au jaune citron, le rouge au violet, choisissant un bijou, un accessoire raffiné pour parfaire sa tenue : un béret, fort seyant, coiffait souvent ses cheveux courts, légèrement crantés. Une rose d'or tenue par une main en onyx ornait toujours le revers de son col...

Jusqu'au matin de sa mort, tante Nononne se prépara avec soin, une élégance particulière pour attendre son heure dernière.

Elle s'était remariée avec Robert de Billy, avocat très brillant, infiniment cultivé. Aviateur, gravement blessé à la jambe pendant la première guerre, ils avaient eu l'occasion de se rencontrer en 1927, alors qu'il faisait campagne dans la banlieue parisienne pour la députation.

En 1919, cet avocat au barreau de Paris, évoluant dans les milieux mondains les plus divers, les plus huppés, menait une vie faite de contrastes, étonnante pour l'époque.

Grand ami des Rothschild, considéré comme un frère par la princesse Cécile Murat, il milite au parti républicain; découvrant la première organisation syndicale à la Fédération du livre, il devient lui-même secrétaire du syndicat de la Fédération des métaux. Officier d'active, il donne sa démission après les hostilités et s'installe à Creil en 1918, désirant habiter parmi les ouvriers. Il devient leur avocat, touché par leur total dénuement, leur ignorance. « Les premiers temps, je ne connaissais personne. Je prenais mes repas à la cuisine du bistrot pour rencontrer quelqu'un à qui parler! Vivant dans une maison ouvrière, commençant à être estimé pour ma profession, les ouvriers du quartier m'avaient adopté. Le maire communiste de Montataire m'invita même au réveillon de Noël. Enfin, un soir, je dînai chez mes voisins. Il y avait un couteau pour quatre. Nous dégustâmes un succulent civet de lièvre, braconné la nuit précédente sur les terres Rothschild! Le dimanche suivant, je crus rêver : un maître d'hôtel en livrée vert et jaune me servit au déjeuner " placé " un lièvre pas mieux apprêté, à la table des mêmes Rothschild! »

Mon oncle, me racontant les anecdotes de sa jeunesse, éclatait d'un rire sonore, se tapant le genou de sa main distinguée, heureux de cette farce inattendue. Puis plus intimement il ajoutait : « Je découvrais un monde inconnu, fraternel et vrai, vois-tu, j'avais une joie profonde à partager leur vie. Ce qui me bouleversait le plus était leur générosité. Une famille très pauvre n'hésitait pas à recueillir quatre orphelines. Geste naturel, quotidien, pour ces miséreux, totalement ignoré chez les bourgeois où l'on compte! Tu m'entends, mon Lou (surnom qu'il m'avait donné), tout était à faire pour le monde ouvrier. Le XIXe siècle avait été un véritable scandale.

Oncle Robert était intarissable, ponctuant ses phrases d'une indignation constante. « Imagine-toi, mon petit, que dans la ville de Creil il n'y avait pas de mutuelle ni de banque. Les crèches inexistantes. Pas de dispensaire, même pas d'équipe de foot! »

Ami de l'abbé Le Mire, ils remuent ciel et terre, appelant Nelly de Rothschild à leur secours. Ensemble, ils organisent un réseau d'aide sociale, bâtissent, installent, créent enfin tout ce qui faisait défaut dans cette banlieue misérable.

Oncle Robert veut être leur député. Il entraîne Charles Murat, son ami, dans la campagne électorale, menant une vie de forcenés vingt-quatre heures sur vingt-quatre. Son redoutable adversaire, le socialiste Ury, le bat magistralement au deuxième tour. Quelques années plus tard, rencontrant sa veuve, à son grand étonnement, celle-ci lui dira : « Vous ne savez pas comme nous vous aimions. »

A la suite de sa défaite, nommé chef de cabinet par le secrétaire d'État aux Finances Champetier de Ribes, il devient plus tard directeur au cabinet des Pensions, alliant la politique à sa carrière d'avocat. 1939. Oncle Robert s'engage à nouveau dans l'aviation au côté de François d'Astier de La Vigerie et du père Carré, dominicain bien connu de lui à la conférence de Saint-Vincent-de-Paul et au mouvement du Sillon.

C'est durant l'hiver 1940, lors d'une permission, que je l'aperçus pour la première fois. Il descendait difficilement les marches de pierre du grand château, vêtu d'une culotte de cheval, d'une veste de tweed, tenant une cravache à la main. Sa démarche hésitante lui donnait une certaine fragilité, j'avais envie de l'aider. Dès la première approche je fus séduite par cet homme sans âge, courtois, aux manières exquises. Son crâne, son visage d'une blancheur cireuse semblaient toujours lavés au savon de Marseille. Son élégance était parfaite. Il sentait le propre, la lavande. Durant la conversation, ses yeux malicieux se plissaient à l'horizontale comme ceux d'un Chinois. Le moindre sourire creusait une fossette au milieu de sa joue droite, griffe indélébile d'un éclat d'obus.

Je fus ensorcelée par sa voix tendre, son charme, je le suis toujours. Il savait merveilleusement raconter des histoires, les contes de fées, dire des vers. Il me fit aimer la mythologie, *L'Iliade* et *L'Odyssée*. Jour après jour, je retrouvais Ulysse, impatiente de connaître la suite de ses aventures. Alternativement terrifiée, découragée, triste aux larmes, j'écoutais, assise près de lui, sur le petit canapé recouvert d'une tapisserie « aux choux ».

Il me tenait la main. Je sentais tiédir ma paume minuscule entre ses doigts lisses et doux. Hélas ! il s'arrêtait de raconter toujours au moment où tout événement pouvait arriver. Il réussit ainsi à exalter mon imagination, mon désir du rêve.

Un matin, éblouissant de soleil, pressée d'aller voir tante Nononne, je montai sur la terrasse. Dans la lumière tachetée d'ombres, tremblant le long des branches des tilleuls, je distinguai quelques grandes personnes assises en cercle sur les hauts fauteuils d'osier. Curieuse, j'allai vers eux. Maman, armée d'une paire de ciseaux pointus, effilait d'un geste prompt et gracieux les cheveux blancs d'un homme. Immobile, les coudes posés sur la table de pierre, il appuyait son menton sur ses longues mains, enserrant son beau visage. Lentement, il tourna le regard vers moi, un regard noir, pénétrant. Un sourire furtif effaça l'impression sévère me retenant intimidée au pied du fauteuil. Je saluai tout le monde. Me réfugiant auprès d'oncle Robert, je ne quittai pas des yeux le monsieur si impressionnant.

Maman, ayant parachevé la coupe de cheveux, ramassa précieusement quelques mèches, les garda dans sa paume. Intriguée, je la regardais faire. L'homme, en souriant, lui proposa, pour la remercier, de lui écrire un poème. Se tournant vers moi, elle me présenta à Paul Valéry. D'une conversation anodine avec cet inconnu, je ne garde qu'un fort embarras, succédant à un refus. Il me demanda de lui réciter *Le Corbeau et le Renard*. Sans minauder, je refusai. Je ne le connaissais pas assez et me méfiais.

Pendant la guerre, il séjourna très souvent à Montrozier d'où il partait rejoindre une amie habitant le château de Bédué, dans le Lot. Il occupait toujours la petite chambre près du salon, celle du lit fort étroit aux colonnes torsadées, coiffées d'un baldaquin de tapisserie « mille fleurs ».

Oncle Robert avait découvert ses poèmes en 1914, en lisant *La Jeune Parque*, recueil si précieux à ses yeux qu'il l'acheta, l'emporta dans son paquetage de soldat. Après la guerre, il n'eut de cesse que de le rencontrer ! Une véritable amitié naquit entre le poète-penseur et mon cher oncle.

Celui-ci me raconta, beaucoup plus tard, leurs déjeuners trois fois par semaine. « Ensemble nous dégustions un peu de viande, c'était l'Occupation. Je lui proposai de venir en Aveyron écrire dans le calme familial de cette maison. »

Lors d'un voyage en chemin de fer, traversant la ligne de démarcation, un officier allemand fouilla sa valise ; intrigué, il lui demanda pourquoi celle-ci ne contenait que des rames de papier blanc. « C'est pour mon métier, je suis poète. Mon nom est Paul Valéry. » A la stupéfaction de ses voisins de compartiment, l'officier se mit au garde-à-vous, lui récita *La Jeune*

Parque. Devant le sourire agréablement surpris, interrogatif, du poète, l'Allemand poursuivit : « Je suis chef d'orchestre à Tübingen. Maître, c'est le plus grand jour de ma vie. »

Inconsciemment, je voulus me faire pardonner mon impertinence mal venue. Je m'étais rendu compte de ma sottise. Cet homme était exquis. Fébrilement, je décidai d'écrire une pièce en un acte. Je n'avais qu'un désir, être dans ma chambre devant mon cahier, porte-plume en main. Une fois terminée, je la fis lire à ma mère. Elle accepta avec bienveillance de m'aider à répéter, à préparer la surprise.

J'ai un souvenir très nébuleux du sujet : une passion contrariée entre un jeune marquis et une orpheline (ma sœur Véronique), amour brimé, interdit par la sévérité d'un tuteur jaloux (Sophie avec moustaches). Amours heureusement conclues, grâce à la complicité aimable de la suivante (en l'occurrence Juliette, la sœur de mon amie).

La représentation eut lieu dans le jardin des Bergeries, la maison de tante Odette, ma marraine, située tout au bout du village. Un tapis de Smyrne recouvrait la pelouse, autour duquel les grandes personnes de la famille s'assirent très sérieusement. Le décor était évocateur : un marronnier au large tronc abritant les rencontres des amoureux; une table, un fauteuil, repères de l'oncle acariâtre, un paravent, cabinet secret pour la confidente. Claire avait cousu les costumes, Mamédoux avait serré mes cheveux dans un catogan, et maman nous avait mis du rouge aux joues et sur les lèvres. Malgré la peur, personne n'oublia ses répliques. Les applaudissements indulgents nous firent rougir. Je m'inclinai devant le poète. Il m'embrassa sur le front.

Je retrouvai Paul Valéry quelques années plus tard, en préparant mon bachot de philosophie.

Marsan devait reprendre vie. Maman décida de notre retour. Le matin du départ, peu de valises, quelques ballots s'alignaient sagement dans l'entrée. J'avais froid. Mon regard allait d'un visage aimé à l'autre. Quête naïve d'un contretemps inespéré!

Le cœur serré, je laissais Montrozier. L'avenir m'inquiétait, le temps reprenait son cours. J'allais retrouver l'absence de mon père. En quelques mois Mamédoux m'avait donné le goût du bonheur. Je ne me sentirais plus protégée.

Il fallait partir.

LA carriole chargée, rênes en main, Cocotte, la jument grise, descendit de son pas assuré la pente ombragée, poursuivit son chemin d'un trot tranquille jusqu'au château où elle s'arrêta d'elle-même devant la porte d'entrée.

Nous étions en septembre. La lumière dorée irisait la terre déjà en attente; les vignes rougissaient à perte de vue, quelques feuilles de platane planaient sur la route blanche. Autour de la grande maison riant de toutes ses fenêtres, les prairies, les sous-bois prenaient la couleur rose-mauve des cyclamens sauvages.

Ce fut la rentrée.

Ma mère s'était engagée comme infirmière à l'hôpital d'Auch. Elle devint l'assistante chirurgicale du docteur Barthélemy, donnant aussi des cours de secourisme aux jeunes Gersois. A la belle saison, elle s'y rendait à bicyclette en suivant la voie de chemin de fer. Il fallait une demi-heure à trois quarts d'heure, cela dépendait du vent. Vêtue d'un uniforme bleu ardoise, un béret orné d'une croix rouge cachait joliment une partie de son chignon. Elle partait tôt le matin, les deux sacoches de son vélo pour tout bagage, son sac en bandoulière. Parfois retenue par une urgence, elle couchait à Auch, le couvre-feu interdisant toute circulation. L'hiver j'entendais démarrer la petite Simca-5. En tant qu'infirmière, on lui accordait des bons d'essence. Sous cet uniforme, elle allait partout, aidant les résistants tout naturellement sans en faire partie. Les réunions avaient lieu chaque fois dans une maison amie différente. A Marsan, au Rieutort domaine des Montal, au château de Montaigut, chez les Crémery.

Souvent j'allais l'embrasser à l'hôpital. Tels de grands oiseaux blancs, les religieuses de Saint-Vincent-de-Paul semblaient glisser entre les rangées de lits de la salle commune. Tout était d'une blancheur immaculée. Un grand silence planait. De temps à autre des gémissements, des appels troublaient cette paix à l'odeur indéfinissable : mélange d'eau de Javel, d'éther, de matières douceâtres.

Sœur Marie, au sourire infini, m'emmenait voir ma mère. Dans une petite salle attenante à celle des opérations, celle-ci rangeait, préparait tout le nécessaire pour les urgences à venir. Son visage, ceint de son voile blanc dissimulant tous ses cheveux, était encore plus beau.

Le masque douloureux des malades semblait s'effacer, un sourire las s'esquissait alors qu'elle se penchait sur eux, que sa main se posait délicatement sur un front, soulevait le bras endolori, le reposant doucement, après avoir enlevé les plis du drap. Elle leur rendait des menus services. Parfois assise près d'un malade, elle rédigeait sous la dictée une de ces cartes postales obligatoires depuis l'invasion. Imprimée d'avance, on avait le droit de remplir les vides : « ... en bonne santé... fatigué, gravement malade, blessé... tué... prisonnier... sans nouvelles... la famille va bien... besoin de provisions... d'argent. Va entrer à l'école de... ».

A ma grande joie, plusieurs fois par semaine, je me rendais à Auch, la ville au double visage. La ville haute, superbe avec ses belles maisons de pierre, aux toits de tuile rose, dominée par sa cathédrale baroque, la tour d'Armagnac, l'escalier monumental, reproduction de celui d'Odessa, et sa préfecture à l'harmonieuse façade XVIIIe. La ville basse, la commerçante où serpente le Gers paresseux entre les entrepôts, les maisonnettes en torchis, le quartier moyenâgeux aux murs à colombage, les casernes, les hôpitaux et les jardins des maraîchers. J'allais rejoindre mon père à l'Imprimerie Cochareau, située juste en face. Il y rédigeait *L'Indépendant du Gers*, c'était avant son départ définitif pour le maquis de la Brenne.

Accrochée à la rampe, je me glissais le long d'un escalier de fer en spirale, très étroit. Dès les premières marches, une odeur épaisse de plomb et d'encre attaquait mes narines. Très mal éclairée, la salle s'encombrait de pupitres crasseux, d'une rotative luisante, de presses à la lourde manivelle. D'un air goguenard, Frédéric Cochareau me regardait marcher, hésitante, tant la peur de me salir était grande! Ses yeux se fermaient, rieurs, derrière ses grosses lunettes. Il se tenait debout devant le marbre. Son corps maigre et sec flottait dans une blouse aussi grise que les caractères sortis des casiers si méticuleusement. « Attends-moi, j'arrive tout de suite », disait mon père. Les heures passaient si lentement qu'il m'arrivait de m'endormir dans le petit bureau, la tête appuyée sur des montagnes de paperasses. Situé au-dessus des machines, leurs vibrations devaient me bercer.

Mon père n'avait jamais terminé son activité. Au moment du départ, il rencontrait toujours un interlocuteur avec qui il conversait indéfiniment. Cet affrontement continuel avec la durée m'enseigna l'apprentissage de la patience, me donna l'horreur d'être en retard et d'attendre!

Je filais ensuite chez Mlle Delsus, mon professeur de piano, avec qui la musique semblait si facile. « Vous devez, me disait-elle, poser votre main comme une petite cage à grillon, les doigts attaqueront les notes comme des petits marteaux. N'oubliez pas de travailler vos exercices de Czerny tous les jours, commencez par les gammes. » Elle n'avait nul besoin de me faire toutes ces recommandations. Je voulais lui plaire.

Un sentiment d'indépendance, une certaine indifférence à l'égard des jeux de l'enfance m'habitaient désormais. Je ne me sentais plus astreinte à l'obéissance tacite. Peu surveillée, je choisissais mes loisirs. La solitude me plaisait infiniment. Je passais de longs moments dans la salle d'étude, assise bien droite sur le tabouret à vis, à répéter mes exercices de piano. La couleur noire du piano était si brillante qu'il réflétait mon image sans indulgence, tel un miroir. Une sorte de conscience!

Le Czerny délogeait les feuillets sur lesquels ma mère déchiffrait des rengaines allemandes, anglaises : *Lily Marlène, Bel Ami, Bel Amour, Bel Amant, It's a long way to Tipperary.*

Une chatte de gouttière me tenait souvent compagnie. Recroquevillée au plus profond des rondeurs d'un fauteuil de velours rouge, absorbée par mes lectures, je la caressais distraitement. Je découvrais la volupté de glisser mes doigts le long de sa fourrure grise striée de noir. La douceur chaude, électrique, de chaque caresse, la petite musique rauque de sa gorge exhalaient une délectation profonde. Sans que je comprenne pourquoi, soudain, une morsure aiguë, des griffes impitoyables martyrisaient ma main, achevant d'un geste ce plaisir si doux. Furieuse, je chassais Mounette.

La nursery abandonnée, mes poupées s'étaient endormies pour toujours au creux des minuscules berceaux. Leurs armoire et commode en pichepin resteraient fermées. Je préférais grimper aux arbres, jouer à l'Indienne. Michel, le fils de Julie, notre cuisinière, m'enseigna l'art de monter le plus haut possible sans risque. J'abandonnais mes sandales avec bonheur, ma plante du pied épousait agréablement l'écorce lisse. Nous avions choisi un séquoia au large tronc dont les branches devenaient de véritables plates-formes. De cette tour de guet imprenable, nous pouvions surveiller les allées et venues au sud du château. Tôt le matin, et surtout aux lueurs du couchant, le jardinier rapportait dans sa brouette grinçante les trésors du potager. Nous possédions chacun notre fronde. Des petites pommes de pin à la chair verte, luisante et serrée atterrissaient sur son épaule ou le devant de son tablier bleu. Il nous grondait gentiment.

Encore petite, ma sœur ne pouvait escalader notre citadelle. Lassé par ses plaintes, Michel la juchait sur la première branche. Nous conversions de haut en bas. Véronique avait le don des fous rires. Ses reparties, son rire perlé étaient si contagieux ! Au bout d'un moment, fatiguée de faire le clown, ne partageant pas notre mobilité, elle préférait retourner à son jeu favori : la chasse aux grillons.

Quand l'air crépitait sous la chaleur impitoyable d'août, le dos appuyé au tronc, j'aimais sentir, les yeux fermés, cette odeur de paille, de sol assoiffé monter des profondeurs de la terre désespérément sèche. Parfois, au coucher du soleil, un vent timide filtrait à travers les rameaux, faisant osciller les bouquets d'aiguilles, m'apportant avec son odeur de résine les bruits du crépuscule : grincement métallique de la noria déversant inlassablement ses godets d'eau aux basssins d'arrosage du potager, le pas traînant du bétail rentrant à l'étable de la Grangette, l'appel répété de la fermière à ses volailles, le rituel tititi...ti à l'heure du grain. Les sonnailles et les bêlements se répercutaient sur la colline.

Durant les mois d'été, la sieste devenait une obligation. Tout s'arrêtait de vivre, de respirer. Je restais immobile, allongée sur le lit, dans la pénombre, rideaux et volets clos. Depuis le lever du jour, le ménage une fois accompli, je devais claquemurer notre chambre. Les mouches, agacées, bourdonnaient entre la vitre brûlante et le bois, cherchant désespérément une échappée possible. Parfois une s'évadait. Elle se promenait, obstinée et cruelle, sur mes jambes, mes bras. Je finissais par me réfugier sous le couvre-lit de coton blanc.

De longs rais de soleil dégringolaient sur le parquet, entraînant, dans leur oblique, des milliers de grains de poussière brillante. Je ne pouvais dormir. Après avoir relu mes contes préférés d'Andersen, premier livre donné par mon père, je rêvais, attendant la fin de ce repos interminable. Cinq heures sonnaient enfin à la pendule du vestibule. Je bouclais mes sandales à toute vitesse, traversais le vestibule à la température si tempérée. Dès le seuil franchi, la densité de la chaleur coupait ma respiration. Mes paupières tamisaient la lumière aveuglante. On ne voyait personne. Seuls quelques bruits dans l'arrière-cuisine se faisaient entendre, annonçant l'éveil de la maison.

La tête protégée par nos chapeaux de paille, Michel et moi longions, au ralenti, les murs, recherchant l'ombre. La traversée du parc était exquise : odeur de sous-bois moussu, brillance imperceptible des feuilles, clairs-obscurs où j'aurais aimé m'arrêter. La descente au potager devenait le chemin forcé des héros à travers l'enfer. L'eau verdâtre aux senteurs de vase où nous plongions nos corps brûlés nous paraissait apaisante. Des dytiques se propulsaient tels des signes cabalistiques sur la surface où flottaient des lentilles d'eau. Admirative, j'observais les longues libellules, immobilisées sur quelque tige de roseau. Leurs ailes gardaient des reflets d'arc-en-ciel. La baignade terminée, nous cueillions des tomates tièdes dont je raffolais aussi pour leur odeur si particulière.

Le pot de sel était toujours à la même place, à la croix d'une poutre et d'un pilier soutenant l'appentis de la cabane. Pujol y rangeait ses outils, alignant des tourelles de pots de fleurs, piquets de châtaignier, les bêches. Les pioches restaient accrochées à côté des râteaux et sarcloirs. L'écheveau de raphia pendant à un clou rouillé, dans un désordre de blondeur fanée.

J'aimais sentir les effluves du terreau, de l'engrais mêlés à ceux des oignons séchant sur les poutres. L'endroit était frais. Les tartines de pain ramolli par la chair légèrement sucrée de la tomate me paraissaient plus appétissantes encore.

A l'abri des vibrations de chaleur et de luminosité intenses, nous regardions Louis écosser les longues gousses de haricots blancs. Les grains roulaient avec un joli cliquetis le long des parois en bois du baquet. Le jardinier rallumait sa pipe avec lenteur, aspirant avec un léger bruit de succion la flamme du briquet jusqu'à la faire disparaître et réapparaître selon son bon vouloir. Il nous parlait de ses plantes, des fleurs, des quatre saisons et leurs prodiges.

Ma mère tenait à ce que nous participions à tous les travaux comme l'aurait souhaité papa. Nous faisions les foins : secouer l'herbe sèche au bout de longs râteaux de bois ou amonceler en meules les rouleaux parfaits laissés à espaces réguliers par la faneuse mécanique. Bien entendu, notre concentration dans l'effort s'effilochait au cours des heures en des batailles échevelées. Nous remettions de l'ordre, sans trop rouspéter, dans la démolition des jolis tas bien ronds.

Le dépiquage était aussi une fête. Dans la cour de la Grangette, la batteuse, actionnée par une espèce de locomotive, faisait un bruit infernal. Une longue courroie circulaire sifflait et claquait comme un fouet monstrueux, sur une bonne longueur de l'aire. Un nuage de poussière d'or nimbait les hommes au torse luisant, portant d'énormes sacs de blé sur leurs épaules.

Le meilleur moment était le repas autour des tables immenses posées sur des tréteaux. Les femmes des métayers, des voisines plaçaient sur les nappes à carreaux bleus et blancs d'énormes miches de pain dans lesquelles les hommes, munis de leur couteau, se taillaient de longues tranches qu'ils posaient dans le fond de l'assiette blanche; on y versait des louchées de soupe de haricots blancs. Puis les volailles grillées au feu (le soir la poule bouillie sous un amoncellement de légumes) étaient englouties. Les rires fusaient entre les verres de piquette, plaisanteries violentes auxquelles les femmes répondaient avec humour et bon sens.

Il y avait toujours un coin au bout de la table où nous prenions place, parmi les autres enfants. J'étais heureuse de partager cette joie de vivre. Pour terminer ce repas, un pastis aux pommes, tarte feuilletée parfumée à la fleur d'oranger, une goutte d'armagnac. Le travail reprenait difficilement sous les bourrades et les jurons amicaux. Les ouvriers avaient bien ripaillé. Ils étaient distraits. Une certaine lourdeur accompagnait leurs gestes. Bientôt la machine mènerait la danse.

Nous n'étions là qu'en spectateurs. Par contre, nous faisions les vendanges, coupant les lourdes grappes bleutées avec précaution du bout d'un sécateur très effilé. Je portais mon baquet de bois lourdement rempli jusqu'aux comportes alignées sur un char. Quand les vendangeurs étaient trop éloignés au fond des sillons, ils déversaient leur cueillette dans une hotte portée à dos d'homme, naviguant entre les ceps. Dix jours après on pressait. Nous goûtions avec volupté le moût, jus de raisin légèrement piquant provoquant des flux de ventre intempestifs, pour notre plus grand désagrément.

Durant la période de la guerre et jusqu'aux années cinquante, date de l'arrivée des premiers tracteurs du plan Marshall, les paysans exécutaient tous les travaux agricoles de leurs mains, secondés par les bêtes de somme. L'entraide entre voisins devenait essentielle, voire naturelle, la main-d'œuvre familiale supplantait l'absence de la mécanisation.

Parmi ces innombrables tâches domestiques, je redoutais l'écossage des petits pois ou l'équeutage des haricots verts. Assis en rond parmi le personnel, piqués sur des chaises de paille, sous l'œil vigilant de Julie, nous besognions durant des heures. Je sentais sous mes doigts exaspérés ces petites boules rondes serrées dans leur gaine. D'un coup d'ongle, je les chassais. Les petits pois roulaient dans la cuvette en émail. Au début, le bruit de chute en cascade contre le métal m'amusait, après ce n'était qu'un geste monotone, interrompu dans l'horreur par le contact du corps mou d'une petite chenille verte. A mon cri de dégoût, Julie me grondait : « Les petites bêtes ne mangent pas les grosses. » Vexée, je piquais du nez dans le tas de cosses.

Une fois cette corvée accomplie, on entassait jusqu'à la naissance du goulot les légumes préparés dans les bouteilles de limonade ou de champagne lavées à grande eau, dont Plazetta fixait le bouchon avec du fil de fer. Celles-ci étaient enveloppées de vieux linges, serrées les unes contre les autres sous des pierres à l'intérieur de vastes lessiveuses.

Posées sur les trépieds au plus profond de la grande cheminée de la cuisine, on entendait, pendant des heures, leur bouillonnement continu sous les couvercles.

Plus tard, fin octobre, avait lieu le ramassage à la main des épis de maïs. J'avais plaisir à marcher dans cette forêt de cannes. Chaque frôlement provoquait comme un froissement de papier, un bruissement d'ailes. J'avais l'impression d'être une naine cheminant dans une forêt magique. La lumière rase se faufilait entre les tiges, rendant la progression encore plus mystérieuse.

Nous n'avions pas le droit de participer à la « corvée de dépouillage ». Mais comme cela se passait sous la grange des communs, face à notre chambre, j'y assistais sans faire de bruit, depuis ma fenêtre, toute lumière éteinte. Les hommes et les femmes, assis le long de planches grossières recouvertes d'épis, enlevaient quelques fanes, les tiraient vers le bas en les tressant sommairement. Au bout de la rangée, on entassait les épis ainsi dénudés, liés les uns aux autres, en suivant une courbe.

Une colonne d'or s'élevait, bien ronde, haute de un mètre. L'une après l'autre, elles seraient suspendues aux poutres pour la nourriture de la volaille et des cochons. Les séchoirs à maïs n'existaient pas encore. Lorsqu'un épi rouge était mis à nu, il fallait donner un gage, le plus souvent un baiser accordé dans le chahut général.

Le vin nouveau se buvait accompagné de châtaignes grillées. Un accordéoniste jouait des airs. *Impossible de s'aimer davantage* revenait telle une rengaine, enflammant le cœur de certaines, faisant rêver les autres. Les grosses lampes à acétylène noyaient, dans un halo bleuâtre, ces scènes de la vie paysanne. Seul comptait le bonheur d'être réunis.

L'année de mes dix ans, j'eus la permission d'entendre la messe de minuit. Ma sœur pas encore. Ce privilège de l'âge me donnait de l'assurance, sentiment totalement méconnu jusqu'à cette date.

Un matin, une douleur lancinante tarauda le côté droit de ma nuque, forçant mon cou à une raideur inhabituelle. Le 23 décembre, je ne pouvais plus du tout tourner la tête. Stoïque dans la douleur, muette devant les réprimandes successives : « Tiens-toi droite, relève ton menton. » Une seule crainte m'obsédait : que Mlle Quilbeuf ou ma mère s'en aperçoivent, me privant de la messe de minuit, de peur que je n'attrape froid. Le matin même, la fièvre empourprait mes joues, des frissons me parcouraient en vagues glacées.

Les carillons des cloches invitaient les paroissiens à se retrouver. Enfin, ce fut l'heure. J'entrai dans l'église. Jamais je n'avais vu autant de monde agglutiné sous la nef. Il me semblait que l'atmosphère était plus recueillie. De la vapeur s'exhalait des lèvres à chaque parole, en petites colonnes blanches.

Les chants, en patois, gardaient des résonances païennes. Le *Minuit chrétien* rituel entonné solennellement par le vieux Sachi, debout dans le chœur, me bouleversa. Dans un silence pesant il descendit de la tribune des hommes, posant lourdement ses brodequins sur les marches branlantes, puis, marchant le long de l'allée centrale, il s'arrêta, attendant la phrase d'introduction jouée à l'harmonium.

Il avait un beau visage, à l'ossature puissante, une mâchoire carrée, des yeux bleus. De grandes mains aux doigts carrés pendaient, inertes, à l'extrémité des manches trop courtes de son costume.

L'abbé Casterède porta vers la crèche l'enfant nouveau-né, enveloppé d'un manipule très blanc, accompagné par toutes les choix chantant à tue-tête : « Il est né le divin enfant. »

Ma plus grande joie fut le retour de papa à l'improviste, la veille de Noël. Je considérais sa venue comme miraculeuse. Il s'aperçut tout de suite que j'étais malade. Ma température atteignait en effet 39°, 9. Lorsque je lui avouai mon silence, il me félicita d'avoir tenu bon.

Le docteur Barthélemy vint m'ausculter, sa lourde tête se posait sur mon thorax, puis sur mon dos, recouverts d'une serviette fine. Il me demanda de tousser, de respirer par la bouche, de bouger l'un après l'autre mes membres endoloris. Ma nuque restait bloquée, si douloureuse que j'en avais le vertige.

Après un long silence réfléchi, le diagnostic tomba : rhumatismes articulaires.

A cette époque, la maladie était subie comme une nécessité. Sur ses manuels d'infirmière, ma mère en reconnaissait les symptômes immuables, vérifiait les courbes de température et suivait avec minutie l'évolution permanente du mal. Les médications étaient naturelles : cataplasmes de moutarde contre les bronchites, enveloppements glacés à la farine de lin et ventouses destinés à combattre les congestions pulmonaires, tisanes aux plantes médicinales adaptées à chaque maux, lavements détestables guérissant les embarras gastriques, gargarismes au sel, inhalations d'eucalyptus, badigeons au bleu de méthylène pour faire face aux rhino-pharyngites, aux angines. Mais le plus sûr des remèdes était la diète complète, jusqu'à la tombée de la fièvre. Le bouillon de légumes, enfin autorisé, puis la purée de pommes de terre légère, le blanc de poulet, la compote de pommes me paraissaient des mets exquis.

Ce fut ma première maladie sérieuse. Je restai trois semaines alitée. Ma convalescence parut interminable. Assise quelques heures dans un grand fauteuil, j'essayais d'observer les mouvements inhérents à la vie des communs de la cour. Je vécus une sorte d'emprisonnement. Heureusement, je pus lire sans être dérangée par quiconque des journées entières. Les heures passaient, martelées régulièrement par le timbre de la pendule du vestibule. Bien calée dans mes oreillers de plume, les mains légèrement moites, écoutant les battements de mon cœur, j'attendais. Tante Adé, d'un ton persifleur, me nomma « Tête penchée ».

Jusqu'à l'année 1944, la guerre sembla suivre son cours

monotone, inexorable. Soudain, elle bouscula l'enchaînement des jours.

Tel un animal craintif, le moindre signe me donnait l'alerte. J'avais peur. Peur pour mon père, si loin de nous. La nuit, j'entendais des voitures circuler côté est. Les Allemands réquisitionnèrent tous les chevaux de l'exploitation. Seule Cocotte fut épargnée, son grand âge la sauva pour quelque temps. Elle finit dans nos assiettes, sous l'apparence d'énormes biftecks, viande dévorée avec une gourmandise étonnée. Je n'avais jamais mangé de cheval. Le repas terminé, une grande personne, voulant être drôle, nous apprit la vérité. J'en vomis de rage.

La resquille fonctionnait à merveille, les rescapés vivaient cachés. Les explications allaient bon train : « Des maladies pernicieuses avaient décimé bien des têtes de bétail, les volailles disparaissaient dans des épidémies foudroyantes. Cette année avait peu produit de légumes. Jamais la récolte des pommes de terre n'avait été si mauvaise! »

Pendant la nuit Julie, aidée d'oncle Georges, abattait clandestinement des moutons dans la cave pour notre propre consommation et l'approvisionnement du maquis. Comme toujours, à des heures tardives, protégés par les ténèbres, les maquisards frappaient plusieurs coups, suivant le mot de passe, aux carreaux de la fenêtre de la cuisine. Ils venaient se ravitailler. Julie était brave, efficace. C'est avec une joie non dissimulée qu'elle participait à la lutte contre l'occupant derrière son fourneau, durant son repos, ou prétextant une cueillette de cèpes dans les bois. Elle allait prévenir mon oncle. Les quartiers de viande, les provisions s'engouffraient rapidement à l'arrière de la camionnette. Glissant en roue libre depuis la barbacane jusqu'au fond de l'allée principale, le véhicule disparaissait, tous feux éteints, silencieusement, dans l'obscurité.

Les restrictions devenant plus draconiennes, l'imagination, les vieilles recettes amélioraient miraculeusement cette vie en autarcie. L'orge grillée dans un petit tambour en tôle tournant au-dessus d'un lit de braises devenait du café. Les mots ersatz, saccharine, fibranne, viande sans ticket faisaient partie du vocabulaire quotidien.

Je regardais Julie fabriquer du savon avec du suif de bœuf, de la soude caustique. Elle faisait sécher la pâte, puis la coupait en morceaux. Aline mettait à bouillir dans de l'eau de la saponaire et des feuilles de lierre, dans laquelle les blouses et les tabliers de satin fermière, une fois trempés, ne perdaient pas leur couleur, tout en étant lavés.

6 juin 1944. Maman embrassait mon oncle Guy, en répétant inlassablement, les yeux embués de jolies larmes : « Les Américains ont débarqué. Les Américains ont débarqué en Normandie ! »

Devant notre regard interrogateur, elle s'arrêta et nous prit par la main. S'asseyant sur un des canapés Régence en bois canné, nous serrant fortement contre sa poitrine, elle nous demanda de l'écouter. Longuement, elle nous raconta l'odyssée du général de Gaulle, l'appel du 18 juin, l'épopée de la France résistante, le courage des habitants de l'île de Sein, l'attitude héroïque des Anglais sous les bombardements ennemis, le geste symbolique de Winston Churchill, levant deux doigts en V, signe prophétique de la victoire, l'alliance avec les États-Unis d'Amérique, leur entrée en guerre, etc.

Je l'écoutais avec admiration. Tout ce que j'avais plus ou moins perçu se regroupait en un fabuleux puzzle, notre histoire de France vécue.

Cette fin de guerre s'accélère dans ma mémoire comme un film de Charlot, images furtives, embrouillées dans le temps, sans chronologie, chocs inoubliables et toujours la peur au ventre, allées et venues intempestives des Allemands. Le jour de mon départ pour la clinique Barthélemy, je fus mise en joue sur la route, puis le convoi nous laissa repartir. Traumatisée, j'offris ma vie pour la France, à genoux, dans les w.-c. avant d'entrer dans la salle d'opération, pour l'ablation de l'appendice !

Vagues successives des avions dans le ciel trop bleu de Marsan, nouvelles affolées de l'incendie de la poudrerie de Toulouse. L'arrestation par la Gestapo de la si belle Clotilde de Montal, son emprisonnement à Saint-Étienne, alors que son fils dernier-né n'avait que six mois, l'aîné deux ans. Arrivée de nombreux blessés à l'hôpital d'Auch, après la bataille de L'Isle-Jourdain. Nous avions été embrasser maman retenue par les urgences plusieurs jours loin de nous.

Plus la Libération s'étendait aux villes de France du Nord, plus je sentais une effervescence incontrôlée gagner la maison.

Un gigantesque drapeau français fut confectionné avec trois nappes choisies avec soin par Antoinette, la lingère, l'une teinte en bleu, l'autre en rouge, à l'aide de petites boules enfermées dans une gaze. Une des couturières du village, Delphine, les pieds unis dans un lent mouvement de va-et-vient, actionnait la large pédale de la machine à coudre Singer. Elle travailla tout le long du jour, devant la fenêtre de la lingerie, ses cheveux blancs gardant encore les reflets du soleil après sa disparition.

Fiché au milieu du fronton de la façade sud orné de hauts-reliefs, le drapeau ondulait sur fond de tambours, faisceaux d'armes, canons, monticules de boulets, défenses et oriflammes, décor superbe existant miraculeusement pour ces jours de victoire. La gaîté des couleurs me remplissait de joie.

Un profond regret, cependant, me tenaillait, l'absence prolongée de mon père. Il se battait toujours.

Toutes les petites maisons du village s'ornèrent de petits drapeaux. M. Laborie en avait fixé trois sur le haut du clocher de la petite église.

Des officiers américains, tous d'origine polonaise, habitaient le château. L'un d'eux mesurait au moins deux mètres, un bon géant qui, en un tour de main, nous soulevait en l'air comme deux oiseaux.

Je remarquai qu'il trouvait ma mère très belle. Il la regardait silencieusement, tirant de longues volutes bleutées de sa pipe en racine de bruyère, tandis qu'elle tisonnait le feu de bois, accroupie devant l'âtre, sa longue natte glissant le long de son dos.

Pour fêter l'année nouvelle dans la joie et la paix retrouvée, une boîte de nuit fut agencée dans l'une des bibliothèques. De vastes et hauts paravents décorés avec de grandes affiches peintes de couleurs vives par tante Adé tinrent lieu de murs. Un damas jaune de toit. La tête de loup, une fois de plus, soutint une paire de rideaux qui fermait l'entrée. Sur les murs je pouvais lire HAPPY NEW YEAR – LOVE AND HAPPINESS. Des lustres de laiton couverts de bougies, de guirlandes brillantes portaient une boule de gui retenue par de grands nœuds rouges.

Sur un vieux gramophone, des disques apportés par les Américains jouaient une musique que je n'avais jamais entendue auparavant. *In the Mood* devint la rengaine fredonnée par tous à partir de cette première nuit de l'année 1945. Comme je ne comprenais pas la signification des mots « boîte de nuit », ma mère m'expliqua qu'avant la guerre elle allait en robe du soir danser avec papa au Carrol's, chez Maxim's. Un orchestre jouait des airs de Gershwin, des tables entouraient une piste de danse, la lumière y était très douce. En me racontant ses souvenirs de jeune mariée, sa voix devenait nostalgique, son regard se troublait.

Je m'entends prononcer dans le silence de sa chambre le mot « divorce », innocent dans ma bouche, mais lourd de désespoir. Une fois de plus, je ressentis le poids du malheur et ne pus m'empêcher de lui en parler. Elle me rassura froidement, sans doute effrayée par l'acuité de mon instinct.

Mon père revint quelques jours plus tard.

Nous reçûmes, Véronique et moi, deux casques allemands de couleur vert-de-gris, à la mentonnière de cuir, bien trop grands et lourds pour nos têtes. Le mien était bosselé.

FIN septembre 1945, la Loire, gris et rose, reposait, nonchalante, entre les hauts madriers noirs soutenant les rails.

Orléans n'était que décombres. Nous roulions vers Paris. Au retour de mon père, il avait été décidé que ma sœur et moi irions faire nos études au collège de l'Assomption, rue de Lubeck. Aymeri et Nanie resteraient à Marsan jusqu'à ce que notre maison de Neuilly, très endommagée par l'Occupation, soit remise en état. En attendant, nous habiterions chez oncle Jean et tante Bébeth.

Je quittais Marsan, mon enfance.

Lentement, la locomotive entrait en gare d'Austerlitz au milieu des crissements d'essieux, des jets de vapeur et la voix pontifiante du haut-parleur.

Je serrais la main de Mlle Quilbeuf. Debout dans le couloir, nous regardions par la portière. C'est ici que nous allions nous quitter, un de ses neveux venait la chercher à l'arrivée. Elle avait refusé de passer quelques jours avec nous. J'aperçus, malgré mes larmes et les gens agglutinés sur le quai, la haute stature de mon père. Il fallait à tout prix qu'il ne s'aperçoive pas de mon chagrin, ayant une sainte horreur de ces manifestations larmoyantes. Les « pleurnicheries » le mettaient en rage. Serrant les dents, je me jetai à son cou.

Ces retrouvailles, dans la bousculade d'une foule fatiguée mais pressante, me rassurèrent un peu. Je déposai désespérément deux baisers affectueux sur les joues molles de mon institutrice. Il y eut un dernier regard. Je tournai la tête et m'engouffrai dans la Citroën sans mot dire.

Je n'avais qu'une hâte, retrouver ma mère et m'installer.

Nous fûmes accueillis avec une certaine réserve par nos oncle et tante, surpris dans leur vieillesse solitaire par l'animation incontrôlable de cette arrivée soudaine.

Les valises furent déposées dans nos chambres. Ma sœur et moi, ayant revêtu nos robes de chambre après une toilette sommaire, nous allâmes embrasser nos parents.

Rapidement, je me rendis compte, en entrant dans la pièce qui leur était réservée, que je devenais le témoin d'une scène définitive. Le cœur serré, je vis mon père, le chapeau d'une main, déposer un baiser distrait sur la joue de maman, qui le regardait, éplorée. Nous apercevant, il nous serra dans ses bras, marmonna un « à bientôt » laconique. Ouvrant la porte, il partit d'un pas décidé, son feutre sur la tête, sans nous regarder. Le bruit sec et métallique de la porte refermée fit éclater en moi un désespoir noir.

Maintenant, je savais.

Mon père ne reviendrait plus vivre avec nous.

Julie nous coucha dans le même lit, deux matelas posés sur un sommier. Frissonnante sous les larmes, je m'étendis, lasse de tant d'émotions. La main douce de ma mère se posa sur mon front. Après nous avoir embrassées sans une explication, elle sortit silencieusement.

Dans cette chambre inconnue, qui sentait l'étoffe poussiéreuse, je refermais les yeux sur un bonheur tant espéré, à jamais disparu.

Ce matin d'octobre 1945, Julie nous emmena avec elle faire les courses pour nous distraire et me sortir de cette solitude inquiète.

C'était mon premier contact avec la rue : se frayer un chemin parmi les passants, traverser au feu rouge dans les passages cloutés, attendre le signal de l'agent, prendre place dans la queue pour être servi à son tour, donner les tickets de ravitaillement.

Après le premier déjeuner avec mon oncle et ma tante durant lequel la timidité et le souci de bien nous tenir nous rendirent muettes, maman nous mena à l'Assomption, rue de Lubeck, pour nous présenter à la mère supérieure et nous faire connaître notre école. Les mains moites enfoncées dans les poches de ma redingote, le cœur battant, je regardais la longue façade de pierre grise percée de fenêtres gothiques, derrière lesquelles j'allais passer des journées entières.

Mère Marie-Odile avait une figure ronde et rose. Elle me tendit la main avec un doux sourire, m'imposant la révérence. Elle me fit quelques recommandations : « Ainsi, mon enfant, vous devrez faire la même inflexion en passant devant mon bureau, la statue de la Vierge installée dans l'entrée et la porte de notre mère directrice. » A ces mots, je tiquai, mes mâchoires se serrèrent, un léger mouvement de révolte m'envahit. Cependant, l'air soumis, j'acquiesçai et promis d'obéir. Avant de dîner, je préparai mes affaires, les rangeant dans le vieux cartable de mon père.

Sur une des chaises je plaçai mon uniforme bleu marine. Je porterais les chaussettes de laine tricotées par la vieille Mme Daubèze. Elles grattaient affreusement. Mes chaussures, choisies dans la boutique du village, mon manteau de drap, mon béret façonnés par Léonie, la fille de Delphine, toute cette panoplie me donnait l'impression d'être protégée.

Mon pupitre se trouvait placé près de la fenêtre. Sans tourner la tête, je pouvais apercevoir la cour spacieuse, plantée d'arbres, et rêver, tranquille, sans attirer les remontrances de mère Marie-Odile.

Le matin, cet espace était réservé à la récréation, l'après-midi, notre terrain pour jouer à la balle au prisonnier, un jeu obligatoire pour toutes. Si la sœur surveillante surprenait deux filles bavardant paisiblement sous les marronniers, celle-ci les enrôlait d'office dans un des camps. Je m'étais reconnue, parmi les rêveuses, les anti-sportives, haïssant ces parties de ballon organisées quotidiennement.

Je ne quittais pas les places de dernière ou d'avant-dernière. J'assistais aux cours mais n'apprenais pas une leçon. L'anglais, la couture et l'instruction religieuse furent, peut-être, les seules disciplines où j'obtins la moyenne. J'étais incapable d'étudier, de réciter devant mes compagnes, j'avais choisi de ne pas ouvrir un livre. Par contre, tous les soirs, j'essayais de faire mes devoirs.

Julie, trop occupée par les travaux domestiques, me voyant assise à ma table, me faisait confiance.

J'étais obsédée par la honte, la tristesse d'être une mauvaise élève, incapable de suivre. Un sentiment de culpabilité m'étouffait. Je pensais que l'on pouvait lire sur ma figure la séparation de mes parents, cette sorte d'abandon! Étant toujours en avance sur l'horaire, profitant de l'absence des élèves, j'allais derrière le tableau noir chiper un stylo, une gomme, un polissoir, dans la corbeille réservée aux objets perdus.

Je cachais mes larcins, le cœur affolé, assez fière de posséder un objet que je convoitais, dans la trousse de mes voisines!

A la messe hebdomadaire, au salut, je noyais cette impression d'inutilité et de servitude dans les prières, celles-ci subissant les injonctions données par la clapette tenue par la mère. Durant le Credo, nous devions baisser la tête, à la phrase « *et homo factus est* », au Tantum Ego « *le Veneremur Cernui* » nous décapitait toutes d'un seul coup, faisant apparaître une mer de dos. Une dégringolade successive et bruyante annonçait la prière avant la consécration. Nous étions des automates.

Je sortais de l'école plus tard que Véronique. Julie venait la chercher. Je rentrais seule, prenant le temps de flâner, d'observer les mouvements de la rue, l'avenue d'Iéna devint mon chemin préféré.

Un après-midi, le crépuscule étant déjà tombé, les réverbères scintillaient plus tristement que de coutume, j'aperçus dans le renfoncement d'une porte tambour de l'Hôtel d'Iéna, toujours condamnée de ce côté-là, un couple enlacé.

Il portait l'uniforme américain. Elle était blonde. Une larme roulait sur sa joue.

Je m'arrêtai de marcher, fascinée par leur baiser long et voluptueux. Une impression bizarre au ventre, des vagues de chaleur m'envahirent, me faisant trembler doucement. Je repris ma marche, la tête pleine de rêves, l'âme légèrement coupable. J'avais aimé cette sensation inconnue à la vue de ces deux êtres éperdus.

Cette image de l'amour menacé illustrait les chansons d'Edith Piaf que maman apprenait à la guitare : *Y a pas de soleil le long de ma vie, L'autre côté de la rue, Tout ça c'est d'la faute à tes yeux.* Je l'écoutais en silence les soirs où elle restait, j'étais déjà couchée et ne trouvais pas le sommeil. Tout semblait gris et désolé comme dans ces rengaines.

Julie, elle, chantait des chansons plus émouvantes, comme *Les Roses blanches, Du gris que l'on prend dans ses doigts, que l'on roule, c'est bon, c'est âcre, et ça vous saoule...* Elle me racontait comment elle était partie avec son fils Michel sous le bras, fuyant un mari ivrogne, qui la battait dans ses crises de delirium. Elle acceptait toujours de chanter à ma demande. Ces mélodrames, sa voix chaude, vibrant entre les murs de cette vieille cuisine, m'émouvaient plus encore.

Un vieil homme de petite taille, toujours habillé de noir, la poitrine couverte de décorations, passait souvent dans l'avenue Pierre-Ier-de-Serbie, poussant devant lui un orgue de Barbarie. Il avait une jambe de bois et s'arrêtait juste sous la fenêtre de notre chambre pour tourner la manivelle. Après chaque morceau, enlevant sa casquette avec politesse, il remerciait les gens qui lui lançaient des pièces de monnaie depuis les étages.

Dès les premières notes, les soldats américains apparaissaient de plus en plus nombreux aux fenêtres et balcons de l'Hôtel d'Iéna, un de leurs quartiers généraux. Ils semblaient fascinés par cette scène d'un autre âge et lui jetaient des dollars au milieu des rires et des sifflements d'enthousiasme. Les billets verts planaient doucement le long de la façade. L'homme se baissait avec difficulté pour ramasser l'argent, des passants aimables l'aidaient à récolter cette moisson inattendue.

Seule Julie, bien qu'elle fût triste d'être séparée de son fils Michel resté pensionnaire à Auch, faute de place dans l'appartement, assumait avec courage et gaîté notre éducation et la marche de la maison.

Depuis cet automne 1945 et pendant une quarantaine d'années, elle allait être le pilier autour duquel s'organiserait notre vie. Jusqu'à notre mariage, elle s'occupera de notre éducation, sachant prodiguer avec bon sens ses conseils, l'autorité bourrue et l'apaisement nécessaire à l'inquiétude grandissante durant les années difficiles. Véronique et moi nous nous réfugions souvent dans ses bras robustes, trouvant contre son opulente poitrine la chaleur et le réconfort.

Parfois, une fois couchées, elle venait nous chercher pour déguster dans le silence de la cuisine une mousse au chocolat qu'elle refusait de servir au dîner, trouvant qu'oncle Jean et tante Bébeth étaient trop sévères avec nous!

Maman avait choisi la voie la plus dure. Quittant la maison à sept heures du matin pour son service ou ses cours à l'hôpital, elle ne rentrait que fort tard, dînant parfois avec nous, ou ne restant que le temps de se changer pour se rendre à dîner chez des amis.

Elle allait aussi au spectacle, très belle, élégante dans une robe noire ou un tailleur de Balenciaga, un véritable ami qui se faisait une joie de l'habiller.

Le lendemain, elle me montrait les programmes, ceux des Ballets des Champs-Élysées, décrivant les décors de Christian Bérard, fredonnant la musique d'Henri Saugnet pour les *Forains*, décomposant la chorégraphie de *Jeux de Cartes* où apparaissaient, pour la première fois, Jean Babilée, Janine Charrat, Roland Petit et Zizi Jeammaire.

Grâce à son sang-froid, son dévouement, Julie, je le compris plus tard, nous épargna bien des chagrins, elle nous dissimula avec gentillesse les jours où, poussée par un désespoir trop profond, ma mère disparaissait toute une journée, une nuit, sans mot dire, ou bien se tenait dans l'obscurité de sa chambre, refusant de se lever.

Elle appelait mon père, celui-ci réussissait à apaiser ma mère, la raisonnant avec patience.

Mais la raison ne peut s'opposer à l'amour passion. Cela aussi je le comprenais, petit à petit, lorsque maman me parlait de ses tentatives de séduction, de quête restant vaines : invitations à dîner auxquelles il ne venait pas, cadeaux d'anniversaire inutiles, les paquets restant fermés, coups de téléphone muets, semaines entières sans l'apercevoir. Il ne lui restait que la perspective de le retrouver à Marsan pour les vacances, car c'étaient les seuls moments où nous vivions ensemble.

Dans ces moments trop durs à supporter, à comprendre, Julie nous éloignait de la maison, nous emmenant aux jardins du Trocadéro.

Mamédoux, réinstallée à Paris, s'occupait beaucoup de nous les jeudi et dimanche. Elle nous faisait couper les cheveux chez les sœurs Carita, deux Toulousaines connues sous l'Occupation, si douées qu'elle les avait persuadées de s'installer rue du Faubourg-Saint-Honoré.

Nous déjeunions toujours chez elle au 44, avenue Gabriel. Dans cet appartement, donnant sur le Marché aux Timbres et le Guignol, tout n'était que beauté : les murs du grand salon et le mobilier recouverts de tapisserie des Gobelins à fond rose d'après des cartons de Boucher. Sur les tables, les commodes en marqueterie, des personnages de Meissen montés sur bronze côtoyaient les bustes de Rodin, dont la plupart représentaient mamie Fenaille, mon arrière-grand-mère. Des tableaux de Fragonard, de Boucher, les gravures de Debucourt donnaient à cet ensemble d'un esthétisme parfait, une poésie irrésistible.

Chaque fois, je prenais le temps de tout regarder, très admirative, sachant que ce n'était qu'une infime partie des collections réunies par Maurice Fenaille. Comment pouvait-on posséder un goût aussi sûr, qui s'imposait naturellement à une adolescente?

Papédoux y avait aussi son bureau-atelier. Dans le désordre immuable, je remarquais, à côté de la table de dessinateur, son piano, aux murs, des toiles peintes par tante Adé, les seules, car, hélas, sa paresse l'emportait sur son talent, des tableaux de Chéret, les dessins de Foujita, mêlés aux photos de famille, à celles des courses automobiles. J'aimais beaucoup la salle de bains de ma grand-mère où des miroirs reflétaient indéfiniment une collection de bouteilles et de personnages en verre remplis de liquide aux couleurs différentes.

Lors d'un déjeuner, je fis la connaisssance d'un homme d'assez petite taille, à la figure ronde, au regard malicieux et joyeux. Il boitait, et ne se déplaçait qu'à l'aide de sa canne. Sa simplicité, sa manière d'être me séduisirent dès le premier coup d'œil. C'était Jean Oberlé dont j'avais entendu souvent la voix en écoutant la radio de Londres.

Je fus étonnée de découvrir que cet homme, compagnon fidèle du Général, ce héros, ce porteur de messages, le lien quotidien entre la France occupée et l'espoir, semblait un homme comme les autres. Cette rencontre me rendit songeuse. L'humilité était la marque des grands personnages.

Fin novembre, je tombai malade. La fièvre martyrisait ma tête. Mes tempes allaient éclater tant leurs pulsations étaient fortes. Ce furent les oreillons. Une fois la température tombée, c'est avec délices que je restai couchée. Comme je n'arrivais pas à me remettre, le médecin diagnostiqua une grande anémie. Il fut décidé que j'irais à Marsan où Véronique et maman me rejoindraient aux vacances de Noël.

Je pris le train avec mon père. C'était la première et dernière fois que je voyageais en couchette. Trop couverte par Julie, j'avançais, le corps en sueur, sous la voûte noire de la gare, mes pas emboîtés dans ceux de papa. Je redoutais de le perdre. Il marchait à grandes enjambées élastiques. Il loua deux oreillers et des couvertures rouges à une dame poussant un chariot. Elle annonçait sa venue sur le quai, criant d'une voix nasillarde : « oreillers, couvertures ».

Papa m'installa sur le lit supérieur. Ses gestes étaient tendres, son regard attentif. Je ne le reconnaissais pas. Tout en me bordant, il m'interrogea sur mes résultats scolaires. Jc m'affolai. Balbutiante, je sentis le feu monter jusqu'à mes cheveux. A l'écoute de ces chiffres lamentables, je remarquai son œil vert devenir noir.

Il ouvrit brusquement mon cartable, sortit au hasard le livre de géographie. C'était le plus coloré, le plus illustré de tous mes manuels. Je ne peux l'oublier. Papa me questionna sur la dernière leçon : le Canada et, plus précisément, la région des lacs. Je n'en connaissais aucun!

Un silence pesant d'angoisse s'installa. Je fuyais son regard. Le livre se ferma d'un coup sec. Je dus le regarder. J'entendis cette courte phrase, inoubliable, rythmée à jamais par le martèlement des roues sur le rail : « Écoute-moi bien, ma petite Victoire, je ne le redirai plus. Je te pardonnerai tout, sauf de ne pas travailler. Aucune excuse n'est valable à mes yeux. Je t'aiderai à rattraper le temps perdu, mais tu devras faire l'effort, seule. »

Il me serra quand même dans ses bras, me murmurant doucement : « D'abord, je vais te remettre sur pied. »

Le train filait en tanguant doucement. La lampe bleue diffusait une lumière rassurante. Nous n'étions que tous les deux, emportés dans la nuit tendre. Je savais qu'il m'aimait, et que je l'aimais pour toujours. Le sommeil fut rapide. Mon corps ne pouvait résister à ce balancement doux et régulier. J'imaginais la mer mollement secouée par de petites vagues vertes.

Mon père allait s'occuper de moi.

De cette année 1946, je ne souhaite me souvenir avec bonheur que d'une seule date, le 20 juin, jour de ma communion solennelle et de ma confirmation.

Le thème de notre retraite fut le Saint-Esprit. Jour après jour, en écoutant les conférences du prédicateur, je découvris avec un espoir passionné le paraclet qui sanctifiait les êtres de bonne volonté, leur accordant tout simplement des dons extraordinaires : la sagesse, l'intelligence, la science, la prudence, le courage, la piété et la crainte de Dieu.

Impressionnée par cette révélation, profondément convaincue, je n'ai cessé de puiser à cette certitude. J'y croyais, j'y crois toujours, l'invoquant quotidiennement, rassurée par cette force accordée à mon esprit.

Ce jour-là, il me sembla aussi prendre conscience subrepticement de mon apparence physique. Me dissimuler sous une robe longue, blanche, les plis d'un voile, me plut infiniment.

Mamédoux, telle une fée, sortit de ses précieux cartons la tenue que portait ma mère, une réplique en organdi d'un habit de religieuse! Cependant je me sentis, une fois encore, différente des autres filles, mal à l'aise. Leur robe était brodée, le voile posé coquettement sur leur chevelure, la mienne dépouillée de tout ornement. Trois plis creux maintenus par une simple ceinture lui donnaient une certaine souplesse. Fixé par un bandeau sur le front, s'attachant sous le menton, mon voile cachait entièrement mes cheveux.

Après la cérémonie un goûter réunit toute la famille. La présence de mon père à mes côtés durant cette journée fit renaître en moi (comme à chaque séjour de vacances à Marsan) des espérances, trajectoires de vie possible entre mes parents, opportunités de bonheur tangible. Les conventions sociales, familiales n'effleuraient pas encore mon esprit.

Le dernier invité ayant quitté la fête, il repartit, me laissant en souvenir de cette étape importante de ma vie quelques bijoux ayant appartenu à sa mère. Je portais son prénom, et ce gentil geste semblait m'indiquer le vide laissé par cet amour inachevé. Je prenais une place privilégiée dans le cœur de mon père. Orphelin à neuf ans, il avait peu connu sa mère. Son père le mit pensionnaire en Angleterre. Ce manque de tendresse, cet apprentissage de la solitude durant sa petite enfance me firent accepter avec indulgence sa dureté envers nous.

Cette année n'a pas déserté ma mémoire malgré l'usure du temps et une volonté farouche d'oublier un funeste 28 juin.

Une fête ébranla, par une exquise désinvolture, l'apparente sérénité de notre vie quotidienne.

Maman fut invitée à un bal déguisé. Le thème en était *La Belle et la Bête* inspiré du film de Jean Cocteau. Elle s'y prépara avec une joyeuse agitation, me montrant les esquisses de son costume dessinées par Christian Bérard, qui me rappelaient les illustrations du *Chat botté* de Gustave Doré.

Sa tête blonde se dissimulait entièrement sous une cascade de plumes d'autruche noires, frémissant au moindre souffle. Un masque parsemé de strass du Rhin cachait son regard bleu, un volant de dentelle laissant entrevoir sa bouche. Des collants à la maille très serrée, un justaucorps en velours emprisonnaient son corps. De longs gants recouvraient ses mains délicates. Cet ensemble noir, tout en la rendant méconnaissable, soulignait harmonieusement sa silhouette parfaite, ajoutant une fragilité plus émouvante encore à sa féminité.

Vers dix heures, ma mère attendait, fébrile, que l'on vienne la chercher, emmitouflée dans les plis d'une cape recouverte de pétales de roses, prêtée par son ami Cristobal Balenciaga. Elle partit, très émue, un sourire timide aux lèvres. M'embrassant délicatement, elle me chuchota en soulevant son masque que mon père serait peut-être présent.

Cette nuit-là, je dormis assez mal.

Au matin, Julie, en nous réveillant, recommanda le plus grand silence. « Votre mère dormira tard. Elle est très fatiguée ! » Pour la première fois, elle me parut inquiète. Elle nous bouscula durant notre petit déjeuner, nous expédia, si l'on peut dire, à l'école.

Dans cette atmosphère de tension inattendue, Véronique sut fort bien cacher son angoisse par des pitreries ! Ce jour-là, elle réussit à me terroriser. Je la crus perdue à jamais. Désireuse subitement d'acheter des petites images pour sa collection d'animaux, elle partit par la rue de Chaillot, refusant ma compagnie. Nous devions nous retrouver au croisement de la rue Bizet et de l'avenue d'Iéna.

Je l'attendis en vain. Elle n'arrivait pas ! Folle d'inquiétude, je refis le trajet. Il n'y avait personne à la librairie. L'heure avançait, j'étais en retard ! Je parvins tout essoufflée à l'institution et je demandai la permission d'aller voir si ma sœur était dans sa classe. Ouvrant la porte le cœur battant, je l'aperçus, au milieu de ses amies, riant aux éclats devant ma mine défaite. Je ne pensais qu'à rentrer retrouver ma mère. Comment allait-elle ?

Elle gisait dans son lit. Malgré le peu de lumière, je distinguais son petit visage blafard où des yeux cernés paraissaient encore plus grands noyés par les pleurs. Je lui pris la main. D'une voix plaintive, maman me raconta sa triste soirée, ses efforts désespérés pour se faire connaître : mon père était resté froid devant ses tentatives de séduction. « Rien n'y fit, mon parfum, notre langage secret. Tout lien paraissait rompu. Je lui étais devenue étrangère. J'ai même osé l'inviter à danser, l'orchestre jouant nos airs favoris de Cole Porter. A un moment j'ai retiré mes gants, mes mains n'avaient plus aucun pouvoir ! »

Je l'écoutais, interloquée. Son chagrin était tel que, malgré ma présence, elle sanglota sans retenue.

Avec autorité, Julie réussit à lui faire avaler un calmant, me faisant signe de sortir. Je quittai la chambre sur la pointe des pieds. Une sensation de cassure me cisailla le ventre. J'avais mal partout. Inexorablement un sentiment d'éloignement se fraya un chemin dans mon esprit. Je me dédoublais, prenant une distance glacée face à l'événement.

J'aimais tellement ma mère. Sa peine me bouleversait certes, mais je n'y participais plus, impuissante, trop lucide. Marchant comme une automate le long du petit couloir aux ombres verdâtres, je sus que ma mère était devenue l'enfant. Avec le recul du temps, j'ose dire avec sérénité que nos rapports mère-fille se définirent ce triste après-midi d'été : aucune complicité n'existerait entre nous.

Un jeudi, ma mère nous emmena à Neuilly, au 3 de la rue Cavé, où nous vîmes le jour, ma sœur et moi.

Sept ans s'étaient écoulés depuis notre départ pour l'exode. La maison me parut fort laide : un bloc de briques d'un mauvais rouge, sans toit ! Les encadrements des fenêtres, le perron en ciment, les persiennes en fer lui donnaient un aspect sinistre, adouci, cependant, par l'invasion d'une belle vigne vierge d'où s'envolèrent des moineaux effarouchés.

En ouvrant la porte d'entrée, ornée de ferronneries style 1930, je fus effarée par la saleté, par les murs troués ornés de graffitis, les dessins obscènes, les foyers de cheminée peints en vermillon, les paillasses éventrées, les bouteilles de vin abandonnées, à moitié pleines, les journaux allemands empilés !

La guerre avait vraiment existé. Je me rendis compte que nous avions été privilégiés en vivant à Marsan, et à Montrozier, à l'abri de ces villages paisibles, éloignés de la fureur des hommes.

Devant notre émoi, ma mère se ressaisit, et nous rassura sur l'imminence des travaux payés par les dommages de guerre. A la rentrée prochaine, nous habiterions à nouveau à la maison.

A Neuilly, le quartier Saint-James gardait ce charme particulier à la banlieue parisienne : aucun immeuble encombrant, des petites maisons clôturées par des jardinets, quelques boutiques de commerçants, un autobus à plate-forme où se retrouvaient les gens du voisinage. La perspective de marcher dans les allées du bois de Boulogne, de courir sur les pelouses de Bagatelle me plaisait infiniment.

Un prix d'encouragement mit fin à cette année scolaire pitoyable! Ma mère passa ses examens avec succès. Elle commencerait sa deuxième année d'études d'infirmière pour le diplôme d'État, en octobre, un peu après notre rentrée scolaire. La maison serait alors prête. Tante Andrée nous emmena au cinéma le Rex sur les grands boulevards, voir le premier film de Walt Disney après la guerre, *Pinocchio*. Je n'avais jamais vu auparavant autant d'enfants faire la queue pour un spectacle. Comme eux, en écoutant leurs cris d'enthousiasme, je fus conquise par la féerie des images, la féminité du poisson Cléo, les facéties de Jimminy Criquet, la « conscience » du pauvre pantin, qui me parut fort niais! Après la séance, elle nous conduisit à la terrasse du Café de Paris, boire une limonade. Grisée de bonheur, je me sentis très grande. La rue avait pris un air de fête et le soleil trouait joliment le feuillage des marronniers.

Les femmes portaient de drôles de petits chapeaux sur leurs cheveux frisés. Leur robe imprimée dansait sur leurs jambes nues chaussées de sandales à haute semelle. Des fiacres passaient, désinvoltes, chargés de touristes américains poussant des exclamations joyeuses, sifflant, le cou chargé d'appareils photographiques, chewing-gum à la bouche.

Ce fut notre dernière escapade avant notre départ pour les grandes vacances.

Notre été était organisé. En juillet nous irions en Loire-Inférieure, à Sainte-Marie, au mois d'août à Marsan jusqu'en septembre.

Au moment des préparatifs dans un désordre indescriptible de valises, de cartons, maman nous annonça son départ pour Buenos Aires. Ma stupeur fut totale et ma rancœur affreuse! A l'heure des au revoir, je ne pus la regarder, cependant, je l'embrassai, la gorge serrée. J'étais secrètement inquiète, car elle prenait l'avion, ce qui était alors synonyme d'exploit.

Ma mère avait loué pour notre séjour au bord de la mer une petite maison basse, aux murs blanchis à la chaux, volets verts et toit d'ardoises bleues. Quatre pièces exiguës, trois chambres, une salle, la cuisine, un cabinet de toilette vétuste. Il n'y avait pas de commodités. Les cabinets se cachaient dans une cabane rudimentaire dont la porte fermait mal avec un crochet. Le siège, une planche percée d'un grand trou où l'on se cramponnait ! J'y surpris une vie souterraine. Des bestioles blafardes, sans regard, se mouvaient au fond de la cuvette noirâtre, nauséabonde. Du papier journal, coupé en carrés, s'accrochait à un vieux clou. Au pied de ce trône rustique, un broc où des taches de rouille avaient peu à peu rongé l'émail.

Nous le remplissions au robinet de cuivre fixé sur un piquet. Les fonctions naturelles devenaient redoutables.

Fernande, la propriétaire, faisait le ménage et préparait les repas. Petite, noiraude, la figure plate aux pommettes couperosées ; ses cheveux tirés dans un chignon haut, gominés par la crasse n'avaient plus de couleur, pas plus que ses yeux d'ailleurs.

Un matin, je la surpris en train de tuer un lapin. Elle lui arracha l'œil d'un mouvement circulaire avec la pointe de son couteau, puis l'accrocha au pilier d'un appentis. La pauvre bête poussa des cris aigus. Le sang gicla, puis coula lentement jusqu'à ce qu'elle meure, épuisée dans des soubresauts désespérés. Sa fourrure ondulait par saccades. Je refusai d'en manger. Pourtant, j'avais aidé à saigner des volailles à Marsan, tenant les pattes et les ailes. Mais jamais on ne les tuait avec une telle cruauté.

Le dimanche, Fernande devenait accorte, portant robe noire et petite coiffe immaculée, raidie par l'amidon sur le haut du crâne, pour se rendre à la messe chantée. Ce jour-là, elle nous servait de la brioche chaude au petit déjeuner, accompagnée d'une gelée de coings préparée par ses soins l'année précédente.

Bien sûr, Aymeri et Nanie nous accompagnaient. Je ne m'attarderai pas sur l'inévitable abattement, la mauvaise humeur de la pauvre nurse, dès les premiers instants de son arrivée dans cette bicoque. Ses rouspétances quotidiennes, sa lenteur désespérante provoquèrent une certaine morosité les premiers jours.

Je n'y fis plus attention.

Aller à pied à la plage prenait un temps interminable, notre vieille gouvernante traînait ses pieds minuscules et difformes dans les sentiers sablonneux menant à la grève.

La mer m'enchantait par sa beauté, sa couleur verte ou grise selon l'humeur du temps. Les marées rythmaient nos jeux. Nous pêchions la crevette avec les filets achetés par maman et nous cherchions des crabes craintifs sous les pierres. Je jouais avec Aymeri, l'apprivoisant aux jeux des vagues, lui montrant comment bâtir des châteaux de sable, colmatant les brèches au reflux. Impassible, Véronique passait des heures à ramasser des coquillages. Elle détestait l'eau.

Papa vint passer quelques jours avec nous. Ces premières vacances ensemble furent inoubliables! Il nageait si bien sous l'eau. Je l'apercevais par transparence se glisser entre les masses rocheuses. Il nous emmena au port de Pornic déguster des palourdes, boire quelques gorgées de muscadet à la terrasse d'un bistrot. C'était si doux d'être près de lui, ma main ne quittait pas la sienne, mon regard ne pouvait se détacher de lui.

En Gascogne, l'été fut terrible. Août accablant de chaleur, anéanti par la sécheresse.

Papa s'était rapidement rendu compte que ces longues vacances, nonchalantes ne nous préparaient pas à affronter sérieusement notre adolescence. Mamédoux en parlait fréquemment à notre mère! Il nous avait confiées à Bernadette Éloy, irrésistible de jeunesse, d'enthousiasme et de joie de vivre, qui, dès le premier jour, sut nous intéresser à l'univers, nous laissant deviner le pourquoi des choses. Nos devoirs de vacances devinrent amusants. Elle organisait, pour nos loisirs, des chasses au trésor, des concours, des courses, des signes de piste dans le parc. Nos amies du village y participaient avec Michel Alavena, lui aussi revenu de son pensionnat.

J'avais, à nouveau, la merveilleuse impression d'apprendre sans contrainte. Heureuse de faire plaisir à mon père et de solliciter sa fierté. Il l'avait très bien compris et c'est ainsi qu'il me motiva jusqu'à mon bachot. « Ne me déçois pas », phrase magique écrite fidèlement au dos de chacune des cartes postales, sur les feuillets des lettres envoyées au cours de ses nombreux voyages à l'étranger, de ses aller et retour en province.

L'absence de ma mère me culpabilisait. Je n'osais en parler avec lui. Il n'en parlait jamais devant moi. Seule Julie avec son franc-parler la jugeait sévèrement. Triste, mal à l'aise, je ne disais mot, attendant qu'elle en finisse de la critiquer. Je ne pouvais lui en vouloir de réagir si brutalement. Son bon sens, son dévouement pour nous lui dictaient naturellement cette attitude, dépourvue de toute méchanceté. « N'en parle plus, ma Julie. » Je me serrais contre sa poitrine si chaleureuse. Déposant deux baisers sonores sur mes joues, elle retournait à ses fourneaux en murmurant : « C'est ti pas malheureux de voir ça », sa belle figure illuminée d'un franc sourire.

Nous étions réconciliées.

En fin d'après-midi, à l'heure où la lumière atténuait les contours du paysage, la mare du jardin potager devenait notre séjour de prédilection. L'ombre bleutée prenait place, laissant quelques taches dorées s'infiltrer à travers sa masse veloutée. En pénétrant dans l'eau tiède à la couleur beige opaque, mes pieds se posaient avec délices sur la boue fraîche. Des bulles montaient le long de mes jambes, éclatant doucement à la surface en cercles de plus en plus larges. Ils avançaient en vagues symétriques jusqu'au bord, faisant onduler les herbes aquatiques, remplacés aussitôt par d'autres sphères tout aussi belles. Une odeur d'humidité, de vase mêlée aux senteurs de menthe sauvage, montait vers mes narines encore asséchées par la chaleur affrontée en chemin.

Le temps semblait immuable.

Jusqu'alors nous n'avions pas eu le droit de sortir la nuit. Bernadette en fut l'instigatrice, déchaînant les cris de joie, une admiration sans borne. J'avais l'impression triomphante que les interdictions dictées par la perplexité poltronne de Nanie tombaient les unes après les autres comme par enchantement. Papa se réjouissait de nous voir partir à l'aventure le soir tombé, sans crainte du noir.

Le clair de lune fut prétexte à bien d'autres promenades. A travers les champs encore hérissés de chaume, la chaleur du jour imprégnait doucement le sol. La paille sèche, les minuscules chardons crissaient sous mes semelles, chassant des vols de criquets au milieu d'un froissement d'élytres. Les grillons se taisaient à notre passage, se plongeant aussitôt après dans leur griserie stridente. Nous apercevions une multitude de lapins dévaler la garenne trouée de galeries, sous un enchevêtrement confus de fagots. Dans les profondeurs du parc, l'air respiré était différent, fleurant la mousse, les champignons. Cette caresse parfumée apaisait mes joues rougies par le soleil. Assise sur un banc, Bernadette nous racontait des légendes du Moyen Age. Véronique, tranquille, suçait son pouce blottie sur ses genoux, Michel et moi nous suivions avec passion les aventures de Roland, les chevauchées des comtes du roi Arthur, les amours déchirantes de Tristan et Iseult. Je connaissais toutes ces histoires, les ayant lues et relues sur les beaux livres de contes illustrés par Erté. J'en possédais toute la collection, les aimant autant que ceux d'Andersen.

Les nuits claires, depuis le perron, Bernadette nous fit découvrir les constellations. A chaque étoile filante nous devions émettre un vœu. La trajectoire brillante était si fugace que j'avais à peine le temps d'en formuler. Il est vrai que je ne savais plus que souhaiter, me sentant profondément impuissante à résoudre le seul problème qui me tourmentait.

Il fallait oublier.

On sort de l'enfance lorsque les pouvoirs que nous semblions posséder n'existent plus.

J'allais avoir treize ans le 16 septembre 1947, je savais dorénavant que rien ne pourrait modifier l'attitude de mes parents. Je vivrais donc avec l'un sans l'autre, les aimant tendrement, soumise à leur volonté.

Après ce mois passé près de mon père, travaillant au contact de Bernadette encore étudiante, l'idée d'être seule responsable de mon futur devint une évidence ! Mon père me le répétait sans cesse : « A notre époque, une profession est la seule dot possible pour une fille car, disait-il, je ne te donnerai pas d'argent, n'en possédant pas. Tu le gagneras toi-même ; l'avenir n'étant qu'incertitude, tu te débrouilleras toujours en sachant tout faire et t'adapter aux circonstances ! »

Depuis longtemps, malgré le nombre de domestiques, nous faisions le ménage dans nos chambres, et nous savions laver notre linge, le repasser, encaustiquer les meubles. Toutes ces opérations étaient supervisées par le maître d'hôtel et Mme Cambus, la femme du régisseur. Aline reprenait souvent « nos œuvres » en cachette, tant elle était perfectionniste !

Sans leur compétence, je ne serais pas une bonne maîtresse de maison.

« Mademoiselle Victoire est tenue de devenir une jeune fille accomplie. Pour pouvoir commander, ajoutait Eugène, elle devra montrer son savoir-faire aux domestiques, ainsi Mademoiselle se fera respecter ! »

Voilà comment j'appris à bien cirer les chaussures sans oublier la semelle, le nettoyage de l'argenterie au blanc d'Espagne humidifié avec de l'alcool à brûler, brosser les costumes sans omettre de retourner le revers des pantalons pour en enlever les grains de poussière et bien d'autres secrets. A la suite d'une réponse stupide sur la confection de la mayonnaise à laquelle j'ajoutai de la farine, mon père, furieux, demanda à Julie de nous donner des leçons de cuisine.

Pour commencer l'apprentissage, protégée par un tablier de toile bleue trop vaste pour ma taille, je dus vider les volailles durant des matinées entières dans la pénombre de la souillarde humide! J'en ai gardé un dégoût profond : introduire mes doigts craintifs à l'intérieur de cet orifice nauséabond encore tiède, tirer sur le paquet d'entrailles sans les rompre, enlever le fiel en ayant soin de ne pas crever la poche, ouvrir le gésier pour en retirer les grains de blé, les graviers, tous ces gestes furent accomplis en serrant les dents, pressant mes narines contre les parois de mon nez en trompette, trop accessible à la puanteur.

Il y eut, heureusement, les premiers essais de pâtisserie, la confection de toutes sortes de pâtes, en particulier celle des crêpes et des beignets! Les échafaudages de « merveilles » blondes, parfumées à la fleur d'oranger, à l'armagnac, légèrement saupoudrées de sucre, se métamorphosaient en récompense inséparable d'une réelle fierté lorsque mon père les goûtait, agréablement surpris.

Cette année-là les vendanges furent précoces, le raisin fort sucré. Tous les après-midi, nous allions rejoindre les vendangeurs, juchées sur les tombereaux peints de bleu, nous glissant entre les comportes vides. Les grappes étaient si denses qu'une fois détachées des rameaux par la pointe de mon sécateur, ma main ne pouvait les retenir. Elles s'en échappaient, tombant lourdement dans le baquet de bois délavé, dans lequel celles-ci roulaient les unes sur les autres.

La terre, striée de labours jusqu'à l'horizon, l'éclatement soudain des ors, la transparence de la lumière dès le point du jour annonçaient l'ouverture de la chasse. Ce privilège, durement acquis à la Révolution par les paysans, détournait tous les hommes de leur besogne. La revanche se permutait en rite.

Ce matin-là, papa quittait le château avant le lever du soleil toujours accompagné d'Henri Pomes, Gascon de haute taille, le verbe fort et imagé, un grand séducteur qui avait assumé la fonction de régisseur pendant quatre ans. Ils étaient très amis.

De mon lit, je l'entendais claquer les doubles portes de sa chambre, descendre les marches du grand escalier de son pas énergique et souple, puis s'éloigner dans le grincement plaintif du lourd vantail. La matinée entière résonnait des coups de feu répétés suivis d'aboiements impatients. Pour ces chiens de chasse, c'était un jour de délivrance. Les Trompette, Diane, Taïaut se faufilaient entre les buissons épineux des haies, poursuivant « la lièvre », sautaient les fossés, couraient le long des mottes de glaise renversées par le soc de la charrue, leurs longues oreilles effleurant la terre, la queue en arc de cercle. Ils rapportaient fièrement le corps pantelant d'une perdrix, s'asseyaient au signal, tremblant au pied de leur maître, le regardant avec une tendre soumission.

A l'angélus de midi, nos chasseurs revenaient le visage luisant, l'air heureux. Mon père réclamait à Eugène une bouteille de vin de Champagne, toujours du Pol Roger servi frais dans de hauts verres.

Il déposait quatre perdreaux rouges sur la table de la cuisine. Curieuse, je caressais doucement, du bout des doigts, les plumes rousses, écartais les ailes raidies par la mort. La tête dodelinait mollement, une goutte de sang séché au bec, les paupières blanches et fines refermées pour toujours.

Avant de s'asseoir, papa retirait la veste de son costume de velours côtelé marron. Le dos fendu sur les côtés servait de gibecière. J'aimais sentir cette odeur âcre de vêtement imbibé de sueur et de poudre. Mon père enlevait ses lourdes chaussures cloutées, les chaussettes hautes en grosse laine du pays, parsemées de minuscules « bourrichons » que je devais arracher sur les mailles.

Inondés de sueur, harassés par cette marche d'une dizaine de kilomètres en suivant la courbe des coteaux, ils allaient se rafraîchir tout naturellement au-dessus de la pierre de l'évier, bousculant au milieu des rires Julie lavant la salade. L'eau froide du robinet coulait sur leur figure, suivait les muscles du cou, descendait en rigole le long des avant-bras.

Affamés, demandant avec insistance leur déjeuner dans l'instant, ils mangeaient à la cuisine, en manches de chemise, les pieds nus, le pantalon de golf froissé, l'attache pendante ouverte sous le genou. L'omelette aux cèpes, le pâté, la salade à l'ail engloutis, ils se rhabillaient à la hâte tout en buvant leur café puis l'armagnac à même la tasse. Ils repartaient le fusil cassé sur le bras. Papa, les yeux pétillants de malice, un grand sourire aux lèvres, apostrophait Julie avant de refermer la porte : « Pour ce soir, vous me cuisinerez, s'il vous plaît, les perdreaux, aux raisins! »

Ce sont peut-être les seules images que je garde de mon père prenant le temps de vivre, de s'amuser. Il était toujours bousculé entre ses rendez-vous politiques, son entreprise de négoce en armagnac, les courses cyclistes, les trotteurs du Gers, l'exploitation agricole, la mairie.

Le bonheur de le voir franchement sourire me bouleversait.

Dès son retour d'Argentine, maman se préoccupa de l'installation de la rue Cavé. Le gros œuvre achevé, elle décora la maison très sobrement, sans frais inutiles. On fit du neuf avec du vieux.

Les tentures de soie beige du salon, les anciens rideaux décrochés reprirent leur place primitive une fois nettoyés. Deux couleurs claires rendirent la lumière à ces murs livrés trop longtemps à la crasse de l'occupation. Un beige coquille d'œuf pour l'ensemble, du turquoise clair pour son appartement et notre chambre.

Le camion de déménagement à peine arrêté devant la grille, Eugène veilla avec un soin particulier à la disposition des meubles, s'assurant méticuleusement que chaque objet reprenne son emplacement, comme si la guerre n'avait rien dérangé !

Cependant, la réalité était autre, une pièce fut délaissée. La longue chambre-bureau de mon père resta inhabitée, se transformant, au cours des jours, en pièce de rangement. On y accumula le mobilier inutilisé, les vêtements des saisons passées, des malles d'osier. Un bric-à-brac hétéroclite l'envahit petit à petit, signe inéluctable de la vitalité chaotique de la maison. Secrètement pour moi cet état de fait devint le symbole du « plus jamais » en particulier quand je voyais, telle une sentinelle, l'immense armoire-penderie de mon père dressée au milieu de cet amoncellement. Je n'aimais pas m'y rendre, préférant envoyer Véronique chercher l'objet demandé par Julie ou par ma mère. Cette pièce avait perdu son âme.

Je me souviens des premiers jours de notre installation, un frémissement de joie flottait dans cette demeure. C'était notre maison, neuve de surcroît, une odeur de peinture imprégnait encore l'atmosphère. Très confortable, la moquette beige s'étendait sur toute la surface, douce à mes pieds nus. Ce détail me frappa, habituée que j'étais à marcher sur les vieux parquets, les dalles fraîches.

Nous en prîmes possession.

Mon père demeurait boulevard Beauséjour, chez sa sœur. Ma mère lui téléphonait sans succès. Un après-midi, elle nous indiqua la rue; je détestai depuis lors le train de ceinture.

Il revenait sporadiquement, deux fois par mois, à peine une heure, le temps de déposer la valise du ravitaillement, de regarder mes cahiers, d'écouter le compte rendu sur notre conduite par Julie. Il arrivait généralement à l'heure où nous rentrions de l'école.

Dès que j'apercevais la camionnette Peugeot à la carrosserie marine quadrillée par des armatures de bois vernis, mes jambes tremblaient, mon cœur s'affolait. Je redoutais sa venue, assimilée au contrôle inopiné du carnet hebdomadaire.

Il y avait, certes, encore beaucoup d'efforts à fournir pour que ma moyenne devienne satisfaisante. Aux reproches succédaient la mise en garde, l'interdiction de s'amuser avant d'avoir terminé les devoirs scolaires. Il fallait étudier, rien d'autre ne semblait compter à ses yeux!

Parfois, sans que rien ne le laissât prévoir, il arrivait à l'improviste le dimanche matin, souriant, détendu. Il restait toute la journée avec nous, ma mère était absente. Le jour de ses visites impromptues, il se présentait très élégamment vêtu. Les premières années, il portait un costume croisé en chevrons gris, sous un pardessus de drap bleu marine, le chapeau melon posé avec insolence sur ses cheveux châtains calamistrés. Dans son cabinet de toilette, à Marsan, je l'avais vu mettre un filet pour maintenir sa chevelure, après s'être rasé avec un long rasoir affûté sur une courroie en cuir dur comme le faisait Papédoux.

Il s'annonçait par deux coups de sonnette énergiques. Depuis la fenêtre de notre chambre, je l'avais regardé remonter l'allée pavée, amusée par sa façon désinvolte de lancer en avant son parapluie Brigg's.

Plus tard, la mode évoluant, son manteau fut en poil de chameau, le complet veston, une veste droite en tweed dans les tons vert d'eau, son couvre-chef, un feutre autrichien orné discrètement de plumes de canard et de bécasse, souvenirs de ses chasses en Brenne. Une chemise en popeline rose ou bleue remplaça le col dur et le plastron amidonné rayé gris.

Il nous apportait des canards sauvages tués durant la semaine. Malgré le rinçage au vinaigre, leur chair demeurait immangeable, puant le poisson. Nous lui racontions notre déconvenue, il riait aux éclats devant nos mines dégoûtées. Après un déjeuner succulent préparé par Julie (elle connaissait toutes ses préférences et s'ingéniait à lui mijoter des petits plats en un rien de temps), nous allions nous promener autour du lac si le temps le permettait. S'il pleuvait, nous jouions à l'écarté, jeu que l'on pratiquait à l'Automobile Club, dont il était membre.

Partagée entre une timidité latente et une grande tendresse, je m'étonnais de voir mon père s'amuser. Ce délassement me paraissait peu compatible avec ce rôle de croque-mitaine « rabat-joie » qu'il affectait le plus souvent! Nous passions de doux moments ensemble. Ces précieux dimanches en sa compagnie dans l'intimité de notre chambre me la rendaient encore plus séduisante. Vaste de proportions, la pièce s'orientait au sud, le soleil s'y promenait tout le long du jour avec plus ou moins d'intensité. De la porte-fenêtre, nous dominions toute la place où seul l'arrêt de l'autobus, point de rencontre des habitants du quartier, créait un mouvement ponctuel. Tous les quarts d'heure un véhicule quittait le terminus en direction de la gare du Nord.

La nuit, la lueur des phares passant à travers les interstices des volets en fer dessinait sur le plafond une gigantesque échelle qui balayait joliment la pénombre de ses barreaux lumineux. De mon lit, observant ces faisceaux mobiles, je songeais à l'échelle de Jacob, au va-et-vient féerique des anges aux ailes bruissantes d'une illustration maintes fois regardée sur un des livres rouge et or de la bibliothèque de Marsan.

Papa avait organisé notre emploi du temps. Nanie prenant sa retraite à Marsan, Julie s'occuperait de nous trois, ferait la cuisine, veillerait à l'organisation de la maison, aidée par une jeune fille de notre village.

Au cours des années, la présence de Julie, cette femme « unique », représentera l'essentiel dans ma vie. Nous l'aimions pour ses qualités, nous acceptions ses défauts. Tous les caractères de sa robuste personnalité me semblaient indispensables à notre existence : intransigeance inaltérable faite d'un solide bon sens et de dévouement infini, rires sonores, engueulades terrifiantes, moqueries acides, tempérées de chaleur méridionale, tendresse bourrue, presque animale. Elle devint mon refuge, mon recours, mes références. Omniprésente le jour comme la nuit, je ne sais ce que nous serions devenus sans elle, ballottés au milieu des aléas familiaux.

Maman achevait ses études d'infirmières à l'hôpital et, ses longues journées de travail terminées, elle aimait se distraire et sortait presque tous les soirs dîner en ville. Parfois, elle s'énervait comme une petite fille, ne sachant que mettre. Impassible durant ses sautes d'humeur, puis ferme, notre cuisinière lui imposait finalement une tenue, lui préparait son sac du soir, ses bijoux. Rassurée, maman nous embrassait, se sentant belle et admirée par ses enfants. Elle disparaissait en ombre chinoise derrière la porte vitrée, nous laissant son odeur exquise en gage.

Je me rassurais, sachant avec qui elle irait au théâtre ou bien chez qui elle était invitée, connaissant la plupart de ses amis intimes : Philippe Boegner et sa femme, Hervé Mille, tous deux journalistes à *Paris Match*. Ils parlaient des événements du jour, racontaient des anecdotes sur les hommes politiques. Claude Alphand chantait de belles chansons mélancoliques en s'accompagnant à la guitare, son mari Hervé était infiniment drôle dans ses imitations. Il y avait aussi Wilfried Baumgartner, beaucoup plus sérieux, très pince-sans-rire, qui était gouverneur de la Banque de France. Tous dînaient très souvent à la maison. Je me faisais une véritable joie de venir les embrasser.

Par contre, je redoutais les nouveaux venus. La première fois où je vis le dramaturge Henry Bernstein, je fus embarrassée par sa laideur bruyante. Je ne voyais que son nez aux narines épatées, la masse énorme des cheveux grisonnants encadrant sa longue face rougeâtre. Sa voix tonitruante me coupa le souffle. Seule l'impertinente Véronique supportait gaillardement ces face à face.

Le salon s'éclairait à la lumière tamisée des abat-jour de soie plissée. Les couleurs de la tapisserie de Bérain se coloraient d'un rose intense, les jongleurs, plus aériens encore, déambulaient sur un fil tendu entre des arabesques. Les oiseaux, les fleurs fantastiques embués d'or se détachaient mystérieusement sur la laque noire du paravent de Coromandel. Une merveilleuse odeur flottait.

Deux heures avant l'arrivée des convives, Eugène, imperturbable, allumait la lampe Berger de l'entrée. Peu à peu la maison entière s'imprégnait de ce parfum de Chypre reniflé dans l'appartement de Mamédoux. Ma mère se fâchait toujours contre la personne étourdie laissant la porte de l'office entrouverte. Les bonnes odeurs de cuisine s'infiltrant sournoisement le long de la cage de l'escalier l'exaspéraient au plus haut point, ce qui rendait Julie nerveuse. Cette attitude sophistiquée la vexait terriblement. Le rituel des préparatifs me rappelait ceux précédant les repas de fêtes à Marsan, moins démonstratifs cependant.

Nous éloignant furtivement de ces préalables aux mondanités, nous embrassions, sans nous attarder, la cuisinière absorbée par la préparation savante des plats successifs. Nous n'osions pas lui demander d'y goûter, ayant dîné auparavant avec son fils. Nous n'avions pas d'autre alternative : « Mangez rapidement sans rouspéter ce qu'il y a dans votre assiette. Allez vous coucher sans oublier de vous laver les dents. Bonsoir. » En deux phrases abruptes nous étions redevenues des petites filles menant une vie banale, la parade se terminait.

N'ayant pas de véritable vie de famille, nous partagions celle du personnel, prenant la plupart de nos repas avec eux, dociles aux règles de leur monde.

Cette confrontation quotidienne avec un autre milieu me permit de m'adapter simplement à toutes les circonstances; je faisais la différence entre les coutumes populaires et les usages d'une société privilégiée. Cependant, je n'étais jamais embarrassée, même lorsque les conversations prenaient un ton franchement paillard. Julie affrontait la vie avec une force intense, à bras-le-corps en acceptant les aléas, les joies, les chagrins tout naturellement. Elle ne se plaignait jamais, elle aimait rire, son langage très imagé surprenait. Interdite, j'en rougissais parfois. J'admettais cette distinction capitale : à la cuisine on avait son franc-parler, à la salle à manger certains sujets n'étaient jamais évoqués, le sempiternel « cela ne se dit pas » abolissait tout égarement de paroles, toute spontanéité.

Ainsi notre cuisinière prenait un plaisir évident à taquiner son « aide à tout faire », Émilienne, sur ses amours, se moquant des gaucheries de son amoureux, détaillant leurs rencontres dominicales en termes crus. Au fil de ces échanges réalistes, je fis mon éducation sexuelle. Tout était simple, se résumant à l'acte le plus naturel du comportement des êtres humains : l'accouplement ! Eugène, plutôt timide, bloqué par son apprentissage des bonnes manières en tant que valet de chambre particulier du duc père, puis maître d'hôtel à Marsan, ne participait jamais à ces dialogues, se contentant de terminer son repas silencieusement.

Le rituel se déroulait, immuable. Après le déjeuner, Julie servait le café additionné de chicorée dans les verres vidés au plus vite de leur contenu, jamais de tasses. Elle prenait son tricot, coinçant les longues aiguilles sous ses aisselles profondes. Après avoir tricoté quelques rangs, la table était desservie, la toile cirée à carreaux rouges et blancs passée à l'éponge, essuyée à l'aide d'un torchon, la vaisselle empilée dans un des bacs profonds de l'évier, lavée, essuyée et rangée comme par enchantement. Rien ne traînait, il fallait faire vite et bien.

Eugène n'y participait pas, une hiérarchie ordonnant les travaux domestiques. Il était chargé de ceux de l'office : faire l'argenterie, frotter les lames des couteaux en acier à l'aide de poudre grise et d'un bouchon de champagne usagé, cirer les chaussures, faire le ménage des pièces de réception et servir à table. Il aurait entretenu les costumes de mon père et veillé à son service si celui-ci avait habité avec nous.

Passionné de Bourse, chaque jour après avoir plié, replacé sa serviette dans l'armoire, il montait dans sa chambre, *Le Figaro* sous le bras. Posant des lunettes cerclées d'écaille sur son nez, il suivait sur le journal déployé les mouvements financiers du marché et de ses propres actions. Son humeur suivait la même variation. A la hausse il chantait en travaillant, à la baisse sa figure se fermait dans un mutisme total.

Riche propriétaire en Normandie, il possédait à Noyers une maison où demeurait sa mère et une grosse ferme entourée d'hectares de prairies. Julie n'admettait pas qu'il continuât de servir « chez les autres », le traitant d'avare.

A ce persiflage, la figure imberbe, légèrement couperosée, du maître d'hôtel s'empourprait de plus belle! Il tordait nerveusement les longs doigts de ses mains aux ongles très soignés en ricanant d'une manière cynique. Cette attitude aurait pu m'effrayer, elle me mettait seulement fort mal à l'aise, car c'était un homme faible et timoré. Je le plaignais secrètement, me demandant s'il était vraiment heureux de vivre, tiraillé entre sa fierté de servir une famille de vieille noblesse et la peur de perdre sa fortune. Impressionné par les propos il ne répondait pas, respectant l'autorité incontestée de la cuisinière. Il lui reconnaissait tous les droits, elle seule supportait de lourdes responsabilités, dirigeant la marche de la maison tout entière, la menant tambour battant.

Malgré ces accès de tyrannie, ils étaient bons amis, enchaînés à la même fidélité : cela faisait plus de dix ans qu'ils travaillaient ensemble.

A force de vivre dans la cuisine et d'entendre quotidiennement les mêmes ragots, je découvris la vie parallèle de certaines « grandes maisons » de Neuilly et de Paris. Eugène et Julie recevaient de vieux amis au service du duc et de la duchesse de Windsor, de M. et Mme Arturo Lopez, des André de Vilmorin, des Georges Kamir, de Carlos de Bestegui. Toutes de très « bonnes places »!

Les salaires se comparaient, les différences étaient décriées, les maîtres dénigrés, moqués sur un air entendu, d'autres loués pour leur largesse et la gentillesse qu'ils prodiguaient envers la domesticité.

On nous présentait, Véronique et moi, avec une certaine condescendance, puis je disparaissais, un peu gênée d'assister trop longuement à ce déballage de racontars. Ces conversations avaient lieu généralement en fin de semaine, leur jour de sortie, autour d'une tasse de thé servie dans une jolie porcelaine de Limoges appartenant à Julie. Les gâteaux abondaient, ses fameux cakes et ses millefeuilles.

L'assemblée découvrait les talents de notre cuisinière, ses desserts mis à l'honneur par les « chefs » et les maîtres d'hôtel de grande réputation! Elle souriait, heureuse.

Ces hommages lui permettaient d'apaiser son amertume. Elle sacrifiait trop souvent son jour de congé, maman partant pour le week-end lui confiait la maison. Elle ne pouvait donc sortir, nous laisser. Je me souviens de Julie prévenant ma mère longtemps à l'avance pour pouvoir enfin organiser une sortie. Parfois insouciante, maman oubliait. Devant tant de légèreté, les colères de notre cuisinière faisaient trembler les murs, elle nous chassait de la cuisine à coups de torchon!

Je lui donnais raison, ses rages redoutables me paraissaient justifiées. Notre attitude la consolait, elle oubliait vite son emportement, nous conviant à goûter. Nous grimpions chacun notre tour sur ses genoux, posant la tête sur les rondeurs de son buste.

DEPUIS des semaines Véronique, constamment grognonne, se plaignait de fatigues, pleurnichait pour un rien. Une température peu élevée mais anormale se manifestait tous les soirs. Sa pâleur, son calme nous surprenaient, si habitués que nous étions à sa vivacité d'esprit, la drôlerie et la force de son caractère.

De sa voix calme et douce, le docteur André Varay diagnostiqua une primo-infection.

Il fut décidé que ma sœur irait en Suisse pendant quelques mois dans une institution spécialisée pour enfants dont la santé déficiente nécessitait les bienfaits de la vie en altitude. Elle y poursuivrait ses classes, tout en pratiquant des sports d'été et d'hiver, loisirs totalement ignorés par nous jusqu'à cette époque.

Un peu avant les vacances de ce Noël 1947-48, nous partîmes toutes les deux avec maman. A Montreux, un train minuscule, laqué de vermillon, semblable à un jouet, nous hissa à travers les montagnes. Plus nous montions le long des flancs escarpés, plus le monde devenait féerique. Le paysage se déroulait sous mes yeux éblouis telle une broderie fabuleuse, interminable. C'est ainsi que j'imaginais les contrées ensevelies sous la neige en lisant les contes de Hans Christian Andersen, ceux des frères Grimm.

Une blancheur infinie, violacée, mordorée selon les jeux de lumière, enveloppait silencieusement les sommets piquetés de forêts noires, les vallées étranglées, des lacs étincelants de givre.

Parfois, quelques fumées éparses et bleutées, le rassemblement compassé des corbeaux, un chien errant, le tracé d'un oiseau donnaient un signe de vie.

Le petit village de Gstaad m'apparut perdu dans l'immensité blafarde, ses maisons en bois coloré agglutinées frileusement autour de l'église. Écrasée par le Wasergratt, l'agglomération entière paraissait enrhumée; les stalactites, pareilles à un feston ininterrompu, bordaient les toits, s'égouttant interminablement avec un léger bruit mouillé.

Avant de nous installer au Park Hôtel, nous conduisîmes Véronique à l'institution. Retirée au calme, loin de tout mouvement, la bâtisse semblait accrochée au sommet d'un vallon comme par enchantement.

La directrice accueillit fort gentiment ma sœur, sachant trouver les mots rassurants accompagnés de sourires. Cette dame sans âge savait parler aux petits. En l'accompagnant dans sa chambre, que Véronique partageait avec trois autres gamines, je remarquai que l'architecte avait conçu les volumes, imaginé la décoration en ne pensant, lui aussi, qu'aux enfants, à leur amour de la lumière, leur besoin d'espace.

Le chalet Flora ressemblait à une maison de poupées. Malgré le charme et l'harmonie ressentis entre ces murs, la sympathie témoignée par les professeurs et la joie de vivre des pensionnaires, il me sembla impossible d'y abandonner aussi rapidement ma sœur et pour si longtemps!

Avec une désinvolture souriante, ce fut elle qui me consola au moment des adieux, me faisant remarquer que je la reverrais le jour de Noël. Émue par son aplomb, je l'admirai, sachant combien elle restait attachée à maman. Plus fragile durant sa petite enfance, ma mère l'avait beaucoup gâtée, beaucoup cajolée. Véronique pleurait à chaque départ, boudait à chacune de ses sorties, même pour un dîner. Cette séparation m'affolait.

L'hôtel possédait également un air ludique donné à la fois par le sapin, cette matière rustique et légère, et les proportions réduites, conformes à l'architecture du « chalet ». Les balcons sculptés, les volets troués de cœurs, les ornementations naïves semblaient celles d'une pendule à coucou.

Je me réjouissais de partager, pour la première fois, la chambre de ma mère. Notre balcon situé plein sud regardait la patinoire. Je devinais, à travers la vitre embuée, des ombres grises dessiner des arabesques; ces images éphémères prolongeaient le dépaysement.

La vie dans un hôtel me surprenait. Elle n'était faite que de rites mécaniques : laisser la chambre avant dix heures pour faciliter l'entretien, remettre sa clef au portier en sortant, secouer la neige de ses chaussures sur le paillasson avant de pénétrer dans le hall, s'habiller proprement pour descendre à la salle à manger aux heures fixées par la direction!

La place réservée à l'imagination, à un certain laisser-aller propre aux vacances demeurait fort restreinte! Le cadre n'avait pas d'âme, malgré un confort réel. Je pensais que ce mobilier invitait peu à la rêverie. Rien ne m'enchantait dans ce décor si ce n'est l'espace entrevu à travers les fenêtres.

Maman m'avait acheté à la Maison du trappeur, tapie contre l'église Saint-Sulpice, une tenue de ski : pantalon de golf, blouson, casquette à visière et oreillettes en drap marine. Presque un uniforme de chasseur alpin!

Ce sport ne m'attirait pas particulièrement. La crainte de tomber empêchait toute velléité de vitesse. Je n'osais prendre la pente, accrochée désespérément aux bâtons en bambou, freinant toute accélération possible par un chasse-neige maladroit.

La classe de ski en groupe, les coups de bâton associés aux apostrophes sévères du professeur me firent sortir de mon engourdissement timoré.

Je préférais le patin à glace, propice au rêve et à l'illusion d'un équilibre naturel. Un haut-parleur parsemait délicieusement la patinoire et ses alentours de mélodies démodées, valses lentes, m'entraînant spontanément à glisser avec grâce sur le miroir opaque, du moins j'en avais la sensation physique. Seul le grattement discret des lames sur la glace me ramenait à la réalité.

A la nuit tombée, je ne voyais plus que les fenêtres illuminées de l'hôtel, il fallait rentrer. L'atmosphère surchauffée empourprait mes joues, mes mains raidies par le froid, mes chevilles trop longtemps serrées dans les bottines me faisaient souffrir. Malgré ces maux insignifiants, une joie sereine, un sentiment de liberté véritable m'habitaient. Maman s'occupait peu de moi.

Le 30 décembre, un traîneau tiré par deux chevaux nous emmena au chalet Flora. Confortablement emmitouflée sous des fourrures, je me laissai entraîner à travers ce glissement continu, sans heurts ni cahots. Les yeux mi-clos, bercée par le chuintement des patins sur la neige, j'écoutais le martèlement étouffé des sabots, le tintement aigrelet des grelots s'affolant à chaque claquement de fouet. Plongée dans un rêve impalpable, l'envie de contempler le paysage n'effleurait même pas mon esprit, seule la crainte d'être dérangée me tenait en éveil.

Une secrète envie me tourmentait.

Je désirais ne pas revenir à la maison, être pensionnaire comme ma sœur. Depuis quelques jours je me sentais mal à l'aise, comme asphyxiée par un sentiment de culpabilité. J'avais commis une faute majeure et n'osais plus rester seule avec ma mère.

Un soir, esseulée, désœuvrée, tournant en rond entre les murs de ma chambre, j'avais fouillé dans son courrier épars sur le dessus de la commode et lu une lettre que je n'aurais jamais dû lire...

Mon cœur avait battu avec violence, la confusion voila mes yeux de larmes, les caractères d'une écriture finement déliée sautèrent diaboliquement sur la page. Le mot « étreinte » me terrassa. J'en pressentis confusément la signification, la pesanteur du péché m'envahit, obsédante.

Dès le lendemain, froidement j'épiai maman sans répit, persuadée que ce forfait devenait lisible sur ma figure. Par moments les remords me donnaient envie de vomir. Cependant, je prenais aussi un plaisir cruel à lui poser des questions naïves, cherchant à lui faire avouer ses rêveries sentimentales. Souriant très joliment à mes interrogations malhabiles, elle se bornait à éluder le sujet, à me distraire. Je n'en fus pas surprise. Le temps, sa gentillesse effacèrent la tache noire de cette indiscrétion. Pour être honnête, je n'avais rien découvert que je n'eusse pressenti depuis quelque temps. Progressivement l'évidence se fit jour. Comment résister au charme, à la séduction d'une jeune femme aussi belle, aussi coquette? Pourquoi rester indifférente aux tendres élans d'un homme alors que l'on est abandonnée?

Malgré son obéissance aux principes religieux et moraux, la dignité de son attitude, une certaine dissimulation obligatoire, cette réalité sous-jacente se transformait en aveu. Ma mère était aimée. Aimait-elle en retour?

Mon penchant certain pour l'indifférence, cette protection, croissait de jour en jour. Ce désir permanent de ne plus être vulnérable devenait un pouvoir véritable.

L'heure du retour en France s'annonça.

Après de nombreux achats dans la ville de Lausanne, je suivis ma mère dans les toilettes d'un grand hôtel. Nous étions seules dans cette ambiance glacée d'aquarium. Des carreaux de céramique verdâtre se reflétaient sans discontinuer au travers des hauts miroirs dressés au-dessus des lavabos. Maman me fit enfiler quatre twin-sets les uns sur les autres, ayant eu soin d'enlever les étiquettes et les minuscules cartons de laine du même ton où luisait un bouton de rechange.

Puis elle défit mes nattes, tordit mes longs cheveux en chignon sous lequel elle enfouit des billets de banque suisses, restant de son allocation de devises.

Durant cette opération frauduleuse, mon oreille guettait le moindre bruit, je redoutais la venue de quelque dame pressée de satisfaire un besoin naturel. Personne ne vint, la chance nous souriait, moi pas!

La gorge serrée par l'anxiété, je ne fermai pas l'œil durant le voyage, allongée raide sur la couchette, attendant à chaque arrêt du train dans une gare endormie la venue de la police. Cependant je m'efforçai de faire semblant de dormir lorsque les officiers de la douane vinrent successivement contrôler les passeports, et demander de leur voix impressionnante si nous avions quelque chose à déclarer. La réponse négative de ma mère me fit frémir. Le drap trop étroit camoufla difficilement mon embarras, la rougeur de mon visage. Une sueur glacée suintait sur la paume de mes mains.

Nous roulions enfin vers la France, maman se moqua de mon trouble avec bienveillance, elle était ravie de sa ruse!

Au petit matin, frissonnante de sommeil, je retrouvai ma maison.

Il me fallait apprendre à vivre sans une présence joyeuse mais souvent tyrannique. Ma sœur possédait depuis toujours une véritable personnalité. Contrairement à elle, je n'osais encore m'affirmer, n'agissant que par soumission, toujours avec discipline. Dans les situations inhabituelles, inhibée par la timidité, j'obéissais à mon instinct.

L'apprentissage de la solitude commençait, je devins mon propre interlocuteur.

Un rien me peinait, une vétille me comblait.

Je m'en entretenais avec Julie. Continuant son ouvrage, d'une voix calme, elle accordait une importance toute relative à ma conversation : « Ma fille tout le monde a ses difficultés. La vie c'est comme ça! » Elle poursuivit imperturbable, cette fois en me fixant de son œil noir : « A propos, je trouve que tu es bien fière ces temps-ci! Tu marches sur la pointe des pieds, la tête haute sans regarder autour de toi. Tu ne salues même plus la concierge! » (Une femme arrogante, n'ayant pas l'amabilité charmante de sa mère. Il est vrai que je la fuyais.) Je promis, déçue de ne pas être prise au sérieux.

Quelques personnes de ma famille auxquelles j'étais affectueusement attachée prirent soin de mes loisirs; Mamédoux m'emmenait souvent au cinéma, ou regarder la nouvelle collection de Molyneux et chez Paulette, sa modiste. Au retour je retrouvais Papédoux assis à sa table de dessinateur près d'une fenêtre donnant sur la cour. A mon entrée, le lorgnon tombait le long de son nez se balançant quelques secondes au bout du cordonnet, avant d'être replacé dans la poche de son gilet noir. Il travaillait encore sur les projets de son moteur à injection : « Il est presque terminé, ma Bitoya, ajoutait-il avec modestie. Ce sera une véritable révolution. » Nous n'allions jamais nous promener, il préférait s'entretenir avec moi lorsqu'il venait déjeuner à la maison une fois par semaine et pendant ses fidèles séjours à Marsan pour les vacances. Il me surprenait toujours par ses idées originales, le choix inattendu des épithètes pour illustrer sa conversation. Sa naïveté enfantine me touchait.

Un matin gris d'avril, à la fin du temps de Carême, quelques jours avant Pâques, mon grand-père me trouva en train de faire mon examen de conscience, avant d'aller à confesse. Il prit le paroissien de mes mains et me dit l'air frondeur :

– Ce n'est pas compliqué, je ne pèche que du 6ᵉ et 9ᵉ commandement!

Je n'osai croire à ses propos. Il me parlait, en effet, du péché de luxure et d'adultère! Je mis fin à cette indiscrétion par un « Oh Papédoux! » indigné, ne voulant ricn savoir dc plus. L'heure du déjeuner arriva heureusement, nous descendîmes silencieusement. A chaque marche, j'enterrais ce secret au plus profond de mon cœur. J'aimais trop Papédoux pour que quiconque connaisse ses faiblesses. Arrivés dans la salle à manger il avait déjà oublié son aveu étourdi; au cours du repas, il se resservit copieusement de chaque plat, en particulier de dessert. Je le regardais avec indulgence, sa gourmandise m'attendrissait.

Généralement, le café se prenait entre les murs exigus du boudoir de maman, qui repartait aussitôt pour le dispensaire de Nanterre. Elle aidait un médecin dans ses consultations trois fois par semaine, et assumait les autres jours la tâche d'assistante sociale de ce quartier déshérité.

Nous restions tous les deux seuls à bavarder dans cette atmosphère douillette, moi assise à ses pieds.

Papédoux m'initia tout simplement à la musique symphonique moderne, en m'apportant mon premier disque *Le Sacre du Printemps* d'Igor Stravinski. Il prenait plaisir d'attirer mon attention sur les accords les plus faux! « Merveille, merveille! » s'exclamait-il en levant sa belle main, me racontant la furieuse bataille déchaînée dès les premières mesures, lors du concert initial en public, entre les classiques et les modernes.

– Vois-tu, rien n'a changé depuis *Hernani*!

Son indignation me paraissait si comique, son rire ressemblait à un gloussement. Il enchaînait, passionné, sur *Pelléas et Mélisande*, me chantant de sa voix chevrotante les passages les plus tragiques de l'opéra de Debussy. Le texte si familier de Maeterlinck l'enchantait, il le connaissait par cœur. Mon grand-père, sans que rien ne le laissât deviner, consultait sa montre de gousset, se dressait d'un seul coup, l'air somnambule, et s'en allait de sa marche hésitante, après m'avoir embrassée très distraitement.

Le charme était rompu.

Oncle Robert de Billy, le magicien de mon enfance à Montrozier, réapparut un soir de mai, pour m'emmener au théâtre de l'Opéra.

La fosse d'orchestre bruissait doucement, les instruments s'accordant les uns aux autres. Cette musique informe m'apaisait. Nous étions assis si près que la moindre vibration me faisait trembler délicieusement. Quelques fauteuils, en claquant brusquement à l'arrivée des retardataires, interrompaient furtivement l'harmonie de l'attente.

Sans me retourner, je savais que la salle était comble, les murmures se faisant plus denses, la chaleur progressivement sensible, le froissement glacé des programmes trop perceptible!

Le silence s'installa, les lumières s'évanouirent, je saisis la main de mon oncle et retins mon souffle.

Je reconnus les premières mesures d'un exercice de Czerny. *Études* présentait le corps de ballet en entier, assujetti au travail quotidien des exercices à la barre, géométrie basée sur les cinq positions des pieds. Je découvris les différents pas, les jetés, les tours, les sauts, langage indispensable à la création de toute chorégraphie. Je m'attendris devant l'application maladroite et fière des petits rats ; la technique des grands sujets perfectionnée à l'extrême me fascina.

Ce ballet académique m'enseigna que seules une discipline de fer, la maîtrise du corps associée à la pratique plusieurs heures par jour menaient à l'expression artistique la plus pure.

La *Suite en blanc*, un ballet romantique créé par Serge Lifar et délicatement exécuté par quelques ballerines en tutu long, confirma ma décision. J'attendrais d'avoir passé mon baccalauréat, comme l'exigeait mon père, mais je danserais ! Une révolte sourde m'étreignait, il fallait obéir, toujours se soumettre à l'autorité paternelle, aux conventions sociales. Une Montesquiou ne pouvait être une danseuse !

Maman estima qu'il serait bon que j'apprenne à monter à cheval.

Pour la première leçon, elle m'accompagna, elle percevait mes angoisses. Je portais une de ses vestes en tweed trop petite pour elle et la bombe de chasse de mon père. Jeune homme, celui-ci montait à courre en Anjou. Eugène la retrouva dans un des cartons de l'armoire, toujours inutile ! Le velours était si usé par le temps et les intempéries que sa couleur noire avait pris un ton verdâtre. Peu importait mon accoutrement usagé, ma crainte atteignait une telle ampleur que je n'avais rien pu avaler à l'heure du déjeuner.

Le maître de manège, un ancien officier de cavalerie, maniait la chambrière avec autant d'impétuosité que si nous étions de vieux cavaliers. Son langage imagé, presque ordurier, me terrorisait quasiment plus que le sifflement sournois de son fouet frôlant les croupes nerveuses. Avec un malin plaisir il déclenchait, par ce geste, une folle débandade. Les chevaux partaient au triple galop, se rassemblant affolés au fond du manège. Lâchant les brides, je me laissais tomber mollement sur la sciure noirâtre sous ses cris sarcastiques : « Vous me faites pisser dans un violon. » Phrase rituelle entonnée à chaque chute. J'eus beau me creuser la tête, je n'en ai jamais trouvé la signification. Il fallait remonter sur-le-champ sans protestation, m'incorporer à nouveau dans la file, poursuivre les voltes, les demi-voltes renversées sans me tromper de direction.

Au bout de quelques jeudis, je fus fière de maîtriser enfin la peur viscérale qui ne lâchait prise qu'une fois le cours achevé.

Avec une volonté délibérée, mes parents désiraient parfaire, compléter mon éducation. Je me sentais prise au piège.

Bien qu'elle acceptât la fréquentation de mes camarades de

classe et leur présence à la maison, ma mère souhaita que je fisse la connaissance des enfants de ses amies. Devant ma mine boudeuse, elle m'expliqua patiemment que, faisant partie d'un certain milieu, il devenait donc nécessaire que, dès mon adolescence, je me lie d'amitié avec des filles de familles qu'elle connaissait.

Le résultat de ces rencontres forcées entre enfants ne se connaissant pas ne correspond pas toujours au désir illusoire des parents. Une amitié ne se provoque pas, elle naît de l'imprévisible.

Un bal costumé me projeta vers ce territoire inconnu appelé « le monde » dans notre société. Nathalie, Anka, Totatte Muhlstein recevaient leurs amis pour la mi-carême, je fus invitée à la fête. Mamédoux me prêta une robe de taffetas de soie vert mousse rebrodée de primevères roses et jaunes, ayant appartenu à une bisaïeule contemporaine de Louis-Philippe. Chacun de mes pas faisait bouger joliment les plis creux de la jupe, accompagné d'un léger froufrou. Sur mes cheveux coiffés « à la girafe », maman posa la capote de satin plissé ornée d'une plume d'autruche couleur pêche, en noua les larges rubans sur le côté. Mes mains se cachaient sous la transparence des mitaines en dentelle noire pour mieux jouer avec une minuscule ombrelle de nankin frangée, au manche d'ivoire ajouré. Ma mère rayonnait de joie, me trouvant une ressemblance encore plus frappante avec Mamédoux. A l'âge de quinze ans, je me préoccupais véritablement de mon apparence, désirant être propre, toujours bien coiffée, l'air soigné. Ce souci disparut et devint un geste naturel! Les femmes de ma famille m'en avaient donné l'exemple et le goût. Les disciplines du corps et de l'âme ne pouvaient se dissocier.

Je me savais et me sentais jolie, l'entourage et les amis de ma mère le répétaient assez, ce qui énervait beaucoup Julie. Depuis peu, j'avais pris conscience de l'harmonie de mon corps en me regardant dans le miroir mais aussi du pouvoir d'interpellation que mon regard faisait naître.

Ce jour-là, maquillée, poudrée, je ne me reconnaissais pas; cette sensation d'être cachée, donc protégée par mon masque, ne faisait qu'accroître mon désir de plaire et de défier les garçons.

L'appartement donnait sur la place du Trocadéro. Dans l'ascenseur mon air fanfaron disparut, le brouhaha mondain se précisait à chaque étage englouti, je fus paralysée de timidité au moment des présentations.

Elles avaient lieu deux fois : la révérence à la mère des petites filles, une poignée de main rigide, l'œil inquisiteur des enfants. Comme nous étions tous « autres », nos déguisements facilitèrent les entrevues ; les conversations pouvaient appartenir aux personnages que nous incarnions, nous laissant toute liberté de jeu. Je m'étonnai de tant m'amuser, alors que je ne connaissais personne. Bientôt, je regrettai de quitter cette sauterie. Il n'était que onze heures du soir, j'aurais encore aimé danser, parler, jouer mon personnage.

La semaine suivante je déjeunai chez Michel et Éliane David-Weill. Je les avais rencontrés à Montrozier, pendant la guerre. Michel avait les cheveux roux bouclés, les yeux noisette, un nez rond, des mâchoires carrées. Malgré sa jeunesse, quelques années seulement de plus que moi, son regard me stupéfia d'intelligence. L'acuité, l'attention avec lesquelles il écoutait son interlocuteur par moments se noyaient de tendresse. Je sentais, instinctivement, qu'il était déjà fort accessible au charme féminin.

Ses curiosités étaient multiples : études, lectures, art, voyages ; son affection pour sa sœur Éliane m'attendrissait. D'une grande beauté de type oriental, la grâce, la gentillesse la rendaient exquise. Je n'eus aucune difficulté à partager leur intimité ; j'acceptai leur art de vivre, cette façon d'être si naturelle et simple, malgré le luxe et la qualité des collections d'objets qui les entouraient.

Michel me fit découvrir la peinture impressionniste, m'offrit l'un de mes premiers livres sur l'art et me prêta, pour quatre-vingt-dix ans, un pick-up électrique changeur de disque automatique. J'en désirais un depuis toujours, le phonographe de maman dénaturait la musique d'une manière détestable.

Le 19 avenue Rapp devint un de mes points de repère, une profonde amitié était née, malgré mes réticences préliminaires.

Après avoir passé deux mois dans une famille anglaise pour parfaire mon anglais, Marsan au mois de septembre m'apparut d'une beauté extraordinairement attirante, plus émouvante encore : ma sœur m'attendait.

La splendeur de l'été finissant semblait simultanément bienfaisante à la célébration des fêtes du village, à leurs courses cyclistes, propice aux réunions populaires et mondaines sur le champ de courses d'Auch, favorable aux rencontres familiales et amicales entre maisons voisines, bénéfique durant les ultimes retrouvailles avec mes amies et amis de toujours avant l'inévitable séparation de la rentrée scolaire.

J'étais une adolescente en ce mois de septembre 1948, je fus étonnée de rencontrer Frantz, le plus jeune des prisonniers allemands, qui travaillait toujours comme ouvrier agricole sur l'exploitation. J'avais totalement oublié sa présence, ses compagnons d'infortune étant repartis. Après la défaite du Reich, l'arrivée à Marsan de trois anciens soldats de l'armée allemande avait surpris ce petit monde mis à l'écart des fureurs de la guerre. Ils se mouvaient tels des épouvantails, leur corps squelettique flottant dans l'immensité des tenues bleu-noir marquées aux initiales blanches P.G. Leurs yeux absents n'accrochaient plus le regard, leur figure pâle inspirait la pitié. On n'y voyait que des cavités. La peau blâfarde, striée de ridules, collait sur ce masque mortuaire. Frères dans le malheur, ils ressemblaient aux déportés. Tout le monde s'apitoyait sur Frantz, enrôlé à l'âge de seize ans dans les Jeunesses hitlériennes. Ses yeux bleu délavé gardaient l'empreinte d'une enfance arrachée brusquement à l'innocence par les absurdités d'un monde devenu fou. Deux ans plus tard, je retrouvai un jeune homme enjoué, maître de ses forces, heureux d'être accepté, respecté par les ouvriers français pour ses qualités de travailleur. Son visage dénotait un appétit de vivre, une volonté de réussir effrayants. Je ne puis oublier notre ultime entretien, le ton péremptoire de sa voix : « Mademoiselle Victoire, je vais gagner beaucoup de marks, je reviendrai t'acheter à monsieur le duc ton père pour que tu deviennes ma femme! » Interdite, rougissante, je le regardai fixement, secrètement flattée, mais profondément choquée par ses paroles. A mes yeux, il serait toujours un ennemi, je n'étais pas une fille que l'on puisse acheter. Je me dérobai à ce face à face angoissant en l'incitant à éclater de rire, le traitant de fou.

Un dernier instant il capta mon regard. Le silence tomba telle une barrière. J'entendis l'irrémédiable : « Dommage pour moi, je ne t'oublierai jamais en Allemagne. »

Pour la première fois je m'étais sentie vulnérable. Un jeune homme me donnait la sensation d'être une femme en puissance.

Souvent j'avais éconduit gentiment des garçons du village, apprentis agricoles dont je partageais les jeux et les tâches.

Agenouillée à la tribune de l'église, envahie par la peur du péché, je récitais un acte de contrition, repoussant la tentation de me rendre au rendez-vous secret de la grange à foin! Ces incitations faisaient partie de la vie paysanne au même titre que les fréquentations de jeunes de Marsan. Ils me considéraient comme une des leurs. Je les ai oubliés au fil des années. Frantz jamais.

Jean d'Ormesson était apparu rue Cavé au printemps précédent jeune agrégé de philosophie, les livres de Platon sous le bras. Lors de cette première rencontre, je remarquai la petite chouette, aux formes douces et rondes, la tête légèrement inclinée, le regard impénétrable, imprimée sur la couverture de ses volumes.

L'ingénuité de son visage, ses yeux immenses d'un bleu intense, brillants d'esprit, gardaient un air de grande innocence. En rentrant de l'école, je l'aperçus se tenant très droit sur les marches de la porte d'entrée. Il portait une veste foncée et une cravate; malgré la rigueur de son habillement, il avait l'air d'un lycéen et me demanda fort joliment si « Madame la duchesse pouvait le recevoir ». Je ne fus pas surprise par le souhait exprimé avec une certaine retenue. Sa beauté au charme enfantin, l'intelligence et la culture de sa conversation accordaient à ma mère un tel pouvoir de séduction que, depuis notre installation, une cour d'admirateurs se retrouvait subrepticement autour d'elle. Maman me rappelait ces reines de la Renaissance inspiratrices de l'amour courtois, vénérées, admirées par les hommes d'alentour leur vouant un amour quasi mystique. Le samedi, le dimanche après-midi, le boudoir se transformait en « ruelle ». C'est moi qui l'avais baptisé ainsi à sa plus grande joie. Cette phrase la rassurait.

Les familiers étaient tous des intellectuels ou des personnalités connues dans le monde de la politique, des arts et des lettres. Philippe Baer, conseiller maître à la Cour des comptes, s'identifiait à Swann tant sa connaissance, son admiration pour l'œuvre de Marcel Proust faisaient partie intrinsèque de sa vie; il se croyait laid et s'en moquait souvent en criant : « Tartafoun! » Était-ce un juron face au destin? Il venait fréquemment accompagné de son ami Pierre Moinot. Gaston Palewski, compagnon du général de Gaulle, lui, ne parlait que de son héros, des succès du R.P.F. et du charme irrésistible des femmes. Je me rappelle, à propos de ces meetings, la foule continue sortant de l'autobus 43, descendant à pied la rue de

Longchamp pour se rendre sur les pelouses de Bagatelle. Maurice Druon participait parfois à ces réunions; ses traits, sa chevelure et sa voix profonde me faisaient songer à un lion. Il savait fort bien jouer de cette prestance! J'y apercevais aussi Guy Dumur, jeune homme peu sociable. Son visage à la beauté torturée révélait une nature anxieuse. Il préférait les dîners en tête à tête. Ces jeunes écrivains devenus célèbres apportèrent à ma mère leurs livres couronnés de succès. J'assistais à l'apparition des *Grandes Familles*, des *Petites filles modèles* sur la table basse du boudoir. J'entends encore les taquineries coquettes de maman au sujet de leur présence rue Cavé provoquant « certainement l'inquiétude ou le mécontentement de leurs égéries », maîtresses des salons qu'ils fréquentaient fidèlement!

Maman prenait sa guitare, chantait son répertoire réaliste et nostalgique, à l'adresse de Philippe : *Les Petits Pavés, Le Galérien, Nous étions six filles dans un pré*, pour Jean. Nous servions le thé apporté cérémonieusement par Eugène. On nous accordait une attention passagère.

En peu d'années, l'écart entre nous et cette génération d'hommes se fit moindre, installant en moi un sentiment de compétition, voire de jalousie.

A quatorze ans, je n'étais encore que timidité, observation aiguë, attente mélancolique. Transporté dans le royaume de mon enfance, Jean d'Ormesson, séduisant d'intelligence, m'amusait par ses phrases limpides et drôles, dépourvues cependant de toute malice. Tel un enfant émerveillé de quitter l'école, il se nommait en riant le pâtre grec, le page de Bahia ou Jeanot le lapin. Tout lui faisait plaisir! Déguster les bouillies de farine de blé préparées par Julie qu'il avait conquise, lire les albums de Tintin d'Aymeri, jouer aux dames, me réciter *Phèdre* ou le dernier acte de *Cyrano*. Le matin de mes quatorze ans, m'asseyant sur le marbre d'une commode, ce farceur m'avait promit fleurs, colliers et fourrures à ma majorité! Plus sérieusement, trois ans plus tard, il s'occupa véritablement de moi, m'aidant à préparer les oraux d'histoire pour le baccalauréat, à rédiger mes devoirs de philosophie. L'air sérieux, le visage fort grave, concentré sur sa pensée, il marchait de long en large tout en parlant, agitant les clefs de sa voiture; s'interrompant pour me poser une question abrupte, il se mettait brusquement en colère à une mauvaise réponse, s'écriant : « Mais enfin! Victoire ! » Il aimait écouter la *Neuvième Symphonie* de

Beethoven, l'Hymne à la joie en particulier, l'air de Chérubin des *Noces de Figaro* qu'il chantait faux. Parlant sans cesse de Saint-Fargeau, il s'y rendait dans une vieille Talbot décapotable blanc et marine. L'Italie l'enchantait. Enfin bachelière, Jean m'emmena au théâtre des Champs-Élysées voir *Le Partage de midi*. Je fus déçue par le manque de passion des acteurs alors que, depuis mon fauteuil, je sentais monter en moi le paroxysme des conflits amoureux. Mes réflexions de mauvaise humeur l'amusèrent beaucoup.

Je considère avec attendrissement la route parcourue. Nos vies liées aux êtres que nous avons aimés et que nous aimons se croisent et se recroisent comme les longs cheveux de ma natte. Elle se nomme amitié.

UN chemin blanc se faufilant à travers les vignes plantées jusqu'à l'horizon me mena lentement aux Châtelliers. Derrière les grilles vert-de-grisées se dessinait une maison de style Louis XVI, blanche, carrée, terminée par une terrasse à balustrade.

Après avoir traversé la cour du nord, progression rendue fort difficile par l'épaisseur des graviers, je montai les quelques marches de l'entrée ornée d'un portique sur lesquelles veillaient des sphinges coiffées de tricorne. Ces animaux fabuleux ressemblaient à la marquise de Pompadour. La grâce, la féminité s'accordaient de façon surprenante à leurs pattes de lion.

L'immense porte-fenêtre s'accrocha aux dalles de marbre noir et blanc avec une légère vibration de la vitre. Mamédoux, belle et souriante, m'attendait au pied du grand escalier bordé d'une superbe rampe en fer forgé. Elle me parut frêle et portait des lunettes. Nous étions en avril 1949. Je l'embrassai en fermant les yeux, retrouvant contre son cou sa merveilleuse odeur, ce parfum particulier aux femmes de la famille, transformant toute eau de toilette en senteur incomparable.

Durant ces quelques instants, j'éprouvai une infinie tendresse pour ma grand-mère, cette femme qui avait veillé sur moi depuis ma naissance et jusqu'à mon adolescence. Elle m'avait enseigné l'essentiel en veillant sur mes études, en exigeant toujours le meilleur de moi-même, refusant toute compromission et en me rassurant à l'âge où l'on se trouve laide et très mal à l'aise dans son corps.

Sa personnalité redonnait une âme à cette maison abandonnée durant toute l'Occupation. La lumière y pénétrait de tous côtés à travers de hautes ouvertures; des portes-fenêtres s'ouvraient sur le jardin, les branches sombres des cèdres s'y étendaient impassibles, le protégeant de leur ombre. Le vestibule ressemblait à une scène de théâtre, un carrefour harmonieux à partir duquel s'organisait la vie quotidienne : au nord on se dirigeait à gauche vers l'office et la cuisine, sur la droite un petit bureau tendu de damas dont l'intimité obscure et le calme me plurent infiniment. L'immense salle de bal aux volets à jamais refermés sur l'oubli longeait toute la longueur de la maison, seule une harpe dorée témoignait du romantisme des fêtes disparues.

Au midi, la bibliothèque envahie à toute heure, lieu privilégié où la maisonnée se retrouvait près du piano à la blondeur précieuse. Livrées à nos passe-temps favoris, nous feuilletions sans fin la collection complète de *L'Illustration*, ou bien nous nous affrontions à la crapette, au jeu de l'oie, autour de la table de jeu. La grande salle à manger tapissée de « verdures » était coupée sur sa longueur par la vaste table encerclée de chaises carrées. Au-dessus de la cheminée, *Le Jugement de Pâris*, une toile peinte par un élève de Rubens, me charmait par sa douceur, j'en connaissais parfaitement l'histoire. Les rideaux en filet brodé tamisaient joliment la clarté, j'y découvrais des animaux fabuleux.

L'escalier s'arrêtait en mourant sur un palier. On pouvait s'y asseoir et contempler un *Retour de pêche*; sur l'immensité bleutée se découpaient les silhouettes noires des bateaux dans l'immobilité du crépuscule. Les chambres se succédaient de chaque côté d'un couloir interminable, véritable dédale favorable aux parties de cache-cache. Partout le regard se posait sur l'ensemble harmonieux : les portes et boiseries sculptées dans du chêne clair, le mobilier d'époques Louis XVI et Directoire mêlé aux fauteuils capitonnés recouverts de perse, les lits de cuivre adossés aux murs tapissés de toile de Jouy, les lampes aux abat-jour de soie plissée, le tout créant une atmosphère de tendre quiétude, de confort désuet. Cet agréable dépaysement provenait de l'amoncellement d'objets disparates, tous raffinés, accumulés par affection depuis des générations.

A l'intérieur des cabinets de toilette je découvrais la même table recouverte de marbre sur laquelle se disposaient cuvette, pot à eau, porte-savon en faïence blanche bordé d'un liséré doré. Les vasques de marbre rouge, les baignoires en étain encastrées s'agrémentaient de longs robinets en cuivre au bec recourbé, ouverts et refermés horizontalement à l'aide d'un manche de porcelaine. Dans les lingeries, les placards en pitchpin montaient jusqu'au plafond, protégeant des piles de linge blanc bordé d'impressions rouges, empaquetées par douzaines serrées d'un bolduc blanc ou bleu. A l'office, je retrouvais inchangées les odeurs de propreté et de fruits mûrs; dans la cuisine, le vieux fourneau, les batteries de cuivre étincelantes, l'enfilade des glacières perpétuaient l'ordre immuable d'une civilisation déclinante.

Je me laissai envahir par une certaine nostalgie propre à l'enfance dont les rêves ne s'achèveraient jamais.

Le printemps, en ce mois d'avril angevin, explosait de splendeur joyeuse. Des murs de lilas double clôturaient le parc, mêlant leurs effluves aux seringas étoilés de blancheur. Les buissons de pivoines arborescentes croulaient sous d'énormes fleurs roses et mauve pâle. J'y plongeais ma figure, les respirant avec avidité. Au couchant j'accompagnais Mamédoux, nous marchions lentement le long des plates-bandes. Les bouquets d'iris bleus semblaient encore plus fragiles à la lumière changeante, laissant filtrer leur subtile essence. Je me gorgeais d'odeurs, de chants d'oiseaux, d'images vibrantes sous le jeu des ultimes rayons. Envahie par la beauté environnante, je participais voluptueusement à cette fête de la nature tout entière. Au bord de la Maine, les prairies en contrebas des Châtelliers se couvraient de milliers de tulipes sauvages pareilles à un tapis mordoré. Je n'osais y poser les pieds.

Un jardin potager en surplomb, irrésistible de perfection, côtoyait la cuisine. Des allées sableuses, bordées d'œillets mignardises, d'oreilles de lapin, découpaient les carrés de légumes tirés au cordeau. J'avais envie de tout ramasser tant ils étaient pommelés, brillants, arrogants de fraîcheur. Pas une mauvaise herbe ne pointait. Les hauts bassins emplis d'eau de pluie se tenaient à la disposition des arrosoirs rangés par taille. Quelques poissons aux écailles d'or y flottaient nonchalamment, fuyant au moindre bruit vers les profondeurs, éparpillant d'un coup de queue des lentilles d'eau d'un vert criard.

Au crépuscule, j'entendais des clairons sonner au loin, ils semblaient se répondre. Je trouvais leur mélodie terriblement nostalgique.

Avec l'obscurité, le silence s'instaurait à nouveau, ramenant le calme. Mon appréhension desserrait son étau. Je reprenais ma lecture, m'installant avec délice à l'intérieur du lit haut perché. Une lampe fixée au mur par une équerre descendait juste au-dessus des pages, tel un halo protecteur. La lumière attirait les chauves-souris. Véronique hurlait, les femmes de chambre les pourchassaient à coups de serviette, nous menaçaient terrifiées en proférant que ces bêtes malfaisantes s'accrocheraient dans nos longs cheveux. « Vous serez obligées de vous les faire couper à ras ! » Je ne craignais pas les pipistrelles, en ayant caressé quelques-unes retenues prisonnières, tapies au fond de la lanterne de l'escalier de Marsan. Ces bestioles innocentes et douces épouvantent par leur laideur, elles évoquent le diable.

Je m'endormais délicieusement, les bruits, les parfums, le chant du rossignol inséparables du monde nocturne venaient me bercer. J'en avais pris la douce habitude dans cette maison hors du temps. Ce furent les dernières vacances près de Mamédoux.

– Mes chéries, monsieur le curé est mort paisiblement ce matin. Avec l'abbé Ruop, nous l'avons assisté dans ses derniers instants. Maman, bouleversée, nous réveilla, Véronique et moi, par ces simples paroles en ce matin de septembre trop lumineux pour accompagner une telle nouvelle. Un souvenir respectueux m'attachait à la personne de cet homme qui m'avait enseigné bien des choses essentielles : le catéchisme et les principes fondamentaux à toute croyance.

Il avait semé, comme dans la parabole de l'Évangile, humblement la bonne parole. Toute mon existence j'essaierais de vivre le plus chrétiennement possible en me rappelant ses conseils.

Dieu était partout, l'abbé Casterède aussi. Sa silhouette rebondie, alourdie par les plis de sa soutane, faisait partie de mon univers depuis l'âge de cinq ans, présence disponible travaillant à l'abri du presbytère, témoin immuable le long des rues du petit village. Revêtu d'un surplis immaculé, sa barrette sur la tête, une étole violette le long de la poitrine, il portait prestement la communion à un mourant, précédé d'un enfant de chœur agitant une sonnette.

Je le rencontrais durant ses paisibles promenades sur les routes blanches, lisant son bréviaire sous la voûte des allées ombragées du parc. Je redoutais son apparition imprévue au milieu de la cour, empli de curiosité affable dès qu'un nouvel invité arrivait au château. Les bénédicités, son appréciation gourmande des mets, sa lente dégustation d'un verre d'armagnac accompagnaient son déjeuner hebdomadaire à la salle à manger. Le village attendait la parution mensuelle du journal paroissial, *L'Écho marsannais*, dans lequel il contait l'histoire de ma famille entremêlée à celle de la Gascogne et le récit de ses fouilles archéologiques, pages modestes sur lesquelles s'inscrivaient en lettres noires les naissances, les baptêmes, les mariages et les sépultures des paroissiens. Le moindre événement survenant dans la paisible localité, ses impressions sur l'actualité nationale s'y trouvaient relatés. En 1939, monsieur le curé avait présenté maman, jeune mariée, la nouvelle duchesse, à toutes les familles. Il avait amené les jeunes enfants et les bébés à la pouponnière qu'elle avait créée avec le docteur Dagnan. La consultation se déroulait une fois par semaine au château dans la lingerie nord. La veille on désinfectait la salle, sortait la balance, les carnets de santé. Je me rappelle les hurlements des nourrissons au moment des vaccinations. Sur ses conseils, les jeunes prirent des cours de secourisme avec ma mère, alors infirmière diplômée. Elle l'accompagnait lors de ses visites aux personnes âgées. Avec son aide, elle joua son rôle de châtelaine à la perfection et cela même après sa mort, malgré les rapports difficiles avec papa. Avec modestie, elle allait porter sa sollicitude, ses conseils à chaque foyer, visiter les malades hospitalisés à Auch, faire des piqûres et les pansements à domicile si besoin était. Ce sens des autres et du dévouement, inné chez ma mère, prit une nouvelle dimension à la mort de ce prêtre. Marsan devint une part d'elle-même : dès son arrivée, avant son départ pour Paris, maman allait fidèlement saluer les villageois, bavarder longuement avec chacun. Nous allions souvent avec elle.

En fin de journée, agenouillée sur les dalles humides du presbytère, je me remémorai avec un profond désarroi sa prière quotidienne : « Seigneur donnez-nous des prêtres, donnez-nous de saints prêtres et rendez-nous dociles à leur enseignement. »

Ces paroles modestes sonnaient comme le glas.

Je connus l'existence de Verrières le 30 novembre 1949, jour du mariage de ma tante Andrée avec André de Vilmorin. Cette maison allait être, tour à tour, le salon littéraire au sein duquel se côtoyèrent, sous mon regard étonné, les écrivains, les artistes, les monstres sacrés de l'époque, un recueil de poésies, ce monde imaginaire créé par Louise que nous parcourûmes ensemble, l'arbre gigantesque à l'abri duquel habitaient des générations de Vilmorin, l'isolement propice à la préparation de mes examens et concours, une source inépuisable d'affection, un recours; enfin, elle demeure le lieu privilégié de mes rencontres avec André Malraux.

Cet après-midi-là je n'eus vraiment pas le temps nécessaire pour découvrir cet univers. L'ordre immuable des objets s'était volatilisé comme par enchantement. Le mobilier dispersé aux quatre coins faisait place à plusieurs buffets somptueusement dressés, placés devant les hautes fenêtres tournées vers l'immensité romantique du parc. Je ne pouvais imaginer de bouquets plus joliment composés, des fleurs aux couleurs si éclatantes. D'innombrables bougies éclairaient de lueurs fragiles l'argenterie et l'ordonnance parfaite du couvert, projetant des ombres vacillantes sur les boiseries gris pâle et les rideaux à l'inoubliable imprimé bleu. Un air de noces campagnardes donnait une désinvolture sympathique aux invités si élégamment habillés, habituellement raidis par la bienséance et les usages du « monde » parisien.

Je fus séduite par deux images bien différentes et futiles : le manteau et le chapeau écarlates portés avec panache par Diana Duff-Cooper, la femme de l'ambassadeur de Grande-Bretagne, exacte réplique de la toge et du chapeau des professeurs d'Oxford mais en taffetas merveilleux de brillance et de douceur; l'autre naquit étonnamment de la séduction implacable du second mari de Louise de Vilmorin, Päly Palfi, aristocrate hongrois aux innombrables épouses.

Il ne fit qu'une bouchée de mes quinze ans, c'est du moins

Victoire de Montesquiou, 5 ans.
(Tous droits réservés)

Victoire et Véronique de Montesquiou, 2 septembre 1939, "Mobilisation Générale".
(Tous droits réservés)

Le château de Marsan où l'auteur passe toute son enfance. (Tous droits réservés)

Raymonde Fenaille, Odette Pereire et Violette Thurneyssen, sa grand-mère et ses grands-tantes. (Tous droits réservés)

Julie Vietta qui a élevé Victoire. (Tous droits réservés)

Ma mère, 1933. (Tous droits réservés)

Victoire. (Photo Ph. Baron / Tous droits réservés)

Course cycliste à Marsan, 1951. (Tous droits réservés)

Victoire, 21 ans, 1955. (Tous droits réservés)

Château de Montrozier.
(Tous droits réservés)

Victoire à 15 ans avec son père. (Photo John Phillips / Tous droits réservés)

1956, à "La Reine Jeanne" chez Paul-Louis Weiller. A droite, Charlie Chaplin à côté de Nine de Montesquiou devant Maurice Herzog. (Tous droits réservés)

Victoire, 18 ans. (Photo Henry Clarke, Vogue Paris / Copyright Les publications Condé Nast S.A.) (© ADAGP Paris 1990)

La duchesse de Montesquiou-Fezensac et ses trois enfants: Victoire, Véronique et Aymeri, le jour du mariage de Victoire (Photo Paris-Match, Garofalo / Tous droits réservés)

Victoire et ses trois premiers enfants, Pierre, François et Sébastien de Ganay. (Tous droits réservés)

Le duc de Montesquiou-Fezensac et ses trois enfants, 1958. (Tous droits réservés)

André Malraux et Louise de Vilmorin. (Tous droits réservés)

1984, Patrick de Montal avec nos enfants, Nine, Jean et moi. (Tous droits réservés)

Jean d'Ormesson de l'Académie française et l'auteur. (Tous droits réservés)

l'impression d'éblouissement qu'il me laissa. Grand séducteur, il savait captiver par son attirance physique, la fascination de son langage et son regard verdâtre au fond duquel une femme ne pouvait que se perdre. Assise à table en face de lui par je ne sais quel hasard, je ne résistai pas à le suivre au long de son badinage flatteur, ses répliques provocantes. M'amusant à le contrer, j'essayais de le dérouter par des arguments d'une grande naïveté! Ce faux duel me donna un avant-goût de la conquête et du plaisir enthousiasmant d'accaparer l'homme sur qui on jette son dévolu, sorte d'apprentissage des futures joutes amoureuses.

Il m'entraîna dans une valse irrésistible. Je me sentis jolie, remarquée, heureuse de participer à cette fête aux bras d'un homme fort beau, maître de son pouvoir. Je perdis la tête l'espace d'un moment.

Ce mariage me réjouissait infiniment. Le malheur s'était acharné sur ma tante avec une implacable cruauté. Orpheline à l'âge de deux ans, elle ne connut pas sa mère et fut élevée par une nurse anglaise. Mariée sur l'insistance de son père, le très sévère duc Joseph, à un homme d'une sensibilité très différente, elle ne put trouver une complicité, une langue commune; sa seule fille mourut à la naissance. Courageusement, tante Andrée choisit le métier d'infirmière, n'écoutant pas sa détresse pour se dévouer, corps et âme, à de plus misérables qu'elle. En cette belle journée de novembre, ma jolie tante portait un ensemble gris perle très élégant, conçu par Balenciaga, une toque en plumes d'autruche du même ton, jouant gracieusement avec les courtes boucles de ses cheveux blond doré. Plus âgé qu'elle, son mari ne la quittait pas du regard, l'accompagnant au moindre pas, semblant la protéger de sa tendre admiration.

Ce nouvel oncle me séduisit instantanément, bien qu'il ne fût pas particulièrement beau. Son visage, tout en longueur, s'illuminait sans cesse à l'étincelle espiègle de son regard par ailleurs fort bienveillant, attentif à son interlocuteur. Je remarquai son extrême élégance, la couleur recherchée de ses costumes, le geste désinvolte avec lequel cet homme enfouissait son mouchoir de soie aux impressions inattendues à l'intérieur de la poche haute de son veston. Ses longues mains jouaient merveilleusement en accompagnant les phrases de sa conversation toujours passionnante. Fort intelligent, sachant s'émerveiller, il possédait une culture illimitée commune aux hommes de sa génération, la fantaisie et l'originalité en plus. Il savait lire les auteurs latins dans le texte, grâce à sa mémoire infinie, déclamer par cœur des scènes entières de Racine, Corneille, réciter Victor Hugo, Baudelaire, Guillaume Apollinaire, pour ne citer que ses préférences. Il connaissait le nom de toutes les plantes de la création, racontait des histoires de tourlourou, chantait le répertoire du caf'conc'. Fin, très spirituel, son sens de l'humour, sorte de moquerie courtoise, s'accompagnait d'un rire clair et sonore.

Conscient de son charme, sa séduction n'en était que plus discrète et attirante. J'étais très sensible à la pudeur des sentiments d'oncle André.

Au retour de leur voyage de noces, ils annoncèrent leur venue à Marsan, la dernière semaine de décembre. Par leur présence, ces fêtes de Noël et de l'année nouvelle se transformèrent en une succession de moments délicieux. J'aurais tant aimé voir mon père et ma mère s'adorer de la sorte. Comme une onde bénéfique cet amour rayonnait alentour, aplanissant les tensions latentes.

Oncle André avait la réputation d'être un fin gourmet. Reconnu excellent cuisinier, comme sa sœur Mapie de Toulouse-Lautrec, il prenait plaisir à se rendre à la cuisine, sous l'œil surpris et admiratif de Julie, pour confectionner d'admirables sauces. Le foie gras frais aux raisins poché à l'armagnac, les dindes rôties farcies aux pruneaux, des marquises au chocolat nappées de crème à la vanille disparaissaient des assiettes, accompagnés d'exclamations gourmandes et d'onomatopées de contentement. Les hommes humaient avec un certain recueillement leur verre avant de boire en longues gorgées le Château-Latour, des Cheval Blanc choisis par papa, décantés soigneusement dans les carafes de cristal par Eugène.

Grand amateur d'art également, oncle André entraînait tout le monde chiner à Auch.

Bien avant la mode, il collectionna les barbotines, les opalines 1900, le mobilier faux gothique, les peintures du XIXe, les orientalistes.

Il créa un style Vilmorin n'hésitant pas à mêler les sculptures, les tableaux modernes de ses amis Estève et Swobada au mobilier d'époque, l'orfèvrerie XVIIIe à ces objets insolites. Quand le mauvais temps devenait par trop désagréable pour sortir, imaginer des projets de parterre, oncle

André dessinait des motifs de tapisserie, préparait les ouvrages pour tante Andrée, aimant lui-même tirer l'aiguille et faire du petit point.

Cette semaine à leur contact me donna l'envie profonde d'apprendre comment s'apprivoise la passion et se cultive jour après jour le bonheur. A quinze ans, je découvrais, à l'instar des chansons d'amour, qu'un homme et une femme mariés peuvent se rendre véritablement heureux et s'aimer follement.

24 novembre 1950. Dans la pénombre du salon, Mamédoux reposait calmement. La pâle lueur des cierges accordait un air d'éphémère jeunesse à son beau visage amaigri. Elle dormait. Maman l'avait revêtue d'une chemise de nuit de satin rose. Sa silhouette semblait encore plus fragile. Ses mains jointes, entrelacées des perles nacrées d'un chapelet, se refermaient sur une orchidée, comme si la beauté pouvait retenir un dernier instant la moindre parcelle de vie. Papédoux, assis un peu à l'écart, l'air totalement absent, emmuré dans son chagrin, me faisait penser à un enfant très malheureux.

Sans appréhension, je déposai un baiser léger sur le front glacé de ma grand-mère, ne pouvant croire à sa mort soudaine. J'en refusais l'évidence, espérant à chaque instant voir ses yeux s'entrouvrir. Désormais, je devrais accepter sa disparition prématurée, penser à elle, l'évoquer sans cesse, lui parler à voix basse ; ainsi, sa présence se ferait sensible même invisible.

Le désespoir de ma mère m'était insupportable, je pris la décision d'en parler à mon père. A mon retour à la maison, je me répétai inlassablement la phrase à lui dire lorsqu'il reviendrait en fin de journée la raccompagner rue Cavé.

Mon angoisse, ma peur prirent une telle démesure que j'en tremblais. Je l'attendis au bas de l'escalier. Il fut surpris de ma présence.

– Je voudrais te dire... te demander de revenir vivre avec nous, maman est trop seule maintenant.

Ma voix se cassa. Je ne pus continuer. Son regard s'obscurcit. Il me prit le bras brusquement. Je retins un cri de stupeur douloureux. Devant moi se tenait un étranger. Le visage de papa se ferma tel un masque, ses mâchoires se crispèrent sur ce refus impitoyable :

– Victoire, écoute bien, jamais je ne reviendrai, tu m'entends, jamais! Je restai clouée sur place, impuissante. Ses paroles sans appel me désespérèrent. Un vertige glacé m'envahit, m'engloutissant vers un trou sans fin. Des larmes emplirent ma bouche, j'eus envie de vomir. A aucun prix je ne devais pleurer devant lui. Je me cramponnai à la rampe. Mon père ne supportait pas les pleurs. Il détestait cette faiblesse féminine. Stoïque, je l'embrassai, comme si l'instant présent n'eût été qu'une image de cauchemar. Je montai dans ma chambre.

Plus jamais je ne reverrais Mamédoux, plus jamais je n'entendrais sa voix, plus jamais je ne sentirais son parfum, plus jamais je ne m'éveillerais à son sourire, plus jamais je n'écouterais ses conseils. Mon enfance disparaissait avec elle.

UN matin du mois de juin 1951, je me trouvais assise parmi des dizaines de rangées d'adolescents figés derrière leur bureau. Je présentais les épreuves écrites de la première partie du baccalauréat.

J'avais poursuivi toutes les classes à Charles-de-Foucauld, très attachée à notre professeur de latin-français, puis de philosophie, Mlle Caire de Rivery. Un personnage étonnant.

Imposante par sa taille et sa personnalité, elle ressemblait physiquement aux inspiratrices des films de Federico Fellini : poitrine envahissante, bras ronds, mains potelées ornées d'une grosse bague en pierre dure, doigts épais aux ongles carrés laqués vermillon, des cheveux courts permanentés de façon serrée, d'une blondeur tout artificielle tirant sur l'orange. Un rouge sang dépassait la courbe naturelle de ses lèvres.

Aujourd'hui, je dirais qu'elle avait l'air d'une tenancière. Malgré un maquillage outrancier, son œil bleu gardait la pureté d'un regard d'enfant.

Son savoir et son autorité discrète ne correspondaient pas du tout à ce physique grotesque, qu'elle savait faire oublier par l'intelligence de ses propos et l'intérêt de son cours. Elle me façonna l'esprit et me donna le goût des études.

La veille de l'examen, Mlle Caire m'avait impérativement conseillé de respirer profondément, les mains posées sur la table, créant le vide dans mon esprit, afin de chasser l'angoisse dont l'emprise me menaçait. Le calme revenu, je devais lire, au moins trois fois, les thèmes proposés avant de faire mon choix.

Enfin, il fallait prendre un quart d'heure sur le temps imparti pour relire ma copie avant de la remettre.

Je fus reçue en dépit d'un un sur vingt en mathématiques. Mis à part cette déception, une fierté joyeuse m'envahissait, l'épreuve se terminait sur un succès vite oublié d'ailleurs. Ce résultat positif faisait partie de mes obligations comme le répétait sempiternellement mon père.

Le soir, un malentendu éclipsa les sensations merveilleuses du travail bien fait, et sa récompense inhérente. Pour la première fois, je fus tiraillée entre mon père et ma mère. J'en ressens encore la douleur physique en évoquant la scène : papa voulait m'emmener dîner, seule avec lui, au restaurant de la tour Eiffel. Maman, elle, projetait d'assister avec moi à la représentation des *Mystères de Notre-Dame*. Nous serions allées souper ensuite. En larmes, accrochée à la rampe de l'escalier, je me trouvai sous la trajectoire de leurs récriminations, impuissante à les départager. Je refusai cette image insensée de ces deux « enfants-parents » se disputant le même jouet! Harassée, je les suppliai d'arrêter leur dispute si cruelle! Il fut décidé que je dînerais avec mon père, ensuite il me déposerait sur le parvis, à l'entrée du spectacle en plein air.

Raidie par l'exaspération et le chagrin, je leur en voulais terriblement. Ils gâchaient mon illusion de la réussite. Le repas me parut interminable, les morceaux de nourriture descendaient avec beaucoup de difficultés le long de ma gorge malgré les bulles du champagne.

Papa m'offrit une montre en or fixée sur un fin bracelet de crocodile marron, choisie chez Chaumet. Il réussit à m'attendrir. Tel un enfant égoïste, il me signifiait néanmoins qu'il m'aimait par ses actes empreints de dureté, ses gestes très maladroits.

Mon succès, escompté, le rendait heureux, flattait sa fierté; à travers les larges baies vitrées, j'entrevoyais la beauté de Paris illuminé. La Seine s'étendait tel un ruban pailleté or et noir au pied du palais du Trocadéro.

Tout m'était devenu étranger.

Le cérémonial emprunté des serveurs, au lieu de m'amuser, m'agaça profondément. Pourtant j'allais au restaurant pour la première fois. Je n'eus qu'une envie, fuir ce tête-à-tête. Je songeais à la solitude de ma mère, à cet acte punitif dont elle subissait encore la violence, comme si elle déméritait de partager ma joie.

Notre couple, perdu au milieu de ce lieu sophistiqué, me parut pathétique. Le tableau charmant devint caricatural. Un père au visage tendu, essayant de distraire sa fille l'air infiniment triste, sembla un contresens absurde.

En fixant papa, j'eus l'horrible sensation de voir mes points de repère s'estomper. Mes parents dilapidaient leur autorité. Ma confiance en leur infaillibilité vacillait dangereusement. Ayant retrouvé ma mère, ma peine s'atténua. Je me laissai glisser vers l'enchantement.

Ce mystère du Moyen Age, joué à la perfection devant la façade de Notre-Dame, me fit retrouver une naïveté enfantine et la paix de l'âme. J'étais émerveillée. Au dernier acte, l'obscurité se fit totale. La grande rosace, pareille à une formidable couronne de pierres précieuses, s'enflamma de mille feux, sous un ruissellement d'accords jaillis de l'orgue. Comme lors de toute rémission, de douces larmes glissèrent le long de mon visage, m'apportant l'apaisement, une envie de pardonner et d'oublier ces cruels déchirements. Cette nuit-là, je dormis seize heures.

Malgré sa petitesse la 4 CV grise allait bon train sur les nationales étroites bordées d'arbres. Plantés serrés, leurs frondaisons donnaient l'illusion d'une voûte continue à travers laquelle le soleil jouait à cache-cache.

Maman et moi étions parties de Pornic à l'aube en direction du Cap d'Antibes. Éliane et Michel David-Weill m'invitaient tout le mois d'août durant le séjour de ma mère ; chaque année elle se rendait chez leurs parents, Pierre et Berthe. Ce projet de vacances me semblait une fabuleuse récompense pour la réussite de cet examen.

Assise au fond de la minuscule voiture, les yeux grands ouverts, je tournais inlassablement les pages de ce merveilleux album d'images.

Notre première étape fut Montrozier.

J'allai jusqu'aux Bergeries, un bâtiment de ferme flanqué de sa tour ronde, perché sur le clos immense telle une sentinelle. Ma marraine, tante Odette, y demeurait toute l'année. Elle s'y était retirée bien avant la guerre alors que son extraordinaire beauté, sa personnalité auréolée de charme et d'esprit rayonnaient parmi les nombreux salons parisiens, en particulier ceux du monde de la musique et des lettres. On racontait qu'à son entrée dans un lieu à la mode le silence se faisait sur son passage, même l'orchestre s'arrêtait. Égérie du dramaturge Henry

Bernstein, elle comptait parmi ses plus fidèles amis Marcel Achard, sa femme Juliette, l'écrivain Jacques de Lacretelle, le pianiste Jacques Février et Paul Valéry qui l'appelait Madame Audette! Ces admirateurs et bien d'autres s'arrêtaient toujours chez elle à la fin de l'été en remontant du Midi, heureux de se reposer au calme de cette demeure exiguë et confortable. Malgré son aspect fort rustique, tante Odette l'avait arrangée de façon exquise.

Au rez-de-chaussée, à la place de l'ancienne étable à chèvres, la salle à manger et la cuisine, au premier étage trois chambres d'amis, dont une très grande, leurs lavabos cachés derrière un paravent, et l'unique salle de bains de la maison.

Un couloir de forme réduite menait au vaste salon par une porte sous portière de damas jaune, comme les rideaux. Son décor donnait une impression d'ubiquité, changeante selon l'humeur et l'imagination du visiteur. Une haute cheminée Renaissance en pierre, sur un mur, les douze feuilles déployées d'un paravent en laque de Coromandel lui accordaient les images invitant au dépaysement. Le piano à queue rassemblait autour de sa masse noire et brillante de larges canapés et de profonds fauteuils recouverts de toile écrue. Depuis la porte-fenêtre un balcon surplombait l'immense prairie, mer de narcisses au printemps, de colchiques mauves, tels des nénuphars à l'automne. A l'horizon, le long massif des Palanges rendait ce paysage plus grandiose encore. En prolongement, la chambre de tante Odette orientée plein sud. Elle y dormait la fenêtre grande ouverte hiver comme été, nue sous le drap ou ensevelie par une masse de couvertures lorsque le temps devenait trop glacial. Elle avait pris cette habitude lors d'un voyage à Ceylan. Veillant tard la nuit, elle se mettait au piano puis passait de longues heures à écouter de la musique classique sur un poste de T.S.F. très démodé. De forme bombée la carcasse était en bois, sa façade de toile percée d'un éventail sur lequel on cherchait les stations en tournant un gros bouton, deux autres servant à l'allumage et au changement d'ondes. J'observais cette femme exceptionnelle avec enchantement et bonheur. Sa beauté me fascinait.

Au travers de son visage merveilleusement structuré, des yeux gris-bleu très écartés donnaient une profondeur mystérieuse et douce à son regard. Elle aimait la vie par-desssus tout. Pourtant sa route était jonchée des malheurs les plus fous. Orpheline de mère comme ses sœurs dès l'enfance, elle se maria, fort jeune, à Georges Pereire. Le matin de leur mariage, la maîtresse de son mari se suicidait. Deux enfants moururent à quelques mois à peine. Enfin, la naissance de Jean-Marie la combla de bonheur. D'une beauté angélique, c'était un adorable petit garçon dont elle parlait avec émerveillement.

Lors d'un voyage à Biarritz, un terrible accident de voiture survint sur la route des Landes. Jean-Marie fut tué. Il n'avait que sept ans. Tante Odette attendit du secours des heures assise sur le bord de la route, les deux jambes fracturées, portant son enfant mort entre ses bras.

Son mari fut indifférent à son chagrin et à quelque temps de là, se croyant ruiné, il se donna la mort.

Je lus le texte écrit par ma marraine derrière l'image pieuse choisie en souvenir du décès de Jean-Marie. C'est un chant d'amour et de courage dans lequel elle remercie Dieu de lui avoir confié un tel enfant lors de son passage sur la terre. Pas une seule fois, je ne l'ai entendue se plaindre, même quand une arthrose de la hanche la cloua à son fauteuil. Elle se traînait sur ses béquilles, martyrisée par la souffrance, un sourire permanent aux lèvres, toujours disponible, à l'écoute des autres.

La générosité du cœur, une tendre gaîté irradiaient autour d'elle, tel un halo magnétique. Elle envoûtait son entourage quel que soit l'âge. D'une sincérité absolue, détestant le paraître, elle disait tout ce qu'elle pensait d'une manière très directe et gentille. Je me sentais heureuse à ses côtés, captivée par une telle présence.

Son parfum embaumait irrésistiblement l'atmosphère. Ses mains, longues et racées, dessinaient de beaux mouvements. De fins bracelets d'or, tordus par l'usage, ne quittaient jamais ses poignets, accompagnant chacun de ses gestes d'un léger tintement.

A la douceur des soirs d'été, elle buvait par petites gorgées un pastis glacé, le verre se colorait alors d'opale tilleul, ou d'ambre, si elle préférait un léger scotch.

Les petites chèvres qui vivaient là s'approchaient en bêlant. Tout en leur parlant, ma marraine sortait d'un doigt délicat une Celtique de sa boîte à cigarettes en argent niellé et la leur tendait.

Ces bêtes diaboliques la saisissaient du bout de leurs lèvres si mobiles, savouraient cette friandise l'air gourmand, l'œil d'or coupé en deux par la pupille étroite et noire. Sans la curiosité impatiente de découvrir la Méditerranée, j'aurais aimé rester près de tante Odette, pour écouter, apprendre et l'aimer. Un mas, perdu dans l'immensité des vignes, nous accueillit pour la seconde halte. Nous arrivions à l'Amarine chez Jean Godebski, un ami de Mamédoux, dont il avait été l'admirateur secret. Il était le neveu de Misia Sert, l'inspiratrice et médiatrice du monde des arts et des lettres entre les deux guerres. La maison de Jean, dont la façade pourtant fort anodine n'en laissait rien supposer, abritait de véritables chefs-d'œuvre. Les portraits de Misia par Auguste Renoir, Pierre Bonnard côtoyaient les manuscrits de Ravel, Stravinski et Satie. Je n'en croyais pas mes yeux. Tant de trésors inspirés et découverts par cette femme attendaient la curiosité respectueuse d'un visiteur. Jean Godebski occupait ses journées entières à peindre les paysages de Camargue : immensités blanc et gris ponctuées d'animaux noirs aux attitudes hiératiques, miroirs nonchalants sur lesquels se reflétait un ciel éternellement bleu, arbres solitaires dont la dépouille accentuait la solitude des étangs.

Il m'emmena faire de longues promenades sur Coquin de Sort, un camarguais nerveux à la robe blanche pointillée de gris. J'aimais sentir sous les sabots du cheval l'élasticité silencieuse du sol et galoper sans horizon limité.

Les étendues d'eau semblables à des mirages roses disparaissaient d'un seul coup emportées dans un nuage de flamants. Nous traversions des champs de roseaux, longeant des rizières sur lesquelles déambulait, indifférent aux ibis, un héron emprunté. A notre approche, les taureaux relevaient leur tête couronnée, flairant le vent, le museau humide, l'œil interrogateur. Pas un chant d'oiseau, seule la plainte répétée d'un pluvier dérangeait leur solitude. Le calme nostalgique de la terre asséchée me laissait imaginer le murmure de la mer retirée à jamais.

Le lendemain, Jean Godebski me fit visiter des villes ensoleillées, Nîmes, Arles, Saint-Rémi. Les yeux mi-clos, je laissais filtrer la lumière pour voir glisser les pages de l'Histoire. Grâce à mon imagination, je possédais un réel pouvoir d'évocation, habitée par ma rêverie. Le dernier soir, sous un ciel constellé d'étoiles, nous dînâmes autour d'une longue table. Nul souffle de vent, la flamme des bougies demeurait immobile, les criquets frémissaient alentour. Une paix sans faille régnait sur la nuit chaude. Les moustiques eux-mêmes, chassés par l'odeur des citronnelles, avaient fui. Jean prit sa guitare et joua des airs de flamenco. Maman chanta, je l'accompagnai à contre-chant. Cette soirée délicieuse achevait notre séjour.

Au point du jour, je vis se rétrécir, puis disparaître le vieux mas ocre aux volets verts. Coincée entre la portière et l'énorme sac de jute bourré d'amandes vertes, je repris mon poste de vigie à l'arrière de la voiture.

J'aimais les voyages.

Maman s'arrêta en Aix pour acheter une énorme boîte de calissons, sorte de losanges parfaits serrés les uns contre les autres dans une blancheur d'hostie, imitant un dessin de carrelage de pierre. Puis la nationale 7 nous engloutit au rythme de son trafic syncopé et notre périple prit fin. S'échappant de la nationale, une petite route plutôt laide disparut aux grilles du jardin de la villa « Sous le Vent ». A travers les branches écailleuses des pins, j'entrevis une étendue de tuiles vertes miroitant au soleil. Les pneus de la 4 CV crissèrent sur les graviers, patinant légèrement avant de s'immobiliser devant la porte en bois cérusé. Au nord, des haies de lauriers-roses encadraient la maison et les communs étagés sur différents plans. Son crépi s'harmonisait parfaitement à ces fleurs, les volets et les grilles à leur feuillage. En entrant dans le hall, je me crus transportée à Hollywood, surprise par l'imposant décor familier aux films américains d'avant-guerre.

Du palier de la porte d'entrée, je dominais le rez-de-chaussée, enregistrant le moindre détail comme à chacune de mes découvertes. Ce luxe absolu me semblait la quintessence d'un dépouillement extrême, nulle ostentation, aucune faute de goût n'altéraient l'harmonie rose et vert de cette villa néo-paladienne.

Sur l'espace vaste et clair de ce salon entrevu à mon arrivée, ouvert en permanence sur la nature, des sièges de rotin confortables se disposaient en cercles propices à la conversation et aux jeux de société. Posés sur l'immense natte de coton blanc, ils s'orientaient vers le midi. De cet observatoire, l'on pouvait assister aux divertissements donnés par le soleil le long du parc, sans jamais souffrir de son insolence.

Ce point de rencontre de toute la maisonnée devenait aussi un lieu de passage. A droite, la salle à manger d'hiver décorée de toiles chinoises peintes, reflétées par de hauts miroirs, se prolongeait à angle droit par celle d'été. De superbes portiques la protégeaient de l'éblouissement de la chaleur estivale.

Ces pièces successives perpétuaient l'impression d'immensité par leur décoration uniforme : mobilier de fer forgé peint, coussins moelleux, tables en verre de toute tailles.

Une totale liberté précédait aux repas. Chacun allait se servir au buffet froid puis s'installait auprès des personnes choisies. Seuls Berthe et Pierre David-Weill, en maîtres de maison, accordaient une place de préférence à leurs voisins immédiats. Je détaillais, fascinée, les assiettes décorées par Picasso, osant à peine m'en servir.

Pour se promener dans le jardin, de courts escaliers dégringolaient par paliers, s'arrêtant brusquement sur une large étendue verte. Une pelouse surprenante par sa couleur vert émeraude et sa douceur sous la plante des pieds me faisait penser à du velours tant ses brins d'herbe serrés paraissaient soyeux.

La perspective esquissée à travers les troncs rougeâtres de pins parasols repoussait au loin la Méditerranée qui m'attendait, étale, encore plus bleue et désirable que la mer à Pornic où je passais tous les mois de juillet avec mes cousins.

A « Sous le Vent », la vie coulait au fil des heures, jour après jour, sans contrainte, dans une euphorie naturelle et plaisante, malgré un nombre fluctuant d'invités de tous âges. Les deux générations se côtoyaient agréablement autour de leurs hôtes.

Pierre David-Weill incarnait, pour moi, le portrait du parfait gentilhomme. Nulle beauté ne marquait son visage tout en rondeur, de plus ses cheveux roux faisaient ressortir la roseur de son teint. Son regard me charmait étrangement, en dépit de son manque d'attrait physique. Sa courtoisie ineffable égalait son intelligence prodigieuse. Je ne pouvais supposer qu'il régnait en maître sur le monde de la haute finance, tant son esprit paraissait cultivé, sa conversation passionnante, sans la moindre pédanterie. Il ne ressemblait pas à l'image stéréotypée du banquier!

Il s'intéressait aux êtres susceptibles de l'étonner. Doué d'un sens critique acéré, je ne l'ai cependant jamais entendu médire de quiconque. Toutes ses réflexions dites avec humour s'acceptaient adoucies par un sourire malicieux.

Grand collectionneur d'objets d'art comme son père, il aimait les assembler par paires.

Berthe, son épouse, ressemblait à une impératrice de Chine. Petite et gracile, ses cheveux bruns tirés en chignon accentuaient la blancheur de son teint, la délicatesse de ses traits. Des yeux noirs fort mobiles dénotaient une vivacité d'esprit très aiguë. Elle portait une curiosité attentive aux personnes de son entourage. S'attendrissant facilement, elle se moquait avec grâce des situations et du surfait. Tous deux adoraient leurs enfants. L'amour réciproque de cette famille m'étonnait et me donnait quelque regret. Éliane et moi aimions les mêmes choses, la danse classique, le flamenco, le chant, la guitare, les histoires romantiques, contempler la peinture et rester aux côtés de Mick. Tout en lui me plaisait : sa douceur, son sourire gourmand accompagné de rires en cascade plissant ses tempes en petites rides étoilées, et son odeur. Pour domestiquer les boucles serrées de ses cheveux roux, il utilisait l'eau lustrale de Guerlain. Je n'ai rencontré aucun homme jusqu'à présent fleurant ce parfum. Aveugle, je le reconnaîtrais entre mille.

Il fumait des Craven « A ». Son geste pour ouvrir cette boîte en fer, de couleur rouge et blanc, était tout à fait spécial. Un mouvement lent en sortait la cigarette à bout doré, précis et rapide pour refermer le couvercle et faire disparaître l'objet dans la poche de sa veste. Mais il préférait le cigare. Il me racontait que, petit garçon, il se plaçait près de son grand-père pour capter le sillage embaumé du havane de ses narines rondes. Sa voix jouait sur les mezzo, parfois les graves, susurrés les dents serrées. D'un caractère calme et enjoué, il me surprenait par la violence de ses rares emportements, maîtrisés rapidement par un contrôle glacial, suivis généralement d'une randonnée solitaire en motocyclette.

Comme je le remarquai avenue Rapp, lors de notre première entrevue, l'affection illimitée portée à sa jeune sœur lui donnait l'aura d'un Pygmalion.

Chaque été, tous deux partaient faire un voyage lointain dans une partie du monde, découvrant ensemble des contrées nouvelles, les vestiges des civilisations englouties. J'écoutais, admirative, leur récit, regardant les photos et les livres rapportés au cours de leurs pérégrinations.

Je rêvais. Durant ces vacances extraordinaires, je participais également à cette initiation artistique et littéraire. Michel nous lisait des textes d'Hemingway, des vers d'Apollinaire, souvent des pièces de Courteline et de Jarry, surtout le *Père Ubu*, ce qui déclenchait nos fous rires.

Il me donna aussi à lire les œuvres importantes de Sartre, de Camus et de Valéry. Mes lacunes lui paraissait considérables !

En fin de journée, il nous emmenait à Antibes visiter le musée Picasso, le fort et la vieille ville, puis sur les hauteurs de Vence admirer la chapelle du Rosaire peinte par Henri Matisse et le village de Saint-Paul-de-Vence. Le monde s'ouvrait à moi. Une impatience d'apprendre et de tout découvrir m'envahissait avec une vitalité inconnue jusqu'alors.

Un après-midi maussade, ce devait être après l'orage du 15 août, un coup de téléphone bouleversa le cours de l'existence de ma mère. Maurice Herzog l'invitait à dîner à la Colombe d'Or, un restaurant de Saint-Paul-de-Vence.

Quelques mois auparavant, durant ce printemps 1951, tout Paris avait fêté le héros de l'Annapurna. Nous l'avions rencontré en allant au palais de Chaillot écouter ses conférences, voir la présentation d'un film merveilleux racontant cette « première » sur le plus haut sommet de l'Himalaya. Je me rappelais les images inhabituelles de l'Inde du Nord, la traversée enchanteresse des vallées ensevelies sous les rhododendrons, les routes de crête semées de moulins à prières que les sherpas faisaient tourner en quittant Katmandou. Puis commençait l'épopée du Népal, l'installation des camps, enfin l'ascension terrifiante de Lachenal et Herzog sur le sommet de cette montagne meurtrière sous les tourbillons de neige et les brouillards givrants. Victoire insensée pour laquelle Maurice perdit tous les doigts de ses mains et pieds. Assise dans l'obscurité de la bibliothèque, je revois ma mère intimidée, hésitant, telle une jeune fille, à se rendre à cette invitation. Elle se décida enfin, impatiente de partir, rassurée par mes encouragements. Sa vie monotone et solitaire se tournait enfin vers l'essentiel, l'aventure d'un amour partagé.

Pour son anniversaire, Philippine de Rothschild donna un dîner avenue d'Iéna. Était-ce ma timidité coutumière face aux mondanités ou bien ce sentiment d'intruse ressenti à chaque soirée? A nouveau l'idée de pénétrer dans ce salon, seule face à un groupe de jeunes gens, m'intimidait et me faisait battre le cœur fiévreusement. Mes mains devenaient moites d'appréhension. Après le dîner, Philippe de Rothschild nous fit asseoir en rang devant une scène éclairée par des projecteurs. Il avait un théâtre à l'intérieur de sa propre maison.

Quelques musiciens s'installèrent. Je vis arriver une femme petite, vêtue simplement d'une robe noire, les cheveux châtain clair coiffés en auréole, le visage très pâle. Deux coups de crayon finement dessinés en arc de cercle remplaçaient ses sourcils. Sa bouche peinte d'un rouge sang lui accordait plus de vulnérabilité encore. Ses mains fines et vivantes se plaquèrent contre son corps étriqué. Une voix chaude et rauque s'éleva. Les paroles de la première chanson évoquèrent la vie de tous les jours, ses drames et ses joies, une histoire vraie. Un long frisson me parcourut. Je restai immobile sur ma chaise, pétrifiée d'émotion, des larmes plein les yeux. Elle chantait l'amour comme je ne l'avais jamais entendu.

C'était Édith Piaf.

Nous étions bouleversés, même Philippe de Rothschild d'habitude si sûr de lui; sans s'en rendre compte il se saisit d'un bouquet de glaïeuls rouges offert à sa fille par un des garçons et dans sa précipitation le tendit tout dégoulinant d'eau à la chanteuse. Le regard indulgent, elle sourit à pleines dents, amusée par tant de spontanéité.

J'évoque cette rencontre privilégiée, car elle illustre mes débuts d'échanges pleins d'émotion avec les danseurs, chanteurs ou acteurs. Telle une lâcheté poisseuse, je portais cette frustration coupable, celle de n'avoir jamais pu opposer, face au refus paternel, la volonté inébranlable de me réaliser à travers la danse classique. La peur est un péché. Je le sais aujourd'hui. Depuis le mois d'octobre 1951, durant mes heures de liberté, je travaillais la danse avec acharnement, à l'école russe de Nina Tikanova. Intelligemment, elle me fit comprendre que seul le plaisir de bien danser devait me combler. Sa figure ronde aux pommettes hautes, ses yeux bleus étirés vers les tempes exprimaient tant de joie, de passion, même lorsqu'elle nous montrait un enchaînement, que je finissais par retenir, humblement, l'essentiel. M. Clovis, le vieux pianiste au regard fou et triste, arrivait, ponctuel, vêtu de son éternel costume noir. Ses cheveux blancs, trop longs sur les épaules, se mêlaient aux poils de sa barbe bien taillée. Fort cérémonieusement, il nous saluait les unes après les autres et s'asseyait devant le clavier. Sachant combien j'aimais ce ballet, il accompagnait les exercices à la barre en interprétant toutes les mélodies du *Lac des cygnes* de Tchaïkovski. Dès les premières mesures sur les « pliés », il me regardait avec attendrissement. Cette musique choisie m'était dédiée. Je ne pensais qu'arabesques, attitudes, fouettés, déboulés, pirouettes. Je vivais un rêve.

La première fois, je l'aperçus à la fête costumée des Mulhstein. Il revint souvent à la maison avec sa mère Caroline Naar, une amie de maman. Des cheveux blond vénitien s'enroulaient en boucles rebelles sur son front élevé. Un nez aquilin, la découpe de ses mâchoires renforçaient l'impression volontaire de son regard doré. Cette tension posée sur son visage masquait une sensibilité très romantique le faisant ressembler à Musset.

Cyril avait mon âge, né en juillet, moi en septembre. Il m'offrit le royaume de la musique, la poésie, le rêve. Son affection me donna le sentiment d'exister et d'appartenir à un homme. Je lui apportais la mer, une foi innocente, la tendresse, l'espoir et la fidélité. Ce fut mon premier amour. J'ai tourné les pages avec délicatesse, pour ne point les abîmer. Quoi de plus fragile, de moins destructible qu'une passion platonique.

Cyril et moi, nous avions fait peu à peu connaissance. A l'insu de tous, notre vie scolaire nous permettait de nous voir souvent. Nous préparions ensemble les dissertations philosophiques. Conseillés par Jean d'Ormesson, qui en quelques phrases concevait le plan; l'introduction, la conclusion s'imposaient naturellement. Il ne nous restait qu'à disserter.

L'explication d'un problème de physique fut le prétexte d'un premier baiser. Mes lunettes basculèrent sur mon nez, tombèrent à terre. L'émotion empourpra ma figure. Je perdis toute contenance. Un fou rire attendri remit un peu d'ordre, je ne pouvais résister à cette joie intense.

Jour après jour, Cyril m'apprivoisa. Jeune amoureuse, j'apprenais le langage de l'amour. Telle une aveugle recouvrant la vue, je m'émerveillais davantage à chaque rencontre. Regarder son visage sans mot dire pour l'imprimer sur le mien, contourner lentement avec l'index le dessin de ses traits, les fixant à jamais; prendre sa main, en suivre les lignes mystérieuses, le graphisme des veines sous leur transparence bleutée. Tout était si inexpérimenté, enchanteur. Le moindre geste, une infime caresse, un simple mot portaient en eux une puissance mystérieuse.

Des images de lumière succédaient aux vagues de plaisir. Notre soif de l'autre ne s'apaisait jamais. Nos silences me donnaient le vertige. Leur densité, l'imperceptible frémissement perçu entre nous ne faisaient que renforcer le trouble de nos étreintes pudiques. Les enchantements se diversifiaient au cours de nos découvertes. La musique devint notre fil d'Ariane, nos tête-à-tête notre royaume. Chaque fois que Cyril allait à l'Opéra-Comique, il m'emmenait. Nous partions en métro. Debout, l'un contre l'autre, coincés au milieu d'une masse vivante et brutale, nous nous sentions seuls au monde, comme dans les chansons d'amour. Partager les mêmes impressions, ressentir des vibrations semblables, se retrouver partout et toujours tenait du miracle. Durant ces années d'émerveillement, je vécus l'attente fébrile des rendez-vous, en découvris l'impatience douloureuse. Aux déferlements de joie accompagnés de palpitations folles succédait l'apaisement des retrouvailles durant lequel le cœur semble s'arrêter de battre. Nous nous adressions une lettre chaque jour. En fin de journée, nous échangions notre correspondance sur le quai de la station Etoile, le temps du passage d'une rame et d'un long regard. Nous devions attendre la fin de la semaine pour rester ensemble, car je redoublais mon année de philosophie au cours de la Madeleine, Cyril la préparait au lycée Henri-IV. Par prudence je conservais peu de temps ces précieuses missives et je les renvoyais dans son courrier. Un jour, je reçus un conte merveilleusement écrit racontant la belle histoire des amours de « Fabrice et Pleure », deux enfants vivant près de la mer. La couverture était constellée d'étoiles, le papier gris perle, l'encre verte. Je le relisais chaque soir pour combler l'absence.

Cyril demeurait 174, rue de l'Université dans un petit appartement obscur avec sa mère, partageant la chambre de son frère aîné Wilfried, un être secret, passionné de bibliophilie, rarement présent.

A mes yeux, Mme Naar symbolisait la gaieté, me rappelant tante Odette par son appétit de vivre. Comme elle, la vie lui paraissait la plus belle chose au monde. Sa vivacité d'esprit, sa générosité du cœur allaient de pair. Les dimanches nous nous retrouvions à déjeuner chez Gérard Bauer, ami fidèle de Caroline. Chroniqueur au *Figaro*, il habitait un rez-de-chaussée sur le Champ-de-Mars, sorte de cabinet de l'amateur du XVIIIe siècle. Cet homme charmant, d'une grande délicatesse de cœur, parlait avec une voix feutrée et atone, comme François Mauriac. Sa culture et sa courtoisie teintée d'humour diffusaient un charme exquis au long de ces calmes après-midi. La mère de Cyril, pétulante de drôlerie, le taquinait gentiment sur sa pudeur sereine, son calme imperturbable. Nous n'étions pas les seuls habitués à ces repas dominicaux. Arthur Rubinstein et sa femme venaient nous rejoindre lorsqu'il rentrait à Paris, après ses tournées à travers les capitales du monde. Très gourmet, il appréciait la célèbre brioche dorée arrosée d'un coulis de framboises. Après le café, il se mettait au piano, nous jouant les romances « portenas », des milongas, des tangos, entendus à Buenos Aires, ville dans laquelle il séjourna longuement. D'humeur fringante, Arthur Rubinstein possédait un grand don d'imitateur, il riait de ses plaisanteries tel un enfant indiscipliné. Fort coquet, il passait sans cesse ses doigts effilés le long de sa chevelure bouclée à peine grisonnante. Ce geste de dandy se renouvelait chaque fois qu'il mettait son feutre avant de sortir.

Si le temps était beau, Cyril et moi nous nous promenions sur les quais depuis le pont de l'Alma jusqu'à Notre-Dame. Cette voie plantée de beaux arbres solitaires guidait nos pas tranquilles le long de l'eau grise tremblante de mille facettes. Quelques pêcheurs, l'air rêveur, surveillaient du coin de l'œil le bouchon strié de rouge. Des promeneurs lançaient une balle à un petit garçon en culottes courtes. Un chien passait en zigzaguant la queue droite, des petits vieux lézardaient au soleil assis sur un banc. Paris prenait le temps de vivre, nulle auto ne troublait la quiétude de la Seine porteuse de messages chuchotés au creux de l'oreille, gardienne de nos secrets. Parfois, nous remontions le boulevard Saint-Michel à la rencontre du meilleur ami de Cyril, Henri Cachin, le petit-fils de Marcel. Très brun, ses traits semblaient dessinés par un sculpteur de l'école d'Athènes, bien que ses cheveux noirs soient coupés très courts, son regard me rappelait les yeux de l'aurige de Delphes.

Ils partageaient les mêmes passions, le jazz en particulier. Tous deux collectionnaient les disques du Modern Jazz Quartet et jouaient dans la même formation. Henri à la clarinette, Cyril à la batterie. Les poètes surréalistes, Charles Baudelaire, Verlaine parfois, demeuraient les sujets favoris de leurs conversations. Assis à la terrasse de Capoulade ou de Dupont, ils discutaient des heures. J'écoutais silencieusement. Je n'osais trop y participer, mes lacunes en littérature me paraissant encore trop évidentes. Tant d'œuvres restaient à découvrir. A peine rentrée chez moi, je lisais les poèmes méconnus, les textes évoqués.

Un seul point de divergence m'opposait à Cyril, la pratique de la religion catholique et la foi. Comme la plupart des garçons il les avait rejetées depuis longtemps. J'essayais de les vivre le mieux possible et d'expliquer l'essentiel de mes croyances. Un soir, en écoutant le second mouvement de la *Septième Symphonie* de Beethoven, je lui racontai dans une lettre la Passion du Christ, sa signification. Je n'eus pas de réponse à ce sujet. Son indifférence me désespéra.

A quelque temps de là, nous partîmes pour Marsan passer les vacances de Pâques. Nous formions toute une bande de filles et de garçons, dont Cyril. La semaine sainte se déroula, ensevelie sous son cortège de mauvais temps, d'heures consacrées aux cérémonies religieuses. Durant ces jours de recueillement, je vis peu Cyril, mais ne cessais de penser à lui. Sa venue me comblait au-delà de tout souhait.

Le dimanche de la Résurrection, je chantais avec ma mère près de l'harmonium placé sur la tribune au fond de la nef. Nous dominions toute l'assemblée. Selon la coutume, les femmes se rendirent les premières à la table de communion, puis ce furent les hommes. A ma stupeur, je vis Cyril se joindre à cette grave procession. Une vague d'allégresse me cloua au sol. J'admirais, profondément respectueuse, la discrétion, le silence dont il accompagna cette décision. Je tremblais de tous mes membres, refoulant des larmes de joie. Par quels méandres chemine la pensée, où se place l'intervention divine? Le cœur exultant d'une reconnaissance infinie, je psalmodiais le « *Resurexit sicum dixit*, *Alleluia* » avec une force insoupçonnée.

Le bonheur m'habitait, me donnait des ailes.

Ce fut peut-être un des plus beaux jours de ma vie.

Lorsque nous demeurions séparés l'un de l'autre, je retrouvais l'attitude pudique de l'attente, pratiquée inconsciemment depuis toujours, guettant un signe répondant à mon inquiétude, l'arrivée d'un visiteur porteur de nouvelles. Je regagnais avec sérénité mes innombrables postes de vigie, dissimulés secrètement sur les lieux chéris de mon enfance. A Marsan, sur les marches du perron, en haut du clocher de l'église de Lahitte, assise sur un banc de pierre près d'une fenêtre à meneaux, à l'intérieur de la cabane de pêcheurs face à la baie de la Noéveillard. J'aimais tant ce silence intérieur suspendu au temps qui passe, la beauté des divers paysages offerts à ma rêverie. A Paris, j'allais parfois au bal et sortais dîner et danser avec lui. Mondanité oblige! Avant de partir, je m'habillais de notre amour devenant invincible, transparente sous le regard des autres garçons. Cyril m'avait révélée. J'étais belle, forte, intouchable. Près de lui, je recevais en plein visage cet éblouissement du premier jour, celui de l'aveu silencieux, cet émerveillement sans cesse renouvelé. J'en gardais l'éclat tel un bouclier.

Malheureusement, je ratai de quelques points mon écrit de philosophie. Les nuages de l'irrémédiable commençaient à se rassembler subrepticement au-dessus de nos têtes insouciantes.

Je pressentais que l'amour d'un homme et d'une femme permettait d'atteindre une perfection fulgurante, la véritable connaissance de l'être aimé, leurs corps se fondant l'un dans l'autre à travers la volupté. A cette époque, la virginité n'obéissait pas seulement à des principes moraux ou religieux. Ce renoncement symbolisait la parcelle de dignité, celle qu'une jeune fille gardait précieusement. Elle en faisait don à l'homme choisi librement, pour partager sa vie.

Peu à peu je me sentis peu sûre de moi et de la pérennité de cet amour face aux exigences de la classe sociale à laquelle j'appartenais. Mon père considérait d'un œil narquois la présence de Cyril à Marsan, ils s'affrontaient souvent dans leurs conversations. La politesse de l'un envers l'autre effaçait toute discorde, mais sournoisement un certain décalage s'immisçait entre l'autorité paternelle et la fragilité de ce jeune homme sans profession ni titre. Cette réalité devint une évidence me contraignant à l'abnégation silencieuse. Tout me poussait à subir cette fatalité. Un soir, sans s'y arrêter, mon père me fit comprendre que je ne pouvais épouser un israélite! Il valait mieux choisir un garçon du même milieu et dès maintenant fréquenter d'autres jeunes gens. Je ne comprenais pas cette mise en garde, l'antisémitisme inconnu, méprisé dans notre famille restait un prétexte. Ces paroles firent glisser un étau glacé le long de ma gorge, enserrant ma poitrine jusqu'à l'étouffement. Je me révoltai sans toutefois m'opposer avec force à cet interdit et repoussai lâchement toute rébellion.

Vivant nos rencontres comme un sursis au jour le jour, notre idylle se colorait dorénavant d'éphémère. Ma passion, imperceptiblement, prenait les teintes de l'automne. Je savais que le mot fin menaçait implacablement notre amour, mais n'en disais mot. Je le vivais d'autant plus intensément. Vinrent les jours des épreuves écrites. En dissertation philosophique, je choisis le sujet sur la Liberté, ce thème me plaisait particulièrement. J'obtins quinze sur vingt et la même note à l'oral qui se passa sans encombre. Je fus enfin reçue, Cyril échoua. Comme prévu, je rentrai au lycée Pasteur de Neuilly préparer hypokkâgne. Son échec accéléra notre séparation. Nos routes divergeaient. Nous nous retrouvions avec une sorte de malaise. Le temps semait ses embûches, notre horaire différait, compliquait nos rencontres. Je me grisais d'une certaine indépendance.

Les pages du livre tournent en accéléré... Les années passèrent. L'histoire de cet amour s'acheva. Cyril partit faire le tour du monde. En son absence, je coupai mes longs cheveux à ras, malgré son interdit, tranchant par ce geste irrémédiable les dernières amarres me retenant au rêve inachevé. En échange de cet adieu, sa mère me rapporta toutes mes lettres adressées à Cyril. Il gardait les siennes.

A l'automne 1952, j'allais avoir dix-huit ans le 16 septembre. Contrairement aux habitudes, je n'irais pas à Marsan où je fêtais traditionnellement mon anniversaire.

En effet, je présentais le concours d'entrée à l'école d'interprètes de la Sorbonne et devais me rendre fréquemment à Paris. Tante Andrée de Vilmorin demanda à sa belle-sœur de m'accueillir pour que je puisse étudier au calme près de la capitale. Je partis pour Verrières-le-Buisson.

Je garde un souvenir émerveillé de mon séjour. Vivre au côté de Louise de Vilmorin fut un enchantement. Dès la première rencontre, tout le monde succombait au charme de ses multiples facettes. Cette fascination provenait de l'effet de surprise par lequel cet être si talentueux se présentait à vous. L'inattendu, l'insoupçonné remplaçaient au dernier instant l'impression, l'émoi reçus l'espace d'un soupir.

Célèbre par la beauté de ses traits, cette femme m'attendrissait par sa fragilité et sa grâce plus féminines encore. Était-ce à cause de sa claudication qu'elle excusait si joliment, « Je fais la révérence à chaque pas », ou bien une certaine nonchalance accompagnant chacun de ses gestes. J'admirais le jeu subtil de ses mains tour à tour posées comme des ailes à la naissance de son cou ou tapotant du bout des doigts le creux de sa joue pour attirer votre attention sur un moment important de son discours. Durant ses jeux de patience, elle maniait les cartes avec élégance, les déposant une à une telle une offrande muette, une interrogation sur le tapis de la table à jeu ou un plateau en acajou.

Sa personnalité aurait pu devenir envahissante tant son appréhension des êtres la poussait à vous séduire. Cette séduction inévitable pouvait cependant se teinter d'extrême délicatesse, voire de pudeur. Personne ne lui résistait, moi moins que quiconque.

Louise incarnait l'ensorcellement, le mystère féminin. Ses yeux d'un bleu transparent cerclés de noir distillaient une force intense, filtrée par instants d'une sorte de pureté. Notre rencontre eut lieu l'après-midi dans le petit salon bleu. Prenant appui sur un vaste guéridon couvert de feuilles éparses, elle s'appliquait à recopier un texte de son écriture, joliment dessinée, à l'encre noire. Des fenêtres basses, je vis la pelouse s'étirer nonchalante en un vaste arrondi au sommet du parc, puis se fondre dans le mystère de l'imposante allée de platanes. Un cèdre y étendait ses longues branches. Elles semblaient caresser par le mouvcment d'éventail de leurs aiguilles courtes et bleues l'herbe fraîchement tondue.

Son accueil, empreint d'un enthousiasme sincère, fit disparaître mes craintes. Je redoutais de bousculer l'ordonnance parfaite de son temps, consacré à l'écriture. Me précédant lentement le long des marches de l'escalier en bois, Louise m'accompagna au premier étage et me conduisit à la « chambre de la cloche », préparée à mon attention. L'harmonie des proportions, la gaieté de la tenture et la blancheur du couvre-lit en accentuaient l'attrait romantique.

La croisée s'ouvrait sur une image semblable à celle du rez-de-chaussée avec, peut-être, plus de perspective et de recul propices à la rêverie. La pensée de vivre seule au milieu de ce petit appartement arrangé avec un goût exquis me comblait de joie. Je ressentais la présence de chaque tableau, l'importance du moindre objet, leur sortilège, je me laissais séduire par la beauté ambiante.

Les draps de batiste étaient imprimés de trèfles bleus. Louise les avait dessinés pour son fournisseur M. Porthault. Cette maîtresse de maison incomparable aimait ranger soigneusement le beau linge au fond des armoires et glisser des sachets de lavande entre les piles. Un vaste bureau face au mur se tenait prêt à recevoir mes livres et polycopiés. Dans la salle de bains confortable, de hauts miroirs reflétaient le charme des années 1900 : grand lavabo de porcelaine blanche, baignoire profonde soutenue par des pattes de lion, porte-serviettes en bois naturel. Jusqu'alors je n'avais jamais utilisé de linge si raffiné. Enfouir mon corps mouillé sous les plis moelleux d'un large peignoir de bain, essuyer ma figure avec une toile si légère, le moindre geste procurait un réel plaisir.

De ravissants bouquets multicolores placés çà et là me donnèrent l'impression d'être attendue et fêtée. Ce sentiment de cadeaux permanents m'accompagna chaque jour. J'en étais infiniment touchée.

A cette époque de fin de vacances, la maison de Verrières demeurait quasiment inhabitée. Oncle André venait nous rejoindre les week-ends, tante Andrée, leurs deux fils Philippe-André et Joseph restant à Marsan. Elle viendrait nous retrouver plus tard. Roger, un des frères, faisait de courtes apparitions ponctuées par une brassée de roses cueillies à mon intention à la rosée du matin. J'y plongeais le nez, sentant contre ma joue la douceur des pétales et leur parfum enivrant.

Durant la semaine, Louise et moi restions seules, assidues à notre table de travail. Seul un invité, un de ses admirateurs, demeura quelque temps à nos côtés. Je n'en crus pas mes yeux en voyant un soir Orson Welles assis sur un des canapés du salon bleu « pour de vrai », comme disent les enfants en racontant une histoire extraordinaire. Je me souvenais de lui dans *Citizen Kane* et fus stupéfaite par sa prestance encombrante, la résonance de sa voix. Son regard pénétrant d'intelligence me semblait insoutenable. Je finissais par baisser les yeux pour chasser cette inquisition continue et transperçante. Tout en lui paraissait démesuré : sa taille, il lui fallait un très vaste siège, voire un canapé à deux places pour être confortable. Son appétit d'ogre, les repas préparés par Yole, la gouvernante de Louise, n'y suffisaient pas. Le géant appréciait les bons crus par bouteilles entières. Son énorme rire éclatait scandaleusement sur les boiseries XVIIIe et la symphonie bleutée des pièces où nous nous retrouvions rituellement tous les trois.

Il m'accueillait imperturbable, les yeux fendus, énigmatiques, avec un « *hello beautiful cat* » retentissant qui me faisait rougir. Ce qui m'impressionna le plus chez lui furent la qualité et l'étendue de sa culture. En outre, il s'exprimait dans notre langue comme le plus expert des puristes. Après le dîner, oncle André et lui s'entretenaient longuement. La conversation rebondissait, suscitée par les associations d'idées les plus imprévues sur des sujets divers et érudits. Orson étonnait l'assemblée par ses connaissances. Son génie s'accompagnait toujours, malgré une supériorité certaine, de la courtoisie d'un homme perspicace.

Mon emploi du temps s'accordait à celui de Louise. Durant la journée, je ne sortais pas de ma chambre, plongée dans mes révisions jusqu'aux heures des repas, transformées en récréations. Sonné l'heure de midi, j'allais frapper à ses appartements après avoir écarté une porte molletonnée de drap vert foncé, la protégeant des bruits familiers. Au centre du panneau, je pouvais suivre d'un doigt les clous dorés dessinant son emblème, un trèfle dont la queue se terminait par un L. Généralement, Louise se trouvait à l'intérieur d'un minuscule bureau au décor néo-gothique, sorte d'antichambre menant à la salle de bains. Assise devant son secrétaire de bois clair, elle écrivait avec une plume taillée dans les ailes basses des paons de « Fourcques », la propriété de son ami Jean Hugo, aux environs de Lunel.

J'entends encore ce grattement appliqué et rythmé sur la feuille d'un papier assez épais. Sa main trempait avec application la pointe carrée au fond d'un encrier empli d'encre noire. Ce geste simple s'accompagnait d'une grâce infinie prolongée par les plumes grises coupées en biseau.

Le matin elle s'habillait sans recherche d'une chemise et d'une jupe-tablier en coton dans les bleus, les pieds chaussés d'espadrilles. Son chignon, maintenu en souplesse par deux peignes sur sa nuque, accentuait la délicatesse de son port de tête. Ses longues mains s'ornaient de quelques bagues, dont une portée sur la première phalange d'un doigt.

Pressentant ma curiosité candide, Louise me laissait visiter inlassablement son appartement. Chaque jour, je retrouvais le lit à colonnes dont la sombre rigidité supportait des draperies mouvantes. Un désordre d'une exquise féminité bousculait encore l'organisation raffinée de la chambre. Il me semblait ressentir, entendre à travers les objets, le rêve et l'harmonie de ses poèmes. Éphémère beauté du moment, échange d'un sourire suivi d'un regard, joie fugitive des retrouvailles, mélancolie du départ, le cours d'une vie entière se trouvait resserré entre ces murs, offert à mes yeux discrets. Je restais là, secrètement bouleversée. J'aimais tendrement Louise pour tout ce qui n'était pas dit, simplement suggéré.

Nous déjeunions rapidement sur une petite table dressée près d'une des fenêtres de l'immense salle à manger. Dans toute la longueur du rez-de-chaussée, les ouvertures se suivaient sur les deux façades. La lumière s'y promenait tout le jour, escortant la marche du soleil. Son intensité prêtait une couleur, un mouvement différent aux objets selon les heures. Même pour ces repas sans apparat, la table se dressait aussi joliment que pour un jour de fête. Assiettes de faïence blanche de Quimper bordées d'une guirlande de feuilles bleues. Sur le fond s'inscrivait, calligraphié dans le même ton, le nom de Verrières, ainsi que sur les verres à pied en cristal taillé. Sur la nappe blanche amidonnée, entourant un bouquet différent selon la saison, les fidèles bibelots d'argent attendaient : quatre petits ânes portant des bâts remplis de sel, les poivriers en ivoire, des singes accroupis tenant un tonnelet-moutardier, les écrevisses porteuses de cigarettes, les oiseaux dont la tête renversée laissait glisser le sucre en poudre. Quotidiennement on utilisait les couverts d'argenterie russe, ancienne, des timbales en argent niellé pour l'eau, de grandes aiguières de cristal ciselé à tête d'aigle pour servir le vin.

Louise ne pouvait vivre sans le cortège de ses objets préférés, choisis avec passion, goût partagé avec son frère André. Tels des personnages familiers, ils participaient à son univers quotidien. Dès son entrée au salon, elle pouvait admirer sa collection de statuettes russes en bronze doré montées sur socle de malachite, les oiseaux en argent accrochés à leur perchoir et contempler silencieusement l'ours.

En flânant le long du faubourg Saint-Honoré, Louise l'avait aperçu chez l'orfèvre M. Kugel et aussitôt en avait conçu un amour fou. Sculpté dans le vermeil, il se tenait dressé sur les pattes arrière et semblait danser, entraîné par sa pesanteur dans un lent mouvement non dépourvu de grâce. Une muselière enserrait son mufle, il saluait les badauds de ses pattes avant.

« Ma bobine (surnom qu'elle m'avait rapidement donné), imagine mon émoi. Je voulais cet ours à tout prix! Je n'en dormais plus, ne pensant qu'à lui! Hélas! me dit-elle, ses longs doigts posés sur ma joue, le prix en était si élevé! Une idée subite me vint. Je me rappelai le contenu de ma cassette, tu sais, mes pièces d'or gardées précieusement pour aider mes filles ou un membre de ma famille en cas de besoin! Je pourrais en prélever une partie? Les cours de l'or consultés sur *Le*

Figaro du jour, je fis la multiplication. Au téléphone, je demandai au marchand de me céder l'objet à un prix raisonnable, puisque je l'achetais en monnaies trébuchantes et sonnantes! A mon grand soulagement, il consentit. Je partis sur-le-champ, la bourse enfouie dans mon sac à main. Avec un plaisir infini, j'alignai les pièces d'or en petits tas sur sa table. Il me tendit l'ours. Folle de joie, je le serrai contre mon cœur. Nous partîmes tous deux pour Verrières. Regarde comme il est beau! »

Je m'émerveillais de l'entendre raconter cette jolie histoire, d'autant plus touchée qu'elle évoquait toujours avec respect l'invention et le travail de l'artisan, ajoutant que les objets s'imprègnent de l'âme de leur créateur et des sentiments des divers acheteurs.

Louise m'assurait avec un certain recueillement qu'un bibelot, une œuvre d'art ne mouraient jamais, toujours désirés, achetés après un coup de cœur ou une rencontre irrésistible.

Entre sa maison et les « ailes », ces divers bâtiments dans lesquels habitaient ses trois frères et leurs familles, se trouvait un vaste vestibule; les murs se couvraient de hautes bibliothèques vitrées renfermant un amoncellement de bibelots et d'objets de toutes sortes. Parfois Louise s'amusait à les retrouver, et elle les caressait avec une joie réelle; après en avoir choisi quelques-uns, elle les mettait en évidence sur les meubles, à la place des autres. Ceux-ci seraient abandonnés pour un certain temps à l'oubli des vitrines closes. A chaque départ en voyage, elle rassemblait tous les bibelots de sa chambre sur une commode pour qu'en son absence ils ne puissent souffrir de solitude.

L'heure précédant le dîner devenait pour moi le moment préféré passé à ses côtés, instants privilégiés durant lesquels l'écrivain se « faisait belle », suivant toute une mise en scène. Après avoir pris son bain parfumé, elle m'autorisait à pénétrer dans le cabinet de toilette. Je m'asseyais entre la fenêtre et le lavabo, sur une banquette recouverte au petit point, élégant subterfuge pour dissimuler les cabinets.

De ce coin, je pouvais observer les allées et venues de Yole, la femme de chambre attentive aux désirs de sa maîtresse. Au fond de l'alcôve, la baignoire se reflétait sur un miroir, son eau attiédie distillait encore à travers la pièce les senteurs vaporeuses du bain. Louise choisissait sa tenue, invariablement une jupe-tablier en soie brochée nouée sur le devant, accompagnée selon l'humeur du temps d'une veste hongroise courte à boutons d'argent ou d'un tricot noir très décolleté; pour les grands dîners, elle préférait une jolie blouse cache-cœur. Des chaussures habillées à talons bobines de chez Roger Vivier complétaient sa tenue.

J'aimais follement ses souliers précieux. Assise devant sa coiffeuse elle interrogeait son miroir à trois faces; ce meuble en bois foncé me fascinait. Il comportait de nombreux tiroirs au fond desquels se trouvaient ses fards et ses bijoux; deux bougeoirs-appliques éclairaient les côtés.

La lumière du crépuscule accordait à ce cérémonial intime une poésie extrême. Je ne résistais pas à changer de place pour me tenir derrière elle, attirée par sa beauté, magiquement multipliée; ses deux profils parfaitement dessinés encadraient son beau visage, tel un songe. Je suivais, captivée, le rite immuable de ses gestes. A ce moment précis entrait Tom Fabre, un familier.

Fort séduisant, il s'asseyait à ma place délaissée et lui faisait la conversation. Arrivant de Paris, il nous racontait les événements du jour. Tout en l'écoutant et en lui répondant, Louise se coiffait. Elle remontait ses cheveux avec deux peignes cachés par des nœuds de velours noir, posait un léger fard pour ombrer ses paupières, du rouge à lèvres brillant. Un nuage de poudre déposé délicatement sur sa figure avec une houpette en cygne, elle se parfumait derrière les oreilles, à la naissance du cou et sur les poignets. Ses longues mains accomplissaient le rituel du maquillage selon une grâce ineffable, à notre émerveillement pudique quelques touches suffisaient à rehausser l'harmonie de ses traits. Il ne manquait que les bijoux. Un collier de chien du joaillier Boivin dont les pendeloques en saphir et or soulignaient la finesse de son cou, des boucles d'oreilles en forme de cœur retenues par un minuscule nœud et ses bagues. Elle en portait à tous les doigts. Après un ultime regard sur la glace, comme pour se rassurer, Louise se levait enfin prête, parée pour aller dîner. Nous la suivions un peu en retrait, admiratifs et ravis.

Après dîner, devant une assistance peu nombreuse, toujours en présence de mon oncle André, son confident privilégié, elle nous lisait le dernier chapitre de son roman, l'ultime poème. Les critiques, les conseils de son frère préféré lui apportaient le soutien, l'aide nécessaires à sa création. Cette confiance illimitée me touchait profondément. L'entendre lire, dire ses poésies me comblait de joie. La voix grave et juste restait en suspens à l'instant le plus poétique ou le plus tragique. « Alors? » s'écriait l'assistance impatiente de connaître la suite! Le succès semblait certain.

Louise opérait ainsi lorsqu'elle composait un poème ou écrivait un nouveau roman. Nos exclamations enthousiastes la rassuraient et l'encourageaient.

Au fil de ces jours, j'appris la modestie. Pour Louise, cette femme comblée de tant de dons, rien n'était acquis, tout se méritait après la réflexion et le travail quotidien. Le dimanche, Verrières ouvrait ses portes, la dame de ces lieux sortait de son isolement pour recevoir ses amis. Je me souviens des déjeuners où nous nous retrouvions nombreux autour des tables de la salle à manger.

Je revois les visages : Yvette Chauviré, Alexandre Astruc, Sacha de Manziarly, Raymond Rouleau et sa femme, Georges Van Parys, René Clair et Brognia, son épouse.

Parmi eux, certains étaient d'une grande fidélité. Ils restaient le soir à dîner et venaient fréquemment à l'improviste. Ainsi, je me rappelle des soirées merveilleuses au long desquelles le temps semblait s'arrêter, faisant place à la poésie, la création, aux confrontations artistiques.

Van Parys assis au piano interprétait un pot-pourri de ses mélodies avec une virtuosité et une aisance emplies de charme. Sa mémoire me surprenait, car non seulement il se rappelait ses propres compositions les plus lointaines dans le temps, mais même celles des autres compositeurs.

René Clair nous entretenait du scénario de son prochain film *Les Grandes Manœuvres*. Louise l'interrompait avec passion : « Mais non, René, lorsque l'officier (Gérard Philipe) quitte la ville au petit matin suivi par son régiment, sa belle (Danièle Darrieux), le cœur serré, entrouvre pudiquement le volet pour lui adresser un dernier regard, un baiser glissé au bout des doigts. A ce moment-là, s'appuyant sur la croupe de son cheval, il se retourne vers la maison, espérant l'apercevoir encore un instant. Je t'assure, ajouta-t-elle en posant ses doigts effilés sur sa poitrine, un adieu se passe ainsi ! »

Discrètement assise dans un coin du salon bleu, j'observais, j'écoutais, imprimant à jamais au fond de ma mémoire ces instants précieux. Je découvrais le caractère, la personnalité, les passions de ces hommes et de ces femmes qui allaient plus ou moins marquer de leurs œuvres les générations successives. Je vivais aux côtés de gens célèbres, privilège insensé dont me gratifiaient Louise, oncle André et leurs amis. Parfois nous chantions toutes les deux à la guitare de vieilles romances. Enhardie par la gentillesse de l'assemblée, encouragée par Roland Petit et Zizi Jeanmaire, j'osais improviser quelques pas de danse. Je poursuivais mon rêve éveillé.

Le soir de mon anniversaire, on me pria de rester dans ma chambre. Louise vint me chercher pour dîner. Nous serions quatre avec Orson Welles et Tom Fabre.

Seules les bougies des candélabres projetaient leur lueur dorée autour de la salle à manger. Du vin de Champagne emplissait les flûtes, pointillées de bulles ininterrompues. Une pile de paquets verts, agrémentés de bolduc rouge, m'attendait. Mon cœur battait sur un air de fête. Je défis les emballages fébrilement, un à un. Chaque fois, l'allégresse succédait à l'effet de surprise. Je ne pouvais espérer de cadeaux aussi divers ni plus jolis. Ma Louise les avait choisis avec tant d'exquise affection, voulant réellement me faire plaisir : de longues bobines anciennes en bois, une jupe-tablier en soie vert pâle et jaune, sur laquelle se dessinait un paysage chinois, une paire de souliers identiques aux siens, un cache-cœur de jersey noir se nouant sur le côté, et une paire de longs pendants d'oreilles ! Je fus émerveillée. Imaginez des petites feuilles de vigne vierge en émail, laissant échapper des grappes de perles rouges et leurs pampres dorés. Je les sentis tintinnabuler le long de mon cou. Je rougis d'un bonheur confus, comblée au-delà de tout désir.

Avant de nous retirer au salon, Louise m'entraîna à l'angle d'une des fenêtres, encore imprégnée des couleurs du couchant. Me prenant les mains, cette femme encore éblouissante prononça ces quelques mots : « Ma Bobine chérie, tu es très belle ! Mais n'oublie jamais, ta vie durant, qu'il y aura toujours une fille plus belle que toi ! » En me serrant contre son cœur, elle m'embrassa tendrement.

Cette phrase pleine de sagesse, entendue le jour de mes dix-huit ans, devint mon bouclier toujours et partout. Je lui fus, je lui suis toujours reconnaissante.

Durant cet été inoubliable passé à Verrières, Louise me permit d'inviter des amis.

Elle s'intéressait à notre génération, celle de ses nombreux neveux et nièces : Nicolas, Jean-Baptiste, Sophie et Laurent, pour ne citer que les aînés, tous fort gais, cultivés, gratifiés des dons et qualités « Vilmorin ». Les appels eurent peu d'écho, personne n'était rentré de vacances sauf Jean-François Deniau. Jeune inspecteur des Finances, il habitait Neuilly, côté nord, quartier plus sévère que le nôtre; Jean d'Ormesson me l'avait présenté parmi un groupe de jeunes gens plus âgés que moi de quelques années.

Ils sortaient tous des grandes écoles. Leur conversation m'intéressait plus que celle de certains « dandys » rencontrés au hasard des « rallyes de danse », oubliés l'espace d'une soirée. A leur contact je m'imaginais plus intelligente! Je découvrais les véritables sujets d'intérêt, littérature contemporaine, stratégies des hommes politiques du moment, la face cachée de l'actualité, la passion du pouvoir, les visées de leur future carrière.

Jean-François Deniau arrivait à l'improviste en fin de journée, après son travail, vêtu généralement d'un caban, vêtement qu'il ne quittait qu'en de rares occasions. Ce jeune homme frileux s'installait entre les coussins du canapé, les bras croisés sur sa poitrine, gardant en permanence une cigarette allumée entre ses lèvres. Nous bavardions des heures. La cendre s'écoulait immanquablement d'un seul morceau le long de sa veste, s'éparpillant en légères poussières grises qu'il chassait d'un revers de main.

Quelques années plus tard, je retrouverais ce geste familier chez Georges Pompidou.

L'air sérieux, le regard intense, un visage tendu, Jean-François m'apparaissait ainsi lors de nos bavardages. Nous évoquions l'avancée régulière des divisions viêt-minh, les manifestations en Allemagne de l'Est et plus simplement nos inquiétudes sentimentales. Sur une boutade, un mot d'esprit, il retrouvait sa figure d'enfant éclairée d'un large sourire. Un rire clair bousculait en plissant ses yeux malicieusement la tension soutenue de toute sa personne. Une passion commune, celle de la mer, nous rendait complices. L'entendre raconter ses croisières de navigateur solitaire me plaisait infiniment. Parfois ses visites ne duraient que l'espace d'un bonsoir amical. Souvent victime de crises de paludisme, maladie contractée en combattant en Indochine, il rentrait chez lui grelottant de fièvre. Un samedi matin, je l'accompagnai à pied avenue de Bretteville, il devait remettre un dossier à un de ses collègues, Valéry Giscard d'Estaing, qui habitait dans un immeuble de la Caisse des dépôts et consignations, à cinq minutes de la rue Cavé. Nous étions voisins sans le savoir. Je n'en avais jamais entendu parler, je connaissais pourtant très bien son cousin François. A l'issue d'autres rencontres, Valéry Giscard d'Estaing m'impressionna par son intelligence exceptionnelle alliée à une ambition non moins marquante. Cependant, je pressentais chez lui un certain handicap, une réelle fragilité. Cet homme très jeune, promu au plus haut rang de l'élite administrative, semblait vivre hors du monde, totalement méconnaître les êtres et les réalités de la vie quotidienne. Il s'étonnait avec candeur des réactions les plus naturelles du Français moyen. Il portait la cuirasse d'un pur cérébral. Il observait mais n'écoutait pas véritablement son interlocuteur. Je remarquais que ses yeux s'allongeaient comme ceux d'un Asiatique à la moindre contradiction. Souvent je me sentis examinée tel un animal étrange sous un microcope! Quelques mois plus tard, il me revit, provoquant le hasard.

Lorsque le temps était doux, Jean-François Deniau me conduisait au canal Saint-Martin. Jusqu'alors, j'avais ignoré le romantisme de cette promenade nocturne. Ce lieu insolite me rappelait le décor des films de Carné. Quelques réverbères trouaient de leur pâle clarté les tremblements d'une eau noire. Ces lumières fixes soulignaient l'architecture fragile des ponts enjambant de leurs armatures squelettiques un ciel gris fer barbouillé de lueurs roses. Fumant une cigarette, appuyés contre le parapet, nous restions silencieux, entraînés au loin par un rêve secret, l'évocation d'une absence. La masse disparate des immeubles bordait tristement les quais. Quelques morceaux de leur façade faiblement éclairés se projetaient bizarrement sur la surface mouvante. Des silhouettes frileuses passaient devant nous, indifférentes et pressées. Que venait chercher cet homme charmant et pudique à l'autre extrémité de Paris? Je ne lui posai jamais la question. J'aimais cet endroit solitaire au pouvoir évocateur et l'accompagnais avec plaisir. De la même façon, nous allions le samedi soir au concert Pacras, un théâtre sur les boulevards. L'ambiance décontractée du café-concert me déconcertait un peu. Le public, connaisseur, ne se gênait pas pour siffler les chanteurs dépourvus de talent et les renvoyer séance tenante. Depuis le parterre, j'apercevais des gars en casquette et bretelles déambulant sur le promenoir, mégot aux lèvres. Leur appréciation tombait sans indulgence aux cris féroces de : « Rideau ! Rideau ! » L'acteur s'inclinait et quittait la scène. De la même façon, les vagues d'applaudissements sonores ponctués de battements de pied saluaient les performances d'un artiste plus talentueux.

Jean-François Deniau me fit donc une visite à Verrières. Ébloui dans l'instant, il fut séduit par Louise. Ils se reconnurent en découvrant leur admiration commune pour Apollinaire, *La Chanson du mal-aimé* ralliant leur préférence. Elle ne résista pas à lui dire ces vers admirables pour lui plaire davantage. Nous demeurions tous les trois seuls au milieu de ce salon enchanté, assis sur l'« indiscret », un siège Napoléon III composé de trois fauteuils au dossier arrondi. Les heures s'écoulaient exquises, instants d'émerveillement durant lesquels le temps s'anéantissait en rêves. Un bonheur impalpable filtrait entre nos regards et la magie des mots.

Il revint souvent. On ne résistait pas au chemin menant à Verrières. Après mes journées de recluse, ces rencontres m'étaient douces, empreintes d'une amitié tranquille. Je m'apaisais au contact de cette confiance absolue et réciproque. Par contre, la venue inattendue de Valéry Giscard d'Estaing m'agaça prodigieusement. Un après-midi, à ma grande stupeur, Yole, la gouvernante, vint m'annoncer son arrivée. Il pleuvait des cordes. Sa présence à mes yeux prenait une coloration diabolique. En effet, encore à cette époque, un homme marié ne devait pas s'intéresser, même « en tout bien tout honneur », à une jeune fille. Durant toute mon adolescence, mes oreilles avaient été rebattues par ces tabous moralisateurs. Dissimulée derrière une fenêtre du salon de tante et oncle André en surplomb sur la cour, j'aperçus la longue silhouette marchant de long en large sous la voûte, abri inespéré contre les éclaboussures! La pluie crépitait sur les pavés, la gouttière crachait intempestivememt. Un décor choisi pour un mauvais mélo! En l'observant à la dérobée, je lui trouvai une réelle ressemblance avec Gary Cooper. Partagée entre un fou rire nerveux et la colère devant sa provocation, je ne désirai pas le recevoir et détestai sa détermination à vouloir me rencontrer coûte que coûte. Fallait-il refuser ce tête-à-tête. Au bout d'un quart d'heure, je ne trouvai aucune raison plausible pour l'éconduire sans paraître sotte; je descendis très lentement l'escalier. Le visage fermé j'ouvris la porte, le prévenant d'une voix sèche que notre entretien se réduirait à un quart d'heure. Le temps de mes révisions diminuait un peu plus chaque jour, la date de mes concours se rapprochant inexorablement, l'excuse devenait crédible. Je nous revois perdus au milieu de cette immense pièce, assis l'un en face de l'autre, assez éloignée pour que je puisse m'installer à l'abri de l'indifférence. La conversation s'enchaînait difficilement, se transformant en interrogatoire, la prévenue affectant une totale mauvaise foi.

Le jour tombait, la pièce devenait de plus en plus sombre. Je dus paraître ridicule, piquée sur ma chaise l'air glacial, ne répondant que par à-coups. D'instinct je me protégeai contre ce déploiement de charme et mon éventuelle faiblesse. Je mentirais en niant mon amusement. Sa visite me flattait, bien sûr, mais je rejetai la plus infime possibilité d'être séduite.

Le concours d'entrée à l'École d'interprètes eut lieu la semaine suivante. Admissible, il me restait à passer les oraux. L'examinateur me fit traduire en anglais une page du *Vieil Homme et la mer* d'Hemingway. Ceci fait, j'appris avec une joie sans borne mon acceptation à l'école. En quittant la salle, je me dirigeai vers la sortie, la tête haute, rouge de bonheur. D'un seul coup, je vis Giscard d'Estaing, assis au fond de la salle, qui avait assisté à toutes mes épreuves. Je restai clouée sur place de stupéfaction. Comment osait-il? Je refusai de rentrer avec lui à Neuilly et m'engouffrai dans le métro. Une stratégie que je pratiquai à chacune de nos rencontres tardives en rentrant de mon travail le soir. Je préférais le 43 à sa Peugeot 203, malgré les fréquentes intempéries. Nous pratiquions sans doute les mêmes horaires. Le ministère des Finances, l'École d'interprètes devaient suivre un organigramme similaire. Une explication entre nous devenait nécessaire. J'acceptai un déjeuner en sa compagnie pour mettre fin à cette poursuite enfantine. Le retrouvant bien des années plus tard, j'étais mariée, lui alors ministre des Finances, nous évoquâmes cet intermède avec humour et sympathie. Le temps d'une possible amitié prenait place.

« IL faut souffrir pour être belle ! » Phrase rituelle de Julie alors qu'elle tirait mes longs cheveux pour les remonter en chignon et les nouer sur ma nuque très solidement avec un gros-grain. Je pensais à la toilette sophistiquée des chevaux avant un concours d'attelages à Aldershot ou d'une façon plus romantique à celle de Scarlet O'Hara. Après avoir emprisonné, à l'aide de longues fourches en fer, la lourde masse sous les mailles invisibles d'un filet, elle posait sur le côté des roses de soie crème. Parfois, elle choisissait un nœud en taffetas dans le ton de la robe, le velours noir étant réservé aux dîners moins habillés. « Me faire belle » m'amusait. Je me maquillais fort peu, insistant, cependant, sur la profondeur de l'œil, la longueur des cils. Je connaissais le pouvoir du regard. Fidèlement ma Julie s'occupait de moi, me coiffant toujours, agrafant ma robe dans le dos, m'aidant à choisir mes pendants d'oreilles. Dans le miroir, je contemplais mon image pour me rassurer quelques instants, je me sentais prête à jouer mon rôle. Elle tenait à me voir partir de préférence avec un jeune homme qu'elle connaissait. Je ne compte pas le nombre de fois où elle chassa à coups de torchon, le verbe haut, les soupirants venant nous voir Véronique et moi. Elle me recommandait de ne pas oublier la clef et surtout de ne pas rentrer trop tard. Je revenais toujours à l'aube, tenant mes escarpins dorés à la main tant mes pieds me faisaient souffrir. J'aimais tellement danser.

Les bals se succédèrent au fil de ces années, tous fastueux, rivalisant par la magnificence, l'imagination du décor, la qualité des orchestres, l'abondance des buffets.

Ils ont disparu, emportant au creux des rêves une manière de vivre, un art de la fête inconcevable aujourd'hui, irréalisable à notre époque.

Le bal figurant le mieux la féerie d'un moment fut celui donné pour Eliane David-Weill par son grand-père David en son hôtel particulier à Neuilly.

Les dédales d'une grotte sombre et moussue, telles celles imaginées par Le Nôtre pour le parc de Versailles, menaient à l'immense salle illuminée, parterre scintillant sur lequel des couples, en robes longues et smokings, évoluaient semblables à la foule riante d'un carnaval vénitien. Les lambris dorés, des rangées de lustres en fleurs reliés par des guirlandes de feuillages se reflétaient sans fin sur d'immenses miroirs richement encadrés.

L'éclairage perpétué par des centaines de bougies magnifiait l'enchantement du spectacle, le beau visage des jeunes filles.

Elles virevoltaient, déployant des volants de tulle, cascades de dentelle, voiles d'organdi blanc comme les belles de Winterhalter ou de James Tissot.

Deux orchestres se succédèrent toute la nuit durant, Raoul et ses musiciens cubains déchaînèrent l'enthousiasme. Que dire de la somptuosité des buffets dressés comme au XVIIIe siècle, mêlant avec un art suprême les porcelaines les plus fines, l'argenterie aux bouquets prodigieux et féeriques dans leur composition, les pièces montées à l'alignement parfait des canapés, aux couleurs pastel et glacées des fruits déguisés, l'effervescence du champagne rosé aux douceurs apaisantes de l'orangeade et de la cerisette!

Des œufs brouillés, de minuscules saucisses grillées, du chocolat chaud accompagné de brioches dodues réconfortaient les danseurs infatigables dont je faisais partie.

Mai 1953. Londres resplendissait sous la féerie d'un printemps d'une rare exubérance. Je n'avais jamais vu une telle profusion d'arbres en fleurs, explosion de narcisses, tulipes, jacinthes éclos au milieu des jardins. Le moindre enclos autour des maisons anodines, les parcs publics, les squares, chaque parcelle de terre participait à la fête. Le temps merveilleusement ensoleillé accentuait l'euphorie de cette splendeur éphémère.

Je ressentais cet enthousiasme ambiant d'autant plus fortement que j'arrivais en Angleterre pour être présentée à la reine Elisabeth II avec cinq autres jeunes filles françaises. Mme Massigli, femme de l'ambassadeur de France, nous avait choisies en considération des titres et rang de nos familles respectives.

Je vivais cet événement plutôt en spectatrice, poussée par mon plaisir de la découverte, mais aussi comme un cadeau. Papa m'accompagnait, nous étions à nouveau ensemble, heureux, seuls au sein de cette ville en fête. Ce privilège du tête-à-tête me procurait un réel bonheur. Je vécus fébrilement ces quelques jours précédant la présentation à Buckingham Palace, allant de cocktails en bals, de visites de musées aux spectacles!

La veille du grand jour, Mme Massigli nous réunit à l'ambassade pour répéter le déroulement de la cérémonie et la fameuse révérence : trois pas de côté, une profonde génuflexion en courbant la tête. Je n'eus aucune difficulté à m'exécuter, me pliant si souvent à ce salut respectueux à la fin de chaque cours de danse de Nina Tikanova.

Le 4 mai, en début d'après-midi, commença l'attente interminable.

Assise confortablement au fond de la limousine de l'ambassade, j'observais la longue file brillante des Bentley, Jaguar, Rolls-Royce. Elles se succédaient lentement à l'entrée des grilles du palais, les moteurs ronronnaient délicieusement dans un murmure de mécanique bien rodée. Ce convoi de voitures époustouflantes s'étendait sur un kilomètre. La voiture sentait le bois précieux et le cuir; je reconnus cette odeur particulière au luxe véritable.

L'attente dura presque deux heures. Je me sentais belle et élégante dans cette robe courte de soie sauvage rose rayée de noir de Virginie, coiffée d'une grande capeline de paille rose tendre imaginée par Jean Barthet, un nœud de gros-grain cachant mon chignon.

Attendant patiemment de franchir les portes de Buckingham Palace, je songeai au hasard des événements, au cheminement des gens, à ma chance incroyable. Plus de mille jeunes filles, les débutantes de l'aristocratie anglaise, s'étaient rassemblées dans une vaste pièce de réception voisine de la salle de bal.

Mon cœur se mit à battre précipitamment. Il ne restait plus

que trois « debs » devant moi ! J'eus tout le loisir de découvrir l'immense salle blanc et or envahie par les personnalités de la Cour, les diplomates, les gardes et officiers sanglés dans leur uniforme rouge.

Au centre, assise sur le trône, j'aperçus la jeune reine revêtue simplement d'une robe claire, à quelques mètres d'elle le duc d'Edimbourg. Avait-elle une couronne sur la tête ? Je ne m'en souviens plus, soudainement trop intimidée. Le lord chambellan debout à deux pas de la souveraine me fit signe d'avancer. Je lui présentai la carte d'invitation : « Victoire de Montesquiou-Fezensac ». Les consonnes prononcées avec l'accent britannique retentirent sèchement à mes oreilles. Mon identité déclinée si cérémonieusement me fit rougir.

Je m'arrêtai devant la reine, plongeai dans une révérence gracieuse, mes mains retenant les plis de la robe, les yeux respectueusement baissés.

Je me levai, fis trois pas et recommençai la même génuflexion, mais cette fois j'osai regarder le prince consort droit dans les yeux, et il me parut très séduisant.

Un vieil officier m'accompagna aimablement visiter les salons. Je vois encore sa longue moustache rousse osciller à chaque parole comme un pinceau très fin au-dessus de sa lèvre supérieure. Son uniforme rutilait d'élégance. Je pris le temps de contempler d'admirables tableaux, le mobilier et les objets d'une grande qualité, la plupart du XVIIIe siècle français, probablement achetés à la Révolution française.

L'abondance d'un buffet somptueux nous permit d'attendre avec patience la fin de la cérémonie. Un jus d'orange glacé apaisa mon émotion. Réunies autour de Mme Massigli, le plaisir de converser avec la reine mère et la princesse Margaret, si jolie et gracieuse, nous fut accordé. S'exprimer à la troisième personne en langue anglaise ne me fut d'aucune difficulté.

La reine se promena parmi l'assemblée rendue subitement silencieuse, la foule s'écartant respectueusement sur son passage. Sa présence emplie de dignité dégageait une formidable autorité malgré sa stature plutôt petite. La hauteur des plafonds, les gigantesques proportions des enfilades ne faisaient qu'accentuer cette impression de fragilité. En visionnant un mois plus tard, à la télévision, son couronnement à l'abbaye de Westminster, j'en pris encore plus conscience.

A cette époque, lassée de mes sorties avec les garçons du « monde », engluée par l'ennui et le vide de ces réunions mondaines, je fréquentais d'autres milieux.

René Vital, photographe à *Paris Match*, venait me chercher au volant de son Aston-Martin au lycée Montaigne. La vitesse me grisait. Nous allions comme le vent rue de Latour-Maubourg chez Mathias Polakowitch. Ce jeune Hongrois avait fui le communisme quelques années auparavant. Grand ami de Philippine de Rothschild, c'est lui qui me présenta l'équipe du magazine où il travaillait comme journaliste.

Dorénavant, je passais mon temps libre parmi ces jeunes reporteurs passionnés de leur métier, de véritables mercenaires! Leur seule préoccupation, l'événement, être les premiers partout.

Anticonformistes, ils s'habillaient d'une façon totalement décontractée, vivant en avion, à plus de cent à l'heure dans les voitures de reportage. Ils firent école : blouson de cuir, blue-jean, vareuse de l'armée, vieille veste de tweed sur un pantalon de velours. Tous fort sympathiques, très professionnels, ils faisaient partie de la même famille : Benno Grazianni, Stéphane Grueff, Jacques Garofalo, Jean-Pierre Pedrazzini, Roger Thérond, Walter Carone et leur rédacteur en chef, Jean-Pierre Lacaze.

Je les retrouvais en salle de rédaction, on y accédait en suivant un dédale de couloirs entrecoupés d'escaliers. « La rue Pierre Charron » ressemblait à une fourmilière. J'aimais sentir cette effervescence inhérente à la fabrication du prochain numéro : départs en catastrophe, communications hurlées au téléphone, entrecoupées de sonneries, problèmes de mise en pages, choix de photos, rivalités de la une!

Entre deux départs, nous allions boire un Coca au café de La Belle Ferronnière, déjeuner à la va-vite chez l'italien du coin. Témoin de leurs débats, j'écoutais le récit exaltant des péripéties du reportage, leurs rencontres avec les personnalités nationales et internationales de l'époque. Peut-être m'ont-ils influencée plus tard, dans mon choix du métier de journaliste?

Pas une soirée ne s'écoulait sans évoquer l'offensive viêt-minh. Nous suivions avec angoisse la stratégie de Diên Biên Phu. Mon père, lui aussi, s'insurgeait contre cette tactique qu'il trouvait aberrante. Ce piège se transforma comme il le prédisait, en défaite totale pour l'armée française. Nous avions tous des amis parachutistes sur le Front. Beaucoup sont morts.

Je portais fidèlement leur insigne sur ma veste. Je ne peux oublier, aujourd'hui encore, la date du 8 mai 1954. La peine, la consternation nous anéantirent. Le désespoir, la honte, la révolte rendaient notre impuissance plus cruelle encore, nous laissant l'amertume au cœur. Durant cette semaine tragique, toutes les manifestations, les réjouissances furent annulées. Qui aurait eu l'envie de s'amuser après un tel malheur!

Lorsque l'actualité le permettait, une fois le journal bouclé, l'équipe se retrouvait dans une discothèque, lieu sélect à la mode détrônant peu à peu les boîtes de nuit avec orchestre. Comme je n'avais toujours pas l'autorisation de m'y rendre, René Vital me ramenait sagement à la maison. Je résistais à l'envie folle de découvrir ce monde interdit. Ma jeunesse se peuplait de regrets, j'ignorais toujours les remords! Tard dans la nuit, nous écoutions de la musique classique. Il me fit découvrir Prokofiev, *L'Amour des trois oranges*, son concerto pour piano, les variations de Rachmaninov sur un thème de Paganini avaient ma préférence. Cette mélodie correspondait à mes états d'âme du moment, plutôt tournés vers la mélancolie.

Je commençais à me sentir traquée, seule au milieu de ce tourbillon de garçons. Fort belle, courtisée, je ne voulais pas me laisser séduire. Le désir, l'amour physique correspondaient toujours à mes yeux à l'idée de péché, de mise au ban de la société. Voulant me protéger à tout prix, mon cœur ne s'attachait à personne. La peur de succomber, une possible culpabilité devenaient irrespirables.

Inexorablement je fuyais vers le superficiel. Assistant à toutes les « premières », mon nom s'inscrivait sur les listes de Georges Cravenne, celles du Tout-Paris.

Les œuvres charitables apaisaient ce vide d'aimer. Je m'occupais des petites vieilles du quartier. Leur vie solitaire et misérable me ramenait à la réalité. J'avais honte de mon égocentrisme, de mes humeurs cafardeuses. A Marsan, je reprenais le goût de vivre en m'astreignant aux travaux des champs, en accompagnant souvent mon père dans ses visites électorales ou au chai de l'Armagnac. Coller des étiquettes, fixer des capsules des journées entières remettait de l'ordre dans mon esprit tourmenté.

Un matin d'avril, je me rendis 59, rue Saint-Dominique à l'appartement où demeurait une de mes amies espagnoles, Rosario Calbo. Après le déjeuner elle téléphona à Paul de Ganay qui habitait à l'étage inférieur de l'hôtel particulier.

Il était absent mais son frère Michel demanda à nous voir. Il s'ennuyait cloué au lit, se remettant difficilement d'une crise d'amibiase.

Il s'excusa de nous recevoir ainsi en éclatant de rire, ce qui lui donna tout à coup l'expression candide d'un petit garçon. Au cours de leur conversation, j'appris que Michel revenait d'Argentine où il poursuivait des recherches scientifiques sur la génétique, en vue d'améliorer l'élevage et le rendement laitier. Il m'interrogea sur mes études d'interprète.

Le soir même de notre rencontre, Michel que j'avais vu malade l'après-midi fit une apparition au cours d'une soirée dansante. Sa présence devint une habitude. C'était la première fois de mon existence que je restais en compagnie d'un garçon d'une autre génération. Il avait huit ans de plus que moi.

D'humeur joyeuse et enthousiaste, il aimait se distraire et s'intéressait beaucoup aux diverses expressions artistiques. Depuis son plus jeune âge, il faisait partie d'un univers dédié à l'esthétisme. Son père, Hubert de Ganay, grand amateur d'objets d'art, bibliophile reconnu dans le monde entier, consacra sa vie entière à la recherche de merveilles, collectionnées pour son « cabinet de l'amateur » : tableaux impressionnistes, dessins de Dürer, savonneries du XVIIe siècle, mobilier XVIIIe, porcelaines, etc.

Mes examens de passage en seconde année réussis, l'esprit totalement libre, je vis Michel tous les jours. A nouveau j'appris à vivre en tête à tête. Intimidée par sa façon d'être, le prestige de l'âge, je me sentis soudainement dépendante, peu sûre de moi.

Je me savais jolie, bien sûr, mais je réagissais encore en jeune fille maladroite, inexpérimentée face à cette homme, jouant tout naturellement le rôle d'une ingénue.

Mes cheveux repoussaient. Tout à fait rassurée, je retrouvais ma figure et me coiffais comme Audrey Hepburn dans *Vacances romaines*, la trouvant irrésistible, je copiais aussi sa façon de s'habiller. Je me rappelle un fourreau bustier en organza orange avec une surjupe plongeante derrière dessinée par Pierre Celeyron, mon meilleur ami, pour le bal Sachs, la réplique de celle d'Audrey dans *Sabrina*.

Il faisait jour fort tard. Paris me sembla plus beau que jamais, au détour de nos promenades, main dans la main au long de l'île Saint-Louis ou des jardins de l'avenue Gabriel. Notre territoire se limitait à des recoins propices au dépaysement : dîners à la Colombe, Barbara y chantait, déjeuners dans un restaurant basque au croisement de la rue de Passy et du boulevard Delessert. Sa propriétaire, toujours suivie d'un canard et d'une poule apprivoisés, évoquait les fermières du Gers, impertinente et spirituelle à l'adresse du client. Je menais un peu la vie d'une jeune touriste découvrant le charme, l'insouciance des quartiers de Paris, la beauté des monuments.

Michel repartit pour l'Argentine, ses vacances se terminaient. Désemparée, je me réveillai brusquement à la solitude. Quel serait l'aboutissement de cette fréquentation charmante et assidue? Je souffrais de son absence et lui écrivais chaque jour, me gardant d'envoyer la lettre. Je redoutais les mirages de mon rêve. Les heures succédaient aux heures, sans m'apporter de nouvelles. Ne sortant plus, je restais étendue sur mon lit, bercée douloureusement par les rumeurs de la ville. L'odeur du printemps particulière à Paris, fleurs de marronniers et macadam surchauffé, avivait mon vague à l'âme.

Près de sombrer pour fuir l'attente, je repoussais les images du bonheur enfui. Le son de sa voix encore si présent, ses paroles épelées lentement telle une incantation désespérée hantaient mon esprit. Un soir, la sonnerie du téléphone déchira enfin le calme de la chambre. Cet appel de Buenos Aires m'apporta la délivrance. A l'horrible angoisse parvenait un signe d'espoir. Une seule poste restait ouverte la nuit à Paris. J'y déposai aussitôt une lettre. Ce fut à nouveau l'attente d'une réponse. Un courrier arriva. Je ne pus l'ouvrir aussitôt. Je retournai l'enveloppe, interrogeai les timbres, la date. La lame du coupe-papier fit un joli bruit. Je découvris l'écriture fine et pointue. Lecture, relecture, je déchiffrai chaque mot, me nourrissant de leur signification, lisant entre les lignes. J'étais amoureuse, heureuse de l'être.

En août, maman nous emmena tous les trois à la Reine Jeanne, chez le commandant Paul-Louis Weiller.

Sa propriété, au pied du fort de Brégançon, m'apparut tel un paradis. Totalement protégée au nord-est et ouest par une immense forêt de pins maritimes, elle se terminait au sud par deux plages entourant un minuscule port. Une route de deux kilomètres la traversait entièrement. Personne à la ronde, pas d'invasions, la mer, le ciel, les pins.

Paul-Louis me surprit en premier lieu par le caractère abrupt de son visage vite oublié d'ailleurs, sous la puissance d'un charme véritable. Fin psychologue, l'acuité de son intelligence étonnait. Je lui découvris une gentillesse profonde, une générosité pudique. Il écoutait avec intérêt son interlocuteur, comprenant les inquiétudes, les difficultés de chacun. Original dans sa manière d'être et de s'habiller, cet homme conformiste par ailleurs, voire moraliste, suivait naturellement ses impulsions.

Sans le laisser paraître, il travaillait énormément aux premières heures du jour et le soir avant dîner. Grand sportif, il pratiquait le ski nautique de haute performance, tout en jouant du bilboquet en cygne arrière! Il fut l'un des premiers à skier pieds nus.

Les mots amitié, fidélité garderont pour lui une réelle signification au fil des ans.

Il ignorait superbement les parasites qui venaient, nombreux, envahir sa maison.

Fidèle, une foule d'amis disparates gravitaient autour de notre hôte. Leur caractère commun aurait pu être la joie de vivre, un certain sens de l'esthétique, la jeunesse d'esprit.

Le spectacle n'en finissait pas de surprendre : altesses royales, stars, hommes politiques, gens du monde se côtoyaient les uns les autres, poussés par une fascination réciproque. A mon arrivée étaient présents Lady Diana Duff-Cooper, Roland

Petit et Zizi Jeanmaire, Paul Reynaud, Charlie Chaplin et toute sa famille, Maurice Herzog, Sacha de Manziarly, Elsa Martinelli, etc. Contre toute attente, je remarquai que, au milieu de ce brassage de personnalités de milieux si différents, seules les qualités de chacun se faisaient jour.

Autour des années vingt, Paul-Louis Weiller avait fait construire sa maison en lisière de mer, idée révolutionnaire à l'époque où la thalassothérapie demeurait inconnue, le soleil un fléau. Son architecture moderne, en pierre du pays, épousait agréablement les mouvements du terrain, s'étageant sur différents niveaux autour d'un vaste cloître. Les chambres, telles des cellules monacales, s'alignaient en demi-cercle le long de cet enclos silencieux, planté de cyprès majestueux et de figuiers. Des rangées de tubéreuses embaumaient dès le coucher du soleil. La décoration gardait la même unité : mobilier de rotin, toile écrue, linoléum blanc au sol. La clarté, le dépouillement convenaient à la splendeur de la nature environnante. Sur la façade sud, au premier étage, la chambre de Paul-Louis et celles des invités de marque, séparées par de vastes balcons traversés par les branches des pins, regardaient la mer. Au rez-de-chaussée, les salons s'ouvraient sur l'immense terrasse accrochée aux rochers dominant les flots.

Le dallage noir, éclaté çà et là par les formes contrastées d'animaux marins en marbre blanc, tranchait étonnamment sur la blancheur des murs. Ce décor était d'avant-garde avec ses couleurs et ses volumes chers au pop art.

A la Reine Jeanne, chacun menait ses loisirs à sa guise. Les invités se retrouvaient vers deux heures de l'après-midi autour d'un bar au fond d'une enclave creusée dans la roche. En attendant l'heure du déjeuner, du jus de légumes et des saucisses grillées apaisaient la faim. James, le maître d'hôtel, ressemblait à un personnage de la commedia dell'arte. Il en gardait l'œil vif, le nez pointu, la bouche en croissant de lune, la vivacité du verbe. Simone, sa mère, s'avérait être une grande cuisinière. Le commandant, à la gourmandise légendaire, établissait chaque soir les menus, appréciant d'une façon volubile la succulence des mets. Tout le monde se servait aux plats posés sur une épaisse console en ardoise, puis allait s'asseoir le long des tables en rotin en choisissant ses voisins.

Fréquemment, des invités de passage se joignaient à nous. Otto Preminger, David Niven, Jean Seberg, César, le grand-duc Jean de Luxembourg et sa famille, pour ne citer que les plus célèbres!

Dans le calme du soir, le dîner prenait place au centre du cloître à la lueur des bougies protégées par de hauts photophores. La douceur de la nuit exhalait le parfum des jasmins et des tubéreuses mêlé à l'odeur ensoleillée de résine. La haute silhouette des cyprès immobiles, telles des sentinelles, se découpait sur la profondeur bleutée. Au clair de lune, la nature entière participait à la féerie du moment. Jeux de lumières et d'ombres, murmure argenté de la mer, incantation des criquets, beauté du paysage. Mon espérance s'accordait parfaitement à la contemplation d'une telle harmonie. Michel m'annonça son arrivée à la Reine Jeanne. Le désir devenait réalité.

Je franchis les murs de la Reine Jeanne et partis l'attendre sur la petite route menant à Cabasson. Seule, immobile dans l'immensité des vignes, j'écoutais mon cœur s'affoler. L'attente de ces retrouvailles me rendait fébrile d'inquiétude et de bonheur.

Le soleil m'éblouissait-il ou était-ce des larmes? L'Oldsmobile apparut enfin, telle une publicité de *Life Magazine*, sa longue forme blanche détonnait bizarrement dans les pinèdes. La voiture s'arrêta. Je restai interdite, le dévisageant, trop émue pour parler. L'évidence des silences.

Sa présence devenue essentielle parait d'un nouvel enchantement ce lieu extraordinairement beau. Nous étions deux, dorénavant, à tout partager : promenades sur le sable blanc des plages émaillées de lys de mer, croisières paisibles vers les îles de Port-Cros et de Porquerolles la nuit tombée. Deux à suivre le vol enjôleur des pigeons-paons, leur blancheur projetait des taches lumineuses sur les frondaisons sombres des pins et parsemait d'éclats l'ondulation azuréenne. Deux à rire devant les formidables imitations de Charlie Chaplin qui s'enchaînaient avec une telle facilité. La tête recouverte d'un tapis de bain en éponge orange, vêtu de sa robe de chambre, il se transformait en magistrat de la Chambre des communes. Affublé du tutu blanc de sa fille Géraldine, il parodiait les danseuses de l'Opéra, en un tour de main nous assistions à la métamorphose d'un Caruzo, Laurel, Hardy, Hitler. Lassé de faire le clown, Charlie Chaplin interprétait pour notre plaisir un pot-pourri de toutes ses musiques de films. Ma mère et Sacha de Manziarly lui succédaient, nous chantions tous en chœur. Vacances inoubliables, aux heures desquelles une douce certitude se fit peu à peu jour. Un désir intense de vivre cet amour.

Michel me quitta pour aller chasser la grouse en Ecosse.

Fidèles à la tradition familiale, lui et ses frères se passionnaient pour la chasse. Cette occupation durait l'année entière, l'ouverture en région parisienne dans leur propriété de Courances se prolongeait en Autriche, Espagne et Argentine. A Marsan, je tricotais inlassablement, attendant son retour.

Le 16 septembre 1955, jour de mes vingt et un ans, fut celui de nos fiançailles. Durant cette fête de famille, Michel apprit la chute de Juan Perón. Le dictateur avait spolié de tous leurs biens sa famille maternelle. Dorénavant, la perspective de retourner vivre et travailler en Argentine devenait possible. Mon père, à l'annonce de nos projets de mariage, me parut peu enthousiaste, il prétendit être le dernier averti. Prétexte de jalousie, mouvement d'agacement ? Par superstition, manque de temps, j'avais tardé à lui raconter mon idylle avec Michel. Il se trouva pris de court par notre décision rapide. Ce nuage se dispersa rapidement, mais je le sentais inquiet, quelque peu mélancolique. Maman, par contre, exultait. Il m'offrit cependant deux perles montées en boucles d'oreilles, un des rares cadeaux qu'il me fit.

Une fébrilité joyeuse animait le château, tout le monde débordait d'activité. Julie, rassurée par les qualités de Michel, lui trouvait une ressemblance avec le duc d'Edimbourg. Sa gourmandise acheva de la séduire complètement. Son avis comptait tellement à mes yeux !

Aline Cambus, arrivée depuis douze ans déjà à Marsan, assurait avec dévouement et célérité ses fonctions de gouvernante. L'œil à tout, elle veillait et participait à l'organisation parfaite de la maisonnée. Mince et fragile, son doux visage marqué d'une pâleur permanente, voire inquiétante, rayonnait malgré sa fatigue. Inlassablement, elle lavait, repassait, rangeait les vêtements et le linge, dressait le couvert avec Eugène, l'aidait au service de table. De surcroît, elle s'occupait de maman, « mon privilège à Marsan et ma joie », disait-elle. Elles bavardaient toutes les deux, s'entretenant de la famille, des projets me concernant, des objets achetés chez les antiquaires. Aline demeura le seul lien solide entre Marsan et elle. Lorsque ma mère n'y vint plus, une amitié réelle les unissait.

Il fallait préparer ma garde-robe de femme mariée, la mode m'intéressait réellement. Mon ami Pierre Celeyron, alors jeune couturier, revint avec deux valises pleines de tissus achetés au marché Saint-Pierre de Montmartre.

Il dessina les modèles et tous les jours nous allions à Auch faire les essayages chez les couturières.

Durant les immuables festivités gersoises et auscitaines du mois de septembre, Michel fut présenté aux amis du voisinage. Je fis avec lui le tour du village et des fermes. Il présida aux courses cyclistes, aux Trotteurs du Gers, aux corridas de Vic-Fezensac. A la fête du village, ce ne furent que concours de tir à la carabine, batailles de confettis, bals musettes, banquets interminables au cours desquels je poussais la chansonnette plus intimidée que jamais. Que pensait-il de toutes ces manifestations provinciales si chères à ma mémoire? Je l'emmenais se promener sur les chemins préférés de mon enfance, au jardin potager, dans l'allée des tilleuls, près du lavoir, sous le noyer à l'ombre duquel je gardais les vaches en tricotant des brassières pour les bébés du village.

Les cultivateurs restaient bouche bée lorsque Michel évoquait les « milliers » de têtes de bétail sur des « milliers » d'hectares en Argentine.

Ce fut mon tour d'être présentée à ses parents. Michel m'emmena à Courances. La voiture roulait doucement sur les pavés de l'allée bordée de pièces d'eau et de platanes centenaires. Au bout se dressait, majestueux, le château Louis XIII en brique rose orné d'un gigantesque escalier en fer à cheval, comme celui de Fontainebleau. Entouré de parterres et de bassins, cette demeure s'imposait au centre du parc dessiné par Le Nôtre. A mon émerveillement face à la beauté du site succéda une terrible inquiétude. Comment serai-je accueillie par ma future belle-famille?

La marquise de Ganay m'attendait au sommet de l'escalier. L'apparence sévère de son physique m'intimida terriblement. Grande et mince, elle portait avec beaucoup de distinction une tenue stricte de couleur grise. Ses cheveux tirés se maintenaient en chignon bas, son visage long et pâle gardait une douce bienveillance lors de ses sourires retenus.

Son mari, en parfait gentilhomme, me rassura par la courtoisie, la prévenance de ses moindres paroles et gestes envers moi. Je retrouvais sur ce beau visage la couleur des yeux de Michel. Il s'habillait avec élégance.

En découvrant une à une les pièces de cette demeure, je fus stupéfaite par le nombre de beaux objets, de tableaux merveilleux, la qualité des meubles.

Courances avait la somptuosité d'un musée et le charme d'une vie campagnarde aux rites d'une époque révolue. Ma belle-mère me conduisit à ma chambre, située au-dessus des douves. A travers les peupliers de la terrasse, j'aperçus le miroir d'eau reflétant la légèreté du ciel, les hautes frondaisons coupées au cordeau, la fontaine de la Baigneuse.

Je ne savais plus très bien où je me trouvais. Figurante parmi les personnages d'une immense peinture de Fragonard ou de Watteau, la « promise » attentive, debout au milieu d'une pièce tendue d'imberline vert et rouge, posant un regard interrogateur sur le lit au baldaquin à la polonaise? La salle de bains me parut gigantesque, décorée d'une armoire à glace et d'une coiffeuse style Louis XVI 1900. La baignoire en étain s'encastrait dans une boiserie de chêne foncé. Il fallait grimper une marche pour entrer dans l'eau. Je me sentis perdue parmi les méandres de mes réflexions, le cœur étreint de mélancolie d'avoir quitté le Gers, tourmentée par les fantasmes de l'avenir.

Devant une des fenêtres, j'observai le reflet des grisards danser sur l'eau, emprisonnée par de hauts murs.

Je n'entendis pas frapper à la porte. Une dame avenante, portant un tablier blanc bordé de dentelle sur sa robe foncée, entra, Marianne allait s'occuper de moi. Polonaise, son accent aux intonations roucoulantes me rassura. Elle m'aida à défaire la valise, fit couler mon bain et se proposa de repasser la robe que je porterais pour le dîner. Ses attentions me donnèrent envie de me jeter dans ses bras, d'effacer par les larmes cette angoisse incompréhensible. Pourquoi une si dense émotion me serrait-elle la gorge de ses griffes? La perspective d'une si grave décision, la cassure définitive avec mon passé, ce départ à deux vers une vie nouvelle, l'incertitude de rendre cet homme heureux, de l'être moi-même? Allongée dans l'eau tiède de l'immense baignoire mon esprit flottait, ballotté par toutes ces questions sans réponse.

Michel vint me chercher pour descendre au salon. Nous marchions le long des galeries sans fin, décorées de tapisseries propices au rêve. Toute la famille m'attendait à la bibliothèque.

Jean-Louis, l'aîné, son épouse Philippine de Noailles, André marié à Magda Elizalde, une Argentine, Charles encore célibataire. La présence de Paul, le plus jeune frère, un de mes danseurs préférés, apaisa mes frayeurs. Tous ces hommes me parurent très séduisants.

Mon futur beau-père m'offrit une émeraude sertie de diamants. Je regardai émerveillée cette bague sur mon annulaire, son eau profonde d'un vert éclatant scellait une promesse. Cette scène peinte par Greuze s'intitulerait « La Fiancée »!

Pour nous rendre à la salle à manger, je traversai une enfilade de pièces toutes surprenantes, la lumière du soir filtrait à travers la double exposition des fenêtres, accordant un charme mystérieux à la splendeur de l'ensemble. Au bras de mon beau-père, je pénétrai dans le salon meublé d'un mobilier aux tapisseries d'Aubusson, la poésie d'un Guardi attira mon regard, puis la salle de marbre où un médaillon de Louis XIV trônait au-dessus d'une haute cheminée, le fumoir tapissé de velours cramoisi ne contenait qu'un long billard laissé par le maréchal Montgomery en souvenir de son séjour d'une dizaine d'années après la guerre. Les bouquets composés par Hubert de Gamay avec art apportaient une note de gaieté poétique à l'imposante décoration.

La salle à manger ornée d'un gigantesque lustre hollandais m'impressionnait par la hauteur des boiseries sombres, la cheminée Renaissance, la longueur de la table, le nombre incalculable de chaises à haut dossier.

La date du mariage fut fixée au 2 décembre. En souvenir de la victoire d'Austerlitz, date tant de fois demandée à brûle-pourpoint par mon père, durant mon enfance! Ma mère s'occupa des préparatifs d'une façon attendrissante. Elle organisa cet événement avec un souci permanent de la perfection, une tendresse émouvante. Je gardai l'impression qu'il s'agissait de son mariage tant elle s'affaira au moindre détail.

Elle m'emmena chez Balenciaga choisir une robe. Un fourreau de satin blanc très dépouillé, dont la jupe se terminait en traîne. Un simple voile de tulle couvrirait ma tête ornée d'une petite couronne en strass. Alexandre nous montra le projet de coiffure qui s'inspirait d'un chignon porté par la dauphine Marie-Antoinette, conçu par son premier coiffeur Larseneur. Mes cheveux seraient repliés en « tranches de melon » sur les côtés, tressés en nœud au-dessus de la nuque.

A cette époque encore, les jeunes filles apportaient un trousseau dans la corbeille de mariage. Nous allâmes rue de la Grange-Batelière chez Porthault commander le linge de maison. Des douzaines de draps en batiste la plus fine, une couronne de comte et nos initiales brodées s'entrelacèrent en lettres anglaises sur le retour du drap, au coin des taies d'oreillers.

Maman commanda des piles de torchons pour la cuisine, d'essuie-verres, de passe-bouillon, des serviettes éponges, des sorties et des tapis de bain, des peignoirs, des serviettes en lin pour la figure. Maman désirait me voir porter de la lingerie raffinée, elle m'emmena rue de Miromesnil, chez Perette, une minuscule boutique un peu vétuste. Sur les présentoirs s'amoncelaient chemises de nuit, combinaisons en soie cousues au point de Paris, ornées avec un art sans pareil d'entre-deux de Valenciennes et dentelles de Chantilly. Le contact de ces textures fines et soyeuses sur la peau provoquait un véritable plaisir. Nous allâmes rue Réaumur acheter de la soie brodée pour confectionner les enveloppes dans lesquelles je rangerais toutes ces merveilles.

Pour la chemise de nuit à porter le soir de mes noces, je choisis le linon le plus impalpable brodé au point de Venise, la taille serait simplement soulignée par de fines nervures, de larges bretelles nouées avec souplesse sur les épaules. Ce trousseau ressemblait à ceux des princesses de contes de fées, les mouchoirs ravissants à regarder, si légers sous les doigts donnaient envie d'y enfouir son nez.

Ma mère compléta la garde-robe confectionnée à Auch par le superflu acheté à la boutique Christian Dior : deux tailleurs habillés, l'un en tweed à chevrons gris, l'autre en alpaga noir, un imperméable en taffetas imprimé « panthère », les accessoires indispensables comme des gants de toutes les longueurs, les chaussures et les sacs, inséparables de chaque tenue. Elle me fit cadeau de merveilleux bijoux, certains donnés par Mamédoux. J'en restai bouleversée, muette devant tant de générosité. Les listes de cadeaux établies chez Pesle, place de la Madeleine, déclenchèrent des arrivages ininterrompus de paquets rue Cavé. Eugène s'affolait, s'extasiait. Une véritable folie! Comblée, je ne comprenais plus très bien le pourquoi d'un tel amoncellement.

Secrètement, mon idée de mariage s'apparentait à plus de simplicité et de romantisme.

Chaque jour, Michel et moi devions rendre visite aux oncles et tantes de nos familles respectives, mettre les adresses sur les deux mille enveloppes des faire-part!

La réception se tiendrait au Crillon en fin d'après-midi, le mariage à la chapelle des Invalides, suivi du déjeuner de famille chez tante Nononne et oncle Robert de Billy, 5, rue de l'Université. Jean-Louis de Ganay, maire de Courances, nous marierait civilement. A ma demande, Françoise Heftler, l'une de mes plus vieilles amies, oncle Robert seraient mes témoins à la mairie; ma marraine Odette Pereire, tante Andrée de Vilmorin m'accompagneraient de leur tendre témoignage à la cérémonie religieuse célébrée par l'abbé Liste. Partageant les mêmes affinités musicales, Michel et moi nous optâmes pour la *Messe du Couronnement* de Mozart.

Ces choix du cœur me rassurèrent, car, malgré les heureux auspices réunis autour de cette grave décision, une vague appréhension m'envahissait dès le réveil. Je maigrissais à vue d'œil. A chaque nouvel essayage chez Balenciaga, la première d'atelier devait réajuster la taille. La directrice, Mme Renée, tempêtait, me sermonnant vertement. La veille de la cérémonie je ne pus me lever, terrassée par une angoisse glacée. Je gardai le lit toute la journée. Tante Jeanine vint me voir. A sa stupéfaction, je ne savais rien des pratiques naturelles de contraception utilisées alors. Elle me donna des conseils avec une gentillesse toute maternelle. Impérativement, elle me recommanda de me coucher tôt. Je devais être rayonnante de fraîcheur!

Le 2 décembre 1955. En ouvrant les volets, je vis qu'une brume grise et ouatée recouvrait tout le paysage. Mes mains moites retenaient mal un léger tremblement. Mon corps flottait sans consistance, seuls les battements accélérés de mon cœur l'habitaient. Julie me gronda à sa façon tendre et bourrue, me forçant à prendre un petit déjeuner copieux. Elle savait comment chasser mon anxiété. Lavée, légèrement maquillée, mes petites perles données par papa aux oreilles, bas et chaussures enfilés, Rosario m'attacha un ruban bleu en guise de jarretière. Pour conjurer le sort d'après le dicton anglais, je devais porter « something new, something blue, something torn, something borrowed! ».

Julie aida Alexandre à m'habiller. Il posa la couronne, fixa le voile. Le cœur battant, je descendis l'escalier.

Mon père, si beau dans sa jaquette, s'impatientait déjà; il m'embrassa tendrement en murmurant qu'il me trouvait très belle. Je rougis en entendant ces mots tendres. Je l'aimais tant. Ma mère me tendit un délicat petit bouquet de fleurs d'oranger noué par un ruban de satin blanc, entouré d'un mouchoir de dentelle. Leur odeur printanière me surprit, au-dehors la grisaille de l'hiver m'attendait. Puis elle confia à Aymeri le livre de messe de son mariage relié en maroquin rouge aux armes. Mon frère devait le déposer sur mon prie-Dieu. Maman posa un dernier baiser sur ma joue. Je sentis à travers le tulle son souffle léger. Je fermai les paupières en gardant son parfum telle une protection.

Elle partit en emmenant toute la maisonnée. Papa s'assit à mes côtés dans une autre voiture.

Durant le parcours, ma main gauche enlaça tendrement ses doigts, le refuge de mon enfance. Sans mot dire, je regardai le paysage défiler derrière un voile bleuté. Les arbres du bois de Boulogne gainés de givre, l'impassible avenue Henri-Martin, l'avenue du Président-Wilson envahie de fantômes, la Seine si chère à ma mémoire. En traversant le pont Alexandre-III, un soleil rouge apparut, dissipant les derniers lambeaux de brume comme par enchantement, la splendeur dorée du dôme se détachait, unique, admirable. La voiture roula plus doucement encore et s'arrêta au pied des marches. Ma respiration filtrait avec peine à travers ma poitrine envahie par l'émotion. Je gravis le perron en effleurant les marches recouvertes du tapis rouge.

Les deux suisses empanachés frappèrent le sol de leur canne. L'orgue éclata sous les voûtes. Je posai délicatement ma main sur le bras de mon père et lui souris.

Mon mariage ne passa pas inaperçu. Deux mille personnes se bousculèrent dans les salons du Crillon et, sans trop savoir comment, je me retrouvai à la une de tous les quotidiens. Pour *France Soir, Le Figaro* et *Paris Presse*, je devins la « plus jolie fermière d'Argentine », d'autres me prédisaient un fabuleux avenir sur des milliers d'hectares... *Elle, Match, Jours de France* témoignèrent de cet événement mondain à grand renfort de reportages photographiques! Seule la perspective d'un long voyage de noces occupait mes pensées. Dans les années cinquante, voyager quatre mois durant restait l'apanage des grands reporters et celui des personnes fortunées. Cette chance m'était accordée. Nous allions parcourir l'Espagne, l'Italie, puis l'Égypte, le Liban, la Turquie et peut-être la Grèce. Mon mari me faisait un merveilleux cadeau.

Il m'importait de le séduire et de surprendre un homme encore étranger. L'inexpérience et l'extrême naïveté inhérentes à mon éducation me rendaient malhabile et particulièrement indécise.

Je me rappelle très précisément la transparence de l'air durant ces mois de l'hiver 1955-1956. L'Europe s'ensevelissait sous un froid glacial. La Seine charriait des glaçons, Cannes dormait sous la neige, tous les oliviers gelèrent en Provence, et Barcelone ne fut pas épargnée.

En franchissant les Pyrénées au col de Puigcerdá, le premier village traversé portait le nom de Montesquiù! J'y vis un signe d'adieu. Au fil des jours, je vécus l'émerveillement du voyage.

Au cours de ce périple extraordinaire, je me sentais vivre une existence artificielle, dont je n'étais que la spectatrice comblée. La croisière sur le Nil ne fit qu'accroître ce vague sentiment de culpabilité.

La roue à aubes creusait des sillons d'or sur la surface laiteuse du fleuve. Ce glissement délicieux interdisait tout mouvement et me laissait dériver dans une douce paresse. Des pyramides naturelles se dressaient majestueuses, ponctuant l'étendue désertique de leur force. Elles me paraissaient plus belles encore que les plus célèbres. Parfois je découvrais un village misérable, quelques cabanes regroupées d'une façon anarchique autour d'un ponton. Des enfants nus en guenilles saluaient notre passage, nous accompagnant par de drôles de gesticulations et des cris joyeux. D'autres personnages s'attroupaient autour d'un poisson-chat démesurément gros. Des femmes agenouillées aux abords du Nil rinçaient le linge, fixant de leurs yeux assombris les remous intempestifs provoqués par le bateau. Du temple de Philae déjà enseveli sous les eaux, je ne vis que le sommet des pylônes affleurant la surface mouvante. Je m'excluais volontiers de la vie à bord par le jeu de siestes feintes. Certains passagers jouaient aux cartes à longueur de journée, d'autres s'affrontaient poliment, un verre de whisky à la main, en des discussions oiseuses. Michel lisait les quotidiens anglais, une attitude familière qu'il affectionnait particulièrement en tout lieu, à toute heure. Depuis quatre mois je constatais au fil des jours qu'un certain désenchantement avait succédé à l'euphorie du départ. Deux êtres ne se rencontrent pas forcément au cours d'un voyage, aussi merveilleux soit-il! Étais-je trop jeune, insipide à force de naïveté? Dorénavant la raison retiendrait mes impulsions. Cependant j'étais encore amoureuse de l'amour et désirais à tout prix mener à bien mon mariage. Je ne devais décevoir personne. Nous arrivions au terme de la croisière et j'étais enceinte.

La constance et la multiplicité des égards prodigués par ma belle-famille me rassuraient et m'alarmaient confusément. J'ignorais tout des sujétions à l'esprit de famille, à fortiori celles d'un clan. Aucune résonance défavorable à cette constatation, sinon une réelle exaspération inséparable de mes désirs d'indépendance et d'absolu.

Durant neuf mois une chambre à deux lits nous fut attribuée, dans l'attente d'un appartement situé au dernier étage de leur hôtel particulier. Je détestai d'emblée cette pièce peinte en gris, ses rideaux et couvre-lits d'un vert délavé, son mobilier Art Nouveau dépourvu de charme. Sur la cheminée une pendule animée du mouvement perpétuel m'exaspérait. La sempiternelle rotation de ses deux boules d'acier devint une véritable obsession. Un matin, n'y tenant plus, j'arrêtai cet aller et retour. Le soir même une main vigilante la remettait en marchc. Irritée jusqu'à l'extrême impatience, je la transportai sans ménagement dans le recoin d'un placard inutilisé.

J'allais à la pouponnière de l'église Saint-Philippe-du-Roule apprendre les notions élémentaires de puériculture, donnant à ces bébés délaissés un trop-plein de tendresse. Tricoter des brassières, broder des petits draps, lire les ouvrages de Laurence Pernoud, préparer l'accouchement sans douleur, en un mot ne rien laisser au hasard dans l'expectative de cette naissance m'apaisait. Invariablement au coucher du soleil, j'allais regarder depuis ma fenêtre la cour noire du « 59, rue Saint-Dominique », son triste parterre planté d'une rangée de maigres peupliers, les toits de l'ambassade de Pologne, au loin les clochers gris de Sainte-Clotilde. Ce paysage immuable ressemblait à notre vie quotidienne partagée avec mes beaux-parents.

Durant ces années j'allais vivre l'affrontement respectueux de deux générations. Bizarrement, en 1956 je me devais d'accepter les règles d'une société encore marquée par les conventions du XIXe siècle et la souveraineté d'un matriarcat, encore plus évident dans cette famille, ma belle-mère ayant cinq fils.

Née Rosita Bemberg, de père et mère argentins, ses ancêtres originaires d'Allemagne s'étaient installés en Argentine à la fin du siècle dernier. Ils implantèrent les premières brasseries à Buenos Aires et détinrent en peu d'années ce monopole, des milliers de têtes de bétail et de nombreuses estancias dans les différentes provinces. Seule fille parmi trois garçons, elle fut élevée à l'européenne et reçut une éducation espagnole proche du jansénisme. Depuis son adolescence elle se conformait aux règles d'un véritable ascétisme.

Je l'ai souvent entendue me dire d'une voix effacée « que notre vie sur terre n'était qu'une vallée de larmes, et le mariage un demi-célibat » ! Ces paroles me faisaient frémir, et je n'osais lui tenir tête tout en lui opposant ingénument mes convictions.

A l'évidence, une vie chrétienne se vivait dans la joie, je me rappelais les paroles de ma marraine Odette Pereire et les faisais miennes : « Avec ses bonheurs et ses malheurs, la vie est si merveilleuse ! » Sous une bienveillance impérative, ma belle-mère s'occupait activement de la bonne marche de la maison et veillait à ce que ses enfants, à fortiori ses trois belles filles, suivent les préceptes d'une moralité irréprochable. Son ascendant s'imposait naturellement sur les cadets, la Résistance, la guerre et le mariage accordaient aux aînés l'indépendance et l'autorité. Elle recherchait la perfectibilité dans le moindre de ses actes journaliers. D'une exigence stoïcienne envers elle-même, elle l'escomptait de son entourage familial et l'exigeait de ses domestiques. D'une sociabilité généreuse pour son prochain, elle se refusait tout plaisir, rejetait la moindre frivolité. Ses émerveillements frôlaient l'innocence des joies enfantines ; d'une culture livresque, elle ne manquait pas une exposition ni un concert.

Sa façon de s'habiller fort simplement devenait élégance du seul fait de sa grande distinction naturelle. Élancée, mince, un visage long et fin, ses cheveux gris ramenés en chignon sur la nuque, ma belle-mère ressemblait au tableau que Foujita avait fait d'elle. Elle vénérait son mari et lui vouait un dévouement infini, une attention attendrissante. Mon beau-père incarnait le parfait gentilhomme, issu de ces époques révolues où la délicatesse des manières reflétait bien sûr l'expression d'une parfaite éducation, mais en particulier l'apanage d'une extrême intelligence du cœur.

Je ne l'ai jamais vu se mettre en colère ou médire sur quiconque. L'humour et la bienveillance demeuraient ses meilleures armes; ses immenses yeux bleu pâle se plissaient avec malice, une bonté réelle éclairait son beau visage. Un léger zézaiement attendrissait chez un homme dont l'allure et la prestance auraient pu intimider. Il se tenait très droit, et portait avec la même élégance de vieux costumes de chasse en tweed élimé, un smoking de velours prune à brandebourgs pour les dîners à Courances ou sa redingote gris perle le jour de mon mariage.

Ses fils lui ressemblaient d'une façon étonnante; les voir tous les six superbement rassemblés surprenait, seules les couleurs des yeux et des cheveux différaient, comme si un peintre avait traduit sur une vaste toile les différentes attitudes d'un magnifique personnage.

Il se promenait dans le parc toujours coiffé d'une casquette, une fleur à la boutonnière, tenant une canne dont le bout en forme de gouge faisait voler en éclats les mauvaises herbes du jardin japonais, son lieu de prédilection. Les plus beaux iris choisis dans le monde entier y côtoyaient des bonsaïs et des rosiers exceptionnels. Considéré comme grand bibliophile, il était aussi un véritable collectionneur. Héritier de la comtesse de Béhague, il s'adonnait à cette passion tout en poursuivant l'œuvre de sa tante Martine, esthète reconnue dans le monde des arts et de la littérature au début de ce siècle.

Je le retrouvais presque toujours en train de lire au coin de la cheminée de la bibliothèque de Courances, ou bien rue Saint-Dominique dans son « cabinet de l'amateur », debout, appliqué à regarder un dessin de Dürer, ou sa collection de tableaux impressionnistes, et plus souvent encore la main posée délicatement sur la couverture d'un livre précieux.

Cet aspect artistique de sa personnalité ne l'empêchait nullement de travailler à ses affaires, d'entreprendre chaque année un voyage culturel à travers le monde, et de participer aux chasses à tir avec ses fils. C'était un formidable fusil, alliant la précision au style. Il épatait la ligne de battue avec son fameux « coup du roi », un doublé à la perpendiculaire.

Mais sa plus grande qualité était l'humilité, celle des hommes hors du commun.

Courances donnait à nos week-ends et aux longs séjours des vacances un charme particulier. Il m'était difficile de renoncer au vagabondage de mon imagination et à cette impression de vivre malgré moi au XVIIIe siècle.

Le parc dessiné par Le Nôtre évoquait par le murmure de ses fontaines, le jeu des miroirs d'eau et les hautes perspectives de ses futaies les fêtes galantes de Fragonard et de Watteau et parfois les paysages romantiques d'Hubert Robert. Les bruits quotidiens eux-mêmes accentuaient le dépaysement : cahots des roues sur les pavés, grincement des grilles à chaque arrivée, grattement métallique des râteaux sur le gravier, tintement ponctuel de la cloche annonçant les repas, toutes ces vibrations appartenaient au temps passé.

Cet enchantement persistait à l'intérieur même du château par la qualité et la profusion des meubles et des objets dignes du château de Versailles. La vie en communauté menée à Courances reflétait les usages et coutumes d'une famille aisée du XIXe siècle fort admirative de l'art de vivre britannique, qu'elle avait adopté dans bien des domaines. L'anglais se parlait aussi fréquemment que le français, notre langue parfois teintée d'un léger accent victorien ! Nous nous changions chaque soir pour le dîner, blouse de soie et jupe longue (le port du pantalon n'était pas souhaité pour les belles-filles), veste d'intérieur en velours pour les hommes. J'aimais ce rituel de l'élégance, me coiffer et me maquiller assise à ma coiffeuse. Une femme de chambre faisait couler mon bain, me préparait mes affaires, et mon sac du soir sans oublier un petit mouchoir en linon brodé d'un V surmonté d'une couronne comtale et bordé de dentelle ! Je n'avais plus qu'à choisir mes bijoux et la couleur de mon rouge à lèvres !

Les chiens labrador vivaient dans la maison, ils étaient dressés selon les règles de l'art des retrievers et chacun des frères en possédait un, qui s'appropriait un coin de la pièce où nous restions. Le goût du jardinage et des plates-bandes baptisées mixed-borders – sans oublier l'art des bouquets mélangés – était l'apanage de mon beau-père et de Philippine, ma belle-sœur aînée. Une fois par an, après le 12 août, nous allions chasser la grouse en Écosse pendant une semaine. A cette époque, rien ne convenait mieux que les fusils Churchill à canon court, seuls mon beau-père possédait depuis son adolescence une paire de Purdey et mon mari des Holland and Holland achetés chez le fournisseur de Sa Majesté la reine Élisabeth II. Un tweed fut spécialement choisi et tissé pour les costumes de chasse de toute la famille, knickers pour les hommes, jupes-culottes pour les femmes avec des vestes amples et confortables. Toutes ces habitudes venues d'outre-Manche apportaient à leur manière de vivre d'une grande distinction un air de gaîté et de décontraction. Certaines relations, cependant, n'y voyaient qu'une forme de snobisme ! Certains ajoutaient avec humour qu'ils avaient appris l'anglais en écoutant les Ganay parler français !

Fils, belles-filles et petits-enfants gravitaient en parfaite harmonie autour de ce couple uni et incomparable que formaient mes beaux-parents. Les cinq frères s'entendaient comme larrons en foire tout en respectant une certaine hiérarchie des âges et le droit d'aînesse. Fortes de cette entente, les belles-sœurs se portaient une réelle amitié, nous avions en Philippine notre meilleure alliée. Par son savoir-faire et l'ascendant de son époux Jean-Louis, l'aîné, les habitudes rigides établies depuis la guerre et les rites non moins austères se transformèrent peu à peu. Il fallut du temps pour changer bien des coutumes et vivre à notre gré !

Ne serait-ce que pour nous libérer du despotisme d'une vieille domesticité, dont il ne fallait en aucun cas modifier les manies. A l'intérieur de cette immense bâtisse, un grand nombre de gens accomplissaient leurs tâches avec mesquinerie. Une guerre sournoise opposait les gardiens, un couple de Polonais, aux « Parisiens » tels le valet de chambre italien Enoch, personnage grandiloquent issu de la commedia dell'arte, la cuisinière, veuve du chef M. Brunet, et ses nombreuses remplaçantes, Fernande la lingère, et le plus tyrannique de tous, Joseph, un Luxembourgeois, qui terrorisait notre belle-mère.

Philippine et moi, nous avions heureusement chacune notre femme de chambre, nous sentant ainsi protégées contre ces ragots d'arrière-cuisine et les médisances de couloirs. Moi en particulier car Paulette venait du Gers. Sa présence me rassurait ; son caractère enjoué, son accent chantant et sa joie de vivre m'aidèrent souvent à affronter bien des déceptions et à supporter l'éloignement de Marsan et son doux climat. Ici les habitants du village me considéraient comme une étrangère. Je ne m'habituais pas à leur méfiance, leur quant-à-soi. On ne donnait pas facilement la main pour dire bonjour en Seine-et-Oise et encore plus difficilement en Seine-et-Marne. Et puis il faisait si mauvais temps.

Nous avions le même âge, Paulette et moi. J'apprenais mon rôle de maîtresse de maison, elle celui de soubrette. Elle m'enseigna aussi bien des choses, en particulier la broderie, les « jours ». Ainsi s'accumulèrent les napperons et des sets de table : je pensais à ma prochaine installation.

Au fil des jours et des années, une tendre complicité s'élabora avec Philippine. Il est des femmes dont le charme et la séduction sont irrésistibles. Ce pouvoir est d'autant plus surprenant et émouvant que leur beauté n'est pas spécialement éclatante. Son regard parfois tendre et volontaire, ses sourires, un mouvement de sa main m'enchantaient. L'intérêt de sa conversation laissait entrevoir une grande affectivité, une réelle humanité et une érudition vécue. Plutôt qu'une belle-sœur, elle remplaçait une sœur aînée à qui je pouvais me confier ou demander conseil.

Elle et son mari habitaient une petite aile du château où je descendais le plus souvent possible.

Une sensibilité commune nous rapprochait, nous nous comprenions souvent sans mot dire. En partageant son intimité, j'apprenais les subtilités d'un art de vivre, ce don qui transforme une femme d'intérieur accomplie en hôtesse séduisante. Son appartement, aménagé à l'intérieur de cette galerie vétuste surnommée il y a des siècles « la galerie des Singes », reflétait son bonheur d'être, l'image d'un couple heureux.

J'admirais son instinct de la décoration, cette sorte d'équilibre parfait entre les agréments de la vie quotidienne et l'esthétisme. A ses côtés je suivais avec bonheur un réel apprentissage.

Courances devenait extraordinaire à l'époque de la chasse, de la mi-septembre au mois de février. Ses chasses étaient renommées pour la qualité des oiseaux, la personnalité et l'adresse de ses participants. Les meilleurs fusils d'Europe s'y retrouvaient, ainsi le prince de Caraman-Chimay, dont l'extravagance des costumes et la sûreté du tir rivalisaient d'élégance. Le comte Jean de Beaumont, les princes de Ligne, le grand-duc de Luxembourg, Jacqueline et Georges Vernes, Peter Stephaîch revenaient chaque année pour ne citer que les plus célèbres. Aux battues de perdreaux en plaine de Chalmont succédaient, à la chute des feuilles, les belles chasses au faisan. Ces journées sportives se déroulaient selon un rituel bien précis.

Les invités arrivaient pour le petit déjeuner vers neuf heures. A cette heure précise, tout le monde se retrouvait dans la grande salle à manger aux sombres boiseries, autour de l'immense table. Chacun pouvait se servir au buffet : œufs brouillés, saucisses grillées, toasts moelleux, beurre et confitures dont une gelée de groseille préparée par Marianne, sans oublier des roues de brie de Meaux, le vin de Bordeaux et du café.

Puis les préparatifs s'accéléraient dans la salle de chasse, aménagée par Philippine. Les murs étaient tapissés de papier « faux Delft » sur lesquels s'alignaient un grand nombre de râteliers individuels où l'invité avait déposé sa paire de fusils, ses chaussures, la cartouchière, sa réserve de cartouches dans une petite valise en fer, des vêtements de pluie. Après avoir tiré leur place au sort et écouté les recommandations usuelles de sécurité, les chasseurs s'engouffraient dans les voitures et suivaient celle de Jean-Louis jusqu'au lieu dit.

Chacun allait se poster derrière son affût, suivi d'un chargeur portant le deuxième fusil et la réserve de cartouches. Un silence attentif s'installait sur la ligne, peu à peu les bruits de la campagne reprenaient, exacerbant l'attente fébrile du passage imminent des oiseaux. Assise sur ma chaise de chasse, j'entendais au loin mon beau-frère aîné mener la battue et diriger la ligne des rabatteurs. Vêtus de larges blouses blanches, un bâton en main, ils s'avançaient sous son commandement, poussant des cris qui se voulaient féroces, et tapaient avec rythme les travées de betteraves et les rangées de maïs. De point en point les gardes les rappelaient à l'ordre, ramenant les retardataires, freinant les plus enthousiastes.

Inconsciemment, je songeais aux manœuvres d'une armée avant la bataille, et lorsque nous marchions péniblement sous la pluie et dans la boue gluante des labours, j'évoquais la guerre des tranchées. Les femmes de la famille n'ayant pas, par tradition, le droit de tirer, je devins le chargeur attitré de mon mari.

Postée en retrait, derrière sa haute silhouette, j'écoutais les rappels des compagnies de perdreaux, me tenant prête. Le vol en nappe de ces si beaux oiseaux franchissant brusquement la ligne nous surprenait chaque fois; les coups de feu partaient de tous côtés, le labrador gémissait en tremblant. Tout en ouvrant le fusil encore fumant et le rechargeant à toute vitesse pour le lui tendre à nouveau d'une main et reprendre l'autre, j'essayais de repérer l'endroit où l'oiseau était tombé, additionnant le nombre de ses victimes.

Parfois un faisan volait si haut qu'il n'était plus qu'une tache dans le ciel : son tir l'arrêtait en plein vol, le cassant en deux dans sa trajectoire. A l'excitation de l'attente succédait l'admiration. Parfois aussi, surprise dans ma contemplation, Michel me houspillait, car je ne chargeais pas assez vite! Une fureur rebelle m'étreignait, l'indifférence silencieuse m'aidait à conserver mon calme.

Des coups de trompette répétés annonçaient la fin de la battue, alors commençait le travail des retrievers. Ils allaient chercher le gibier et le rapportaient fièrement à leur maître. Certains oiseaux blessés piétaient avec difficulté, pour aller se cacher sous les couverts. Encouragés par la voix et les coups de sifflet, les labradors suivaient leur trace, après maints tours et détours ils les attrapaient et revenaient la tête haute, portant dans leur gueule l'oiseau, le cou tendu et l'œil rond dans un battement d'ailes saccadé. Un coup de canne de battue le tuait net.

En début d'après-midi, ma belle-mère nous rejoignait, nous apportant un casse-croûte dans un vaste panier d'osier. De merveilleux sandwichs au cresson avec de la mayonnaise étaient distribués, de l'eau et du cidre offerts dans des gobelets en corne; en hiver, du vin chaud à la cannelle réchauffait les chasseurs frigorifiés. Au coucher du soleil, tout le monde revenait au château.

Pendant que Waslav nettoyait les fusils, nous nous préparions pour aller dîner. Avant de monter, nous sortions admirer au bas de l'escalier en fer à cheval le tableau de chasse dressé par les gardes. Les perdreaux, faisans et poules faisanes s'alignaient par dizaines sur les pavés. Quelques geais, merles malchanceux, parfois une bécasse, mettaient une ponctuation finale à cette journée divertissante et mouvementée.

Au dîner-goûter, la conversation se liait, malgré les fatigues, cette réunion se terminait tard en famille autour du feu de bois dans la vaste salle de marbre. Ma chasse préférée demeurait celle des sangliers, alors qu'il faisait déjà bien froid et que la terre se recouvrait de givre, voire de neige.

Juchés en haut des miradors, nous attendions durant des heures le passage du gibier. J'aimais cette longue attente, ce silence appesanti des sous-bois figés par l'hiver. Dans le lointain, des chiens aboyaient rageusement, suivis par les hurlements des rabatteurs. Un froissement de feuilles, un piétinement furtif et continu annonçaient le passage d'une laie suivie de ses petits en livrée. Protégés par l'interdit, ils traversaient tranquillement l'allée. Lorsque le bruit dans les taillis se faisait plus intense, désordonné, je retenais mon souffle, sachant qu'une énorme bête allait surgir à nos pieds, parfois à quelques mètres dans l'allée. Les coups sourds et répétés des carabines résonnaient longuement dans la forêt, la masse grise s'affalait dans un layon. Il fallait attendre encore longtemps la fin de la battue pour satisfaire ma curiosité, descendre avec précaution l'échelle mal assurée et commencer à rechercher l'animal.

Un déjeuner sous une grande tente, près d'un feu, nous réconfortait. Le soir à la lueur des torches, une cinquantaine de bêtes noir et roux s'alignaient dans la cour du château. Cette image ressemblait étrangement aux photos jaunies montrées par tante Dolly, la princesse Radziwill, lorsqu'elle me racontait les grandes chasses au loup et à l'ours en Pologne.

L'ATTENTE de mon premier fils se fit dans la solitude et l'inquiétude. En effet les possibilités de m'installer, avant sa venue, me paraissaient très incertaines, voire incomprises. Le besoin « d'avoir un nid » dénotait chez moi, paraît-il, un côté petite-bourgeoise ! Ce ne fut qu'à mon retour de clinique que nous pûmes nous installer dans un petit appartement du troisième étage de l'hôtel particulier du 59, rue Saint-Dominique, et cela grâce à la compréhension de mon beau-père et avec l'aide de Philippine. En septembre, un mois avant la naissance du bébé, nous allâmes toutes les deux choisir chez Novartis, une petite boutique de la rue d'Assas, les papiers peints ; des guirlandes de fleurs verticales pour notre chambre, un semis bleu ciel dans la nursery, et des rangées de fraisiers afin d'égayer les tristes murs de la cuisine si étroite. Une « chambre » style Majorel et des meubles indispensables nous furent prêtés gentiment par les beaux-parents, en particulier un grand tableau de perspective d'architecture qui donnait de la profondeur au salon, entrecoupé bizarrement par un nombre considérable de portes à deux battants !

Chacune de mes grossesses se ponctua d'événements historiques ou anodins. Ces souvenirs précis marquèrent de façon indélébile l'évolution des années cinquante, et ces neuf mois d'attentes successives. Alors que j'attendais le premier, je me rappelle les grands titres imprimés à la une des journaux : l'indépendance du Maroc et de la Tunisie, le mariage de Grace Kelly à qui je ressemblais beaucoup, paraît-il, celui de Marilyn

Monroe et d'Arthur Miller, la nationalisation du canal de Suez par Nasser, la projection du *Monde du silence* de Cousteau, les soulèvements à Poznan et la déstabilisation à l'Est, le lancement du parfum Diorissimo embaumant le muguet et dont l'arôme me rendait si malade, les naufragés de l'*Andrea Doria* et les prémices de la guerre d'Algérie.

Mon bébé était ravissant, ses traits d'une grande finesse, une fossette trouait sa joue gauche alors que la mienne se trouvait à droite! Une de ses oreilles restait pliée : attendrie par ce léger défaut, je la maintenais droite avec un sparadrap! Un nez en prise électrique lui donnait un petit air coquin, ses yeux semblaient bleus, il avait de longues mains, un menton volontaire et une bouche très accentuée. Heureuse et comblée, je passais des heures à le regarder, à le câliner au moindre cri. Pour fêter sa naissance, Michel me fit cadeau de trois rangs de perles, j'en avais secrètement tant envie! Nous l'appelâmes Pierre, je souhaitais lui donner le prénom de mon père tant aimé, et dont je n'avais aucune nouvelle depuis son départ pour l'Algérie. Il s'y était engagé comme commandant de réserve.

Un soir, peu de jours avant ma sortie de la clinique, je le vis entrer brusquement dans ma chambre en uniforme militaire. Mon émotion fut si violente que je restai interdite, clouée sur mon lit, incapable de prononcer une parole! La garde, Mme Desjardins, devant ma pâleur soudaine, se leva pour me protéger contre cet intrus. Je pus enfin crier « papa », et laisser libre cours à ma joie. Il parut très ému devant son premier petit-fils. Après son départ, je pleurai longtemps, souvent, et rentrai très bouleversée rue Saint-Dominique avec le bébé et Dindin, c'était le diminutif de cette femme merveilleuse qui s'occupa de centaines de nouveau-nés, de génération en génération, de leur naissance jusqu'aux relevailles de leur mère. Dindin ressemblait elle-même à un nourrisson avec son visage lisse et rond, ses petits yeux étirés vers les tempes et des fossettes au creux des joues. Elle incarnait une sorte de Mère Courage, ne se laissant jamais abattre, elle avait vaincu l'adversité aussi bien que le cancer, et sa force rayonnait autant que sa joie de vivre. D'origine paysanne elle portait et changeait les bébés d'une main ferme et douce, leur parlant avec tant de gentillesse et d'attention qu'ils lui souriaient déjà au bout de quelques heures! Son instinct maternel était si fort qu'elle sauvait les chétifs en leur insufflant le désir de vivre, elle domptait les braillards, qui au bout de trois semaines « faisaient » leur nuit entière au grand soulagement des parents! Durant son séjour elle m'enseigna l'art de s'occuper d'un bébé, la préparation des biberons et des premières soupes, comment lui donner son bain sans trembler de crainte ni le noyer, mais surtout interpréter ses pleurs sans l'affolement ni les préjugés d'une jeune mère trop bien conseillée par une mère ou une belle-mère! Avec le même savoir et cette prescience, elle s'occupait des accouchées. Ce fut elle qui décela la première les débuts de ma phlébite le surlendemain de mon retour. La guérison prit du temps et dès ma convalescence Mme Desjardins me remit sur pied. Elle employait les vieilles méthodes : pour me redonner la taille fine et le ventre plat, elle posait un sac de sable peu épais sur l'abdomen qu'elle sanglait avec une bande de toile très large, et soulageait la montée de lait par des cataplasmes d'antiphlogistine et un bandage savant, « comme pour les chevaux », précisait-elle malicieusement. Il fallait marcher droit, faire des abdominaux, car à ses yeux avoir un bébé par césarienne devenait un acte banal et naturel!

En 1956, la contraception demeurait toujours condamnable par l'Église, qui tolérait la méthode Ogino certes, fondée sur l'abstinence! Après une césarienne, il me fallait attendre au moins un an avant d'avoir un autre enfant. Je me rappelle une confession durant laquelle j'exposai mes difficultés à un père dominicain. Sa foi en Dieu était telle que ses arguments donnèrent une autre dimension à ce problème. Une simple créature ne devait pas intervenir dans le projet de Dieu et garder une confiance absolue en son Créateur. Je découvrais dans quel esprit d'humilité se construisait une vie de chrétienne et quelle était la contradiction essentielle entre mon goût du plaisir et la morale religieuse.

En mars 1957, je partis pour Buenos Aires, heureuse d'accompagner mon mari, mais je quittais Pierre pour une durée de cinq mois. Cette séparation me désespérait, tous les soirs je me cachais pour pleurer, j'attendais les ronflements paisibles de mon mari pour laisser couler mes larmes en silence. Hélas je n'avais pas le choix. Il me semblait plus important de suivre Michel, mais c'était comme si l'on m'arrachait le cœur car je laissais mon bébé à une jeune nurse, sous la surveillance de maman.

Étais-je plus femme que mère?

Au retour Pierre marchait déjà : il me regarda avec beaucoup d'attention, j'avais si peur qu'il ne pleure, puis il se jeta dans mes bras. J'étais si bouleversée que je restai muette, les larmes de joie, cette fois, inondaient ma figure, j'étais pardonnée. Ce fut mon premier voyage en Argentine. Sans le savoir, durant quinze ans, je serais écartelée entre mes devoirs d'épouse et de mère. Je dis bien devoirs, car jamais mon bonheur ne serait total, l'absence des uns ou de l'autre empoisonnerait lentement ma vie et fausserait nos rapports de couple. Il y aurait toujours une gouvernante entre nous. Mon deuxième fils fut conçu à Courances, au mois de novembre, lorsque les maisons deviennent douillettes, les recettes de cuisine plus élaborées, et que l'on formule dans la tiédeur d'un feu de bois des projets en pensant aux beaux jours à venir ! Les mois qui précédèrent sa naissance s'écoulèrent paisiblement. Je les décrirai par quelques qualificatifs et des « humeurs » qui, à la réflexion trente ans plus tard, auront une certaine analogie avec son caractère : la sérénité, la rondeur, une sagesse paysanne, et de l'impertinence. Ils se résument aussi à des faits notoires de l'actualité : les débuts d'une ère nouvelle en Europe et en France. En effet le traité de Rome, enfin signé, permettait la création du Marché commun. Le premier satellite soviétique, le célèbre Spoutnik, suivi quatre mois plus tard par l'américain Explorer I, faisait éclater les limites terrestres. La France se soulevait à Alger, rappelait le général de Gaulle et préparait l'avènement de la Ve république. Christian Dior disparaissait, Yves Saint Laurent et sa ligne trapèze le remplaçaient. Guy Béart nous enchantait par ses chansons emplies de poésie et d'humour. Dans les rues on sifflait *Le Pont de la rivière Kwaï*, Louis Malle réalisait son premier film, *Ascenseur pour l'échafaud*. Je lisais entre autres *La Loi* de Roger Vaillant, et le nouveau pape s'appelait Jean XXIII.

Le 14 juillet, au milieu des feux d'artifice et des flonflons de la fête, sur l'esplanade des Invalides, je crus à l'imminence de cette seconde naissance. Cette fausse alerte m'apparut déja comme la première facétie de ce bébé, car je ne fis qu'un aller et retour à la clinique, les bras chargés de fleurs !

Le 29 naissait, enfin, un énorme bébé de 4,100 kilos ! Il ressemblait à un bonze chinois, chauve et dodu, avec ses yeux bridés, son front large et haut, sa bouche gourmande ; des mains longues et souples accentuaient son air asiatique.

Très paisible tout le long du jour, il nous manifestera la nuit sa fureur et sa faim durant trois semaines à grands cris ininterrompus. Dindin elle-même désespérait de le faire taire et de l'apaiser avec des biberons plus consistants! Dès les premières semaines, ses mimiques me faisaient rire d'attendrissement et je remarquai que ses yeux bleus regardaient avec une grande curiosité. Il fut baptisé François comme son parrain, le dernier frère de mon beau-père qui n'avait pas d'enfant.

Pierre accueillit son frère avec beaucoup de gentillesse, il se montra très tendre et protecteur, sans la moindre manifestation de jalousie. Dès que François sut marcher et parler, ils formèrent une paire de complices si exquise qu'on les croyait jumeaux. Le cadet, par son espièglerie et sa jovialité, sortait l'aîné de sa réserve coutumière et d'une certaine mélancolie. Je me rendis compte bien plus tard combien celui-ci avait souffert de mes absences répétées, en particulier lors d'une bronchopneumonie. Ces séparations, vécues par lui comme une insouciance de ma part et à mes yeux attribuées à la fatalité, se transformèrent peu à peu en un sentiment d'abandon pour ce petit garçon très exclusif et de culpabilité chaque fois plus aiguë pour moi. Je compensais un amour maternel très puissant par la ferme conviction que je n'avais aucun droit sur les enfants que Dieu m'avait permis d'enfanter et confiés. Je me devais jusqu'à leur majorité de tout leur apprendre et de les aimer intensément mais sans le moindre égoïsme. Les mères abusives me faisaient horreur.

Mon apprentissage de mère fut difficile, le fait de déléguer mes pouvoirs lors de mes voyages annuels à une gouvernante allait m'ôter petit à petit toute liberté d'agir à ma guise, en particulier lorsque j'entreprendrais une vie professionnelle! Cette femme fort compétente deviendra indispensable et irremplaçable aux yeux de tous.

Trop perfectionniste, donc exigeante avec l'aîné, je n'étais pas assez à l'écoute de ses demandes et de ses anxiétés. En voulant trop bien faire, je mettais inconsciemment de la distance entre lui et moi, hélas souvent de l'incompréhension. A fortiori, je me devais de sévir face à ses agissements! Je tombais dans un cercle vicieux : trop peu présente, je n'avais pas le recul nécessaire pour assainir la situation. François, par sa vivacité d'esprit, sa vitalité et une saine contestation, saura m'acheminer vers plus de clairvoyance.

Leurs maladies durant les séparations, la menace de leur mort au moment d'accidents très graves, Dieu merci en ma présence, me donnèrent à chaque fois l'occasion de leur montrer par mon sang-froid et mon amour l'importance et la priorité que ces deux petits garçons occupaient dans mon cœur. En dépit de la présence immuable de leur gouvernante, j'essayais de leur faire sentir mon désir exacerbé de ne plus les quitter. En juin 1961, je décidai, seule, d'avoir un troisième enfant. Je pensais, peut-être naïvement, que sa venue nous rendrait plus conscients, mon mari et moi, de notre rôle et de nos obligations de père et de mère! En fait nous vivions en tête à tête! A vingt-sept ans j'avais atteint enfin la maturité nécessaire pour agir librement. A l'instinct maternel succédait la volonté de concevoir. En quatre ans, je m'étais peu à peu libérée de mes frayeurs et de mes inhibitions, en refusant l'autorité permanente de ma belle-mère, avec la déférence et la politesse qui lui étaient dues. Elle se manifestait tous les jours par des messages écrits, me remettant mes obligations en mémoire. L'appartement enfin installé et décoré selon nos désirs, nous projetions de rendre habitable une partie du château de Fleury-en-Bière abandonné depuis la guerre. Un des symboles de cette lente révolution se concrétisa dans l'aménagement d'une salle d'eau et d'un chauffage à l'étage des domestiques de l'hôtel de la rue Saint-Dominique! Tous les serviteurs se rendaient en effet aux bains-douches de Saint-Clotilde, et durant l'hiver il faisait un froid de canard à l'intérieur des mansardes!

Depuis la naissance de François, en juillet 1958, bien des événements s'étaient succédé et les années soixante débutèrent en fait avec le raz de marée de l'U.N.R. aux législatives de 58. (Mon père est enfin élu, il faisait de la politique depuis le Front populaire! Ma sœur et moi, à partir de cette date, participâmes à toutes ses campagnes.) L'arrivée en masse des gaullistes à la Chambre facilita ainsi l'élection du général de Gaulle comme premier président de la Ve république, élu au suffrage universel. A l'actualité, les « premières » se succèdent à la une : Valéry Giscard d'Estaing remplace Baumgartner aux Finances, André Malraux sera le premier ministre de la Culture. Les Français assistent fascinés à la première émission du magazine « Cinq colonnes à la une » et ils sont fiers du paquebot *France* et de leur première bombe atomique! Youri Gagarine est le premier homme de l'espace, Brasilia la première ville nouvelle, capitale du Brésil, entièrement sortie du néant, et Nikita Khrouchtchev visite pour la première fois l'Amérique. De jeunes chefs politiques prennent le pouvoir : Fidel Castro est maître à Cuba et John Kennedy, élu président des U.S.A., se rend à Paris. A ce renouveau national et international participent des surprises et des désolations : le prix Nobel de littérature est attribué à Boris Pasternak qui est contraint de le refuser, et le mur de Berlin emprisonne l'Allemagne de l'Est.

Les héros meurent : Gérard Philipe, Albert Camus, Fausto Coppi, Ernest Hemingway, Sydney Bechet et Clark Gable. De nouvelles idoles naissent : celles du Golf Drouot, de la Nouvelle Vague et les joueurs du XV de France. Je danse le twist même enceinte et Georges Pompidou deviendra Premier ministre un mois après la naissance de mon troisième fils! Durant quinze ans, j'aurai la chance inouïe de connaître et de vivre dans l'entourage de ces hommes importants, ils m'aideront à me réaliser, à prendre conscience que je devais vivre et non paraître.

Parfois je me rendais à Fleury-en-Bière où Charles de Ganay, un de mes beaux-frères, vivait avec sa jeune et belle femme Pascaline. J'y retrouvais sa sœur Françoise, mariée à Jean d'Ormesson. J'aimais déjà cet endroit hors du monde, cette cour fermée par de hauts murs de brique et de pierre et son château Louis XIII aux lignes si pures. Nous nous promenions le long du canal au pied des vieux platanes sous lesquels apparaissaient d'immenses taches violettes dès le mois de février. Un lac en bordure des bois fermait l'horizon structuré de parterres à la française. Jean écrivait, Pascaline jardinait, Charles dressait ses faucons et Françoise me tenait compagnie d'une manière exquise. J'attendais les premiers jours de mars.

Sébastien naquit le 15, par mesure de précaution on pratiqua cette troisième césarienne à huit mois. Malgré l'anticipation de sa naissance, il pesait déjà 3,8 kilos! Tout l'entourage le trouva fort laid et Michel fut déçu car il souhaitait une fille! Quant à moi je le trouvais beau et très harmonieux. A son arrivée à la maison, il fut aussi mal accueilli par ses frères, désireux d'avoir une petite sœur : François lui arracha les cheveux et se mit à bégayer, Pierre le pinça et manifesta sa jalousie plus subtilement! Leurs révoltes durèrent peu; j'avais désiré ce troisième fils avec tant d'amour et d'espérance que ses frères participèrent totalement à ma joie, attendris par sa présence inoffensive il devint leur enfant et quelques années plus tard ils formèrent un irrésistible trio. A la vue de mes trois garçons blonds aux yeux bleux, je m'émerveillais. Ils se complétaient parfaitement et se partageaient les traits et les caractères des ascendants de leurs deux familles. Pierre, très Montesquiou, prit conscience dès son plus jeune âge de sa position de frère aîné, il en désirait les privilèges mais en assumait aussi les contraintes. Autoritaire, il savait raisonner les plus jeunes. Doté d'une mémoire prodigieuse, il apprenait avec facilité; têtu, les heurts se transformaient souvent en blocages, cette ténacité naturelle l'aida pour mener à bien ses études. Pudique et absolu dans ses affections, il fallait l'apprivoiser. François ressemblait à son arrière-grand-père paternel. Sa nonchalance et sa désinvolture charmaient son entourage. Passionné de lecture, curieux jusqu'à regarder par les trous de la serrure et écouter aux portes, il acquit rapidement une vaste culture. Surpris en flagrant délit, il me répondait avec insolence qu'ainsi il arriverait à la Connaissance! Son esprit aussi fantaisiste qu'imaginatif ne l'empêchait nullement de s'intéresser à tous les sujets. Il se mobilisait pour une idée en s'identifiant au héros de son imaginaire et au personnage exigé par l'action du moment. Étudiant juste assez pour aller dans la classe supérieure il passa ses examens, contre toute attente, avec brio. Nous nous comprenions d'un simple regard. Son attachement pour moi allait jusqu'à me choisir mes tenues dans les armoires, en particulier les robes d'hôtesse que je portais pour dîner à Fleury!

A la naissance, Sébastien ne semblait présenter aucune ressemblance avec sa famille, mais, dès son plus jeune âge, il incarnait une telle joie de vivre que je pensais, en le regardant rire et sourire, que sa bouche et ses yeux reflétaient toutes les expressions heureuses de ses ascendants. Son regard passait de l'intensité la plus forte à la gaîté picaresque! Fort inquiet avant d'entreprendre, il maîtrisait son extrême sensibilité pour la convertir en passion. Doté de bien des talents, tout pour lui semblait facile à réaliser : les études, les sports et l'art. André Malraux dira de lui que c'était d'Artagnan! Tendre et réaliste, il s'exprimera par l'image, la peinture et le cinéma. Tous trois étaient très sportifs, montaient à cheval, aimaient la nature et la chasse. L'Argentine devint le pays rêvé où ils purent s'épanouir en toute liberté sur cet espace illimité. Au fil des ans je les verrai grandir, s'affronter aux tumultes de la vie et s'affirmer malgré les aléas de notre couple. Rien n'alla sans difficultés.

PENDANT dix ans, je séjournerai chaque année plusieurs mois en Argentine. L'émotion ressentie la première fois, en 1957, ne changera jamais. J'aurai toujours, en descendant d'avion, cette impression d'immensité, d'étendues de terres non cultivées, parfois couvertes de chardons gigantesques, et d'horizon infini auxquels l'homme ne peut s'identifier ! Il fallait trente-cinq heures de vol et sept escales pour que le Constellation arriva à l'aéroport d'Ezeisa. C'était le bout du monde !

Le paysage plat de la province de Buenos Aires, quadrillé par des kilomètres de fils barbelés, hachés en mesure par des poteaux de bois, se déroulait avec les mêmes ponctuations, sous mes yeux incrédules. De temps à autre, un bois d'eucalyptus indiquerait le *casco* [1] d'une vaste *estancia* [2] sur laquelle des éoliennes laisseraient filtrer leur complainte grinçante, et au pied des *tanques australianos* [3] rouillés s'agglutineraient comme à l'accoutumée des vaches indifférentes.

Les rares villages, tous semblables à des boîtes à chaussures blanches alignées le long de la rue principale, me sembleront écrasés par l'inertie, face à la boue de l'hiver ou la canicule de l'été.

A cette uniformité terrienne, j'ajouterai des images anciennes comme ce pays : les vols circulaires des *chajas*, ces

---

1. Casco : maison de maître.
2. Estancia : propriété terrienne.
3. Tanques australianos : vastes abreuvoirs utilisés en Australie.

oiseaux préhistoriques aux ailes armées d'ergots, les tatous malhabiles traversant les routes et les émeus, telles des danseuses de revue, se pavanant en bousculades grotesques. Invariablement, de minuscules chouettes à la tête mobile, posées sur un fil de fer comme des points d'interrogation, ne vous quittaient pas des yeux. Des nids ronds de *venteveo* [1], identiques aux premiers fours à pain faits en glaise, reposent en équilibre sur un piquet! il y a toujours une charogne de vache à la panse boursouflée au coin d'une *tranquera* [2], les pattes écartées dans une pose obscène, disputée par une bande de charognards pesants, et des enfants vêtus d'un tablier blanc immaculé, une lavallière bleue sous le col, se rendant à l'école de campagne, île perdue au milieu de ce désert. Parfois, trois marmots, venus de je ne sais où, arriveront cramponnés sur le même cheval pour s'arrêter devant la petite maison au toit de chaume sur lequel flotte le drapeau aux larges bandes bleues et blanches. A la saison sèche, des nuages de poussière délimitent de leur panache opaque la quadrature des champs; en automne une boue monstrueuse engluera toute circulation et d'énormes camions-remorques iront se vomir au fond des fossés, submergés par des cargaisons de pommes ou, plus catastrophiques encore, des enchevêtrements de bétail.

Buenos Aires m'apparut comme sur les manuels de géographie, une superbe ville moderne, très aérée, hérissée de hauts buildings et bordée par des quartiers résidentiels aux belles maisons et jardins spacieux. De larges avenues plantées de jacarandas et de paraisos tracent de vastes angles droits où se regroupent en étages les beaux appartements et les parcs ombragés d'arbres magnifiques, en particulier de magnolias géants.

La société argentine m'accueillit chaleureusement et tous les amis de Michel me fêtèrent et m'acceptèrent de la façon la plus exquise. En peu de temps, je m'aperçus que cette société vivait encore comme au début du XXe siècle. Ainsi, le journal *La Nación* se faisait l'écho des réceptions dans les ambassades et chez les particuliers, des derniers vernissages, pièces de théâtre et concerts, sans pour cela jouer son rôle de critique d'art, mais plutôt pour nommer les gens qui s'y trouvaient et parler des toilettes des femmes en vue! Ce quotidien donnait à ses lecteurs la liste des personnalités *Porteñas* ou étrangères arrivées le matin

---

1. Venteveo : oiseau jaune.
2. Tranquera : barrière mobile.

même de voyage ou qui repartaient, avec le compte rendu des manifestations données en guise d'adieu !

Cette rubrique mondaine allait jusqu'à signaler les retours de vacances à B.A. des *estancieros* connus, depuis les stations à la mode ou de leur propriété ; même les légères indispositions de chacune avaient droit à un entrefilet ! Les femmes, les unes plus belles et élégantes que les autres, soignaient beaucoup leur apparence. « Beauté, mon beau souci » devenait le thème principal de leur emploi du temps ! Les essayages chez la couturière et la modiste, toujours d'après des toiles venues de Paris, succédaient aux rendez-vous chez le coiffeur, et avec la manucure et la masseuse, généralement à domicile. Toutes ces futilités prenaient la matinée. Elles se retrouvaient entre elles pour déjeuner « en ville » vers deux heures de l'après-midi et s'abandonnaient aux délices de la sieste, indispensable dans ce pays où la chaleur et l'humidité rivalisent d'intensité en été. L'heure du thé, propice aux parties de canasta pour certaines, servait de prétexte aux visites : Mme Victoria Ocampo, écrivain et l'égérie d'hommes célèbres dans le monde entier, tenait un salon littéraire ; Dulce Martinez de Hoz, une des plus belles femmes du monde, attirait chez elle de nombreuses rencontres et les dames de « l'ancienne aristocratie argentine » se recevaient entre elles pour s'indigner des nouvelles générations.

Tous les soirs, ce beau monde se retrouvait, en cercle restreint, à des réunions très amicales, l'amitié et l'hospitalité faisant partie des qualités argentines.

Dans ce tourbillon quotidien et futile, les hommes se conduisaient en *machos*. Toujours bien habillés, gominés à souhait, imbus de leur charme, ils se comportaient en séducteurs vis-à-vis des femmes, mais préféraient nettement rester entre eux ; le fameux *abrazo*, cette étreinte bruyante, pratiquée à tout instant, témoignait de cette fraternité latine.

C'est avec une grande curiosité que je découvris l'art de vivre dans les estancias, dernière survivance du monde d'entre les deux guerres. Nous nous y rendions généralement en fin de semaine dans de petits avions particuliers, pilotés par des amis.

La vie à la campagne offrait à chacun un éventail de loisirs. Les familles ayant en moyenne huit enfants, on y pratiquait tous les sports. Toutes les estancias avaient leur *cancha* de polo, de nombreux chevaux, un court de tennis et une piscine ! En automne, certains allaient à la chasse à la tourterelle, au canard, et quand il fallait protéger les récoltes, des battues de perruches s'organisaient ! D'autres préféraient les belles promenades en sulky ou en victoria pour se rendre au bord des lagunes, habitées par des milliers d'oiseaux aquatiques de toute beauté. A la belle saison le déjeuner avait lieu dehors, autour d'un *asado* (mouton entier et quartier de bœuf) rôti devant un feu, les viandes grillées s'accompagnaient de patates douces, de légumes et de morceaux de pêches cuits à l'intérieur d'une citrouille et d'*empanadas*, ces sortes de chaussons fourrés d'une farce et de raisins secs. En fin de soirée, après le goûter les femmes jouaient à la canasta, au rami, les hommes au bridge. La somptuosité des parcs autour de ces maisons de campagne, dans les régions les plus reculées, me stupéfiait. Ces jardins sont dessinés généralement par des Anglais, avec un réel souci de la perspective et des volumes ; les arbres, et les arbustes peuvent ainsi exprimer la beauté et l'exubérance de leurs diverses essences. La terre là-bas est si riche que la moindre plante, la plus insignifiante des graines venues d'Europe se développent avec une folle rapidité. Des arbres comme les magnolias et les mimosas atteignent des tailles gigantesques, les fuchsias ont plus de deux mètres de hauteur ! J'éprouvais un semblable dépaysement en regardant certains oiseaux. Les vanneaux huppés, toujours par paire, marchent de long en large devant l'habitation des péons en poussant des cris aigus à la vue d'un visiteur ; ils remplacent les chiens de garde ! Les moustiques sont si grands et si nombreux que, durant les promenades, les robes des chevaux devenaient gris pâle en quelques instants. La présence familière du *venteveo* m'attendrissait, car son œil maquillé d'un long trait noir selon les rites égyptiens tranchait merveilleusement sur son plumage jaune d'or.

Je rentrais le dimanche soir avec l'impression d'avoir rêvé. Ma vie restait à l'état d'ébauche, je n'arrivais pas à discerner quelle serait ma destinée, les repères les plus évidents étaient flous : j'avais un mari et trois merveilleux enfants mais pas de maison qui soit mienne, je vivais sur deux pays à la fois et toujours provisoirement. Ne recevant jamais de réponse à mes impatiences, je dissipais mes inquiétudes et ajournais cette prise de conscience d'une manière instinctive. L'indifférence, la mélancolie, l'amitié, la lecture, la musique et la danse me servaient de palliatifs. Ainsi au moment du Carnaval je dansais des nuits entières avec les écoles de samba venues de Rio de Janeiro.

Lorsque je visitais des appartements, à Buenos Aires, je

regardais très attentivement s'il y avait un bureau ou un secrétaire, le seul meuble important à mes yeux ! Il me fallait absolument une table sur laquelle je puisse écrire mes lettres et rédiger mon journal. La correspondance demeurait le seul lien tangible avec la France. J'écrivais à mes enfants toutes les semaines, imaginant une histoire d'animaux, à épisodes, que j'illustrais, afin de leur faire savoir que je pensais à eux et que je les aimais. Les liaisons téléphoniques, quasiment impossibles, ne s'utilisaient qu'en cas d'urgence. D'autre part les journaux et les magazines mettaient huit à douze semaines, par bateau, pour parvenir dans les kiosques et chez les libraires. Ce décalage de l'actualité me faisait ressentir l'éloignement de façon encore plus cruelle. Au bout de quelques mois je supportais avec une réelle difficulté cette sorte d'exil et, prise d'une impatience maladive, je guettais l'arrivée du courrier.

Prenant l'enveloppe dans mes mains, je la touchais, la retournais plusieurs fois tout en déchiffrant la date de l'affranchissement. Mon cœur se mettait à battre en reconnaissant l'écriture ; par ce rituel, je retardais le plus longtemps possible l'instant où le coupe-papier ferait ce bruit discret de cisaillement entre les feuilles de papier pelure. Sans quitter des yeux la page, je m'asseyais et lisais très lentement chaque phrase comme l'on boit un délicieux champagne ou un vin d'Alsace fruité.

Parfois l'émotion devenait trop forte à la lecture des lettres moins fréquentes de mon père ; celles de ma mère se coloraient d'une infinie tendresse, alors qu'elle se retenait pudiquement face à moi. Elle me donnait des nouvelles détaillées de mon trio, qui complétaient celles envoyées par la gouvernante et par ma belle-mère. Ainsi je pouvais imaginer leurs faits et gestes quotidiens, leurs mimiques et combler le vide de leur absence et l'impossibilité de les serrer dans mes bras.

A l'évocation de mes fils, des larmes filaient sur mes joues, arrêtées aussi rapidement par des fous rires de complicité et de tendresse. Chaque soir je lisais et relisais ces missives, sorte de viatique à mon attente, celle de mon retour ; puis les classais attachées avec un ruban dans un vaste carton à chapeau jusqu'à l'arrivée du prochain courrier. Ma table de nuit était couverte de leurs photos, j'y jetais un dernier regard avant d'éteindre la lumière.

Le temps semblait s'arrêter entre mon arrivée à Buenos Aires et le départ. Il me fallait survivre à l'ennui et à la solitude. Je constatais avec appréhension que Michel et moi nous ne cheminions pas ensemble, notre langage différait et nous nous heurtions souvent à une mutuelle incompréhension.

C'est dans cet état d'esprit que je mettais à profit tout ce temps libre pour me cultiver. J'allais, seule, dans un cinéma d'essai de la rue Lavalle regarder de vieux films, et tous les chefs-d'œuvre des grands cinéastes. Je prenais des cours de danse chez Griegorieva, une ancienne étoile des ballets du prince Basile. Inscrite à l'association des Amis de la musique, je me rendais deux soirs par semaine au concert, et au théâtre Colón, souvent en solitaire, mais aussi en compagnie de Silvia Baron Supervielle, la petite nièce du poète, dont je partageais les goûts. Grâce à cet abonnement, je découvris tout le répertoire de l'opéra italien et celui du ballet classique et moderne. J'eus la chance aussi de voir Maurice Béjart danser *Symphonie pour un homme seul,* et d'entendre *Le Sacre du printemps* dirigé par Igor Stravinski. Je ne pourrai jamais oublier ces moments, en particulier l'ovation, incroyable de durée et d'intensité, qui accueillit le vieux compositeur à son entrée dans la salle, et le délire de l'assistance à la fin de la représentation.

Silvia était grande et mince, de longs cheveux châtains encadraient d'une façon romantique son beau visage. Très intelligente, la vivacité de ses yeux noirs dissimulait mal une profonde tristesse. Orpheline de mère dans sa petite enfance, elle avait grandi sans véritable tendresse malgré l'affection que lui vouait son père. Douée d'une extrême sensibilité, elle occupait son temps libre à écrire des vers. En société, on l'appréciait pour son humour et sa gentillesse. C'est ainsi que je fréquentai un autre groupe d'amis dont les préoccupations artistiques contribuèrent à l'épanouissement de l'activité intellectuelle de Buenos Aires en peu d'années et à son renom international. Nous nous rendions fréquemment chez Ignacio Pirovano, un mécène passionné d'art moderne ayant connu Picasso, Diaghilev et Serge Lifar, que je revis chez lui alors qu'il répétait *Les Troyens* avec le corps de ballet du Colón. Il se souvenait parfaitement de tante Odette Pereire à la première du *Corsaire* à Paris, et d'une réception chez elle au cours de laquelle il avait dansé *L'Après-midi d'un faune.* Il m'invita à assister à un de ses cours. Je suis toujours fascinée par la disponibilité et la courtoisie d'un maître lorsqu'il conseille et montre à ses élèves la perfection que doit atteindre un geste et une attitude ! C'est une sorte de testament de l'art dans ce qu'il a de plus sacré.

Je rencontrai des artistes peintres, peu connus alors, et qui sont devenus célèbres aujourd'hui. Ainsi Josefina Rubirosa, sœur de Mercedes, mannequin préférée en son temps d'Yves Saint Laurent et à l'heure actuelle créatrice de bijoux à Paris. Cette jeune et belle femme, à cette époque, transposait sur de grandes toiles la beauté du corps à une échelle monumentale. De Castro, lui, exprimait par l'abstraction toutes les émotions ressenties lors de sa découverte des îles grecques. Quant à Uriburu, après avoir épuisé la représentation des autobus argentins, aussi peinturlurés et décorés que des charrettes siciliennes, il trouva avec génie son inspiration dans la faune et la flore de son pays. Sa peinture, à la fois toute en transparence et accumulation de matières, reflétait les forces secrètes de cette terre. Ami de Silvia, je pus le voir souvent, il me parut fort pudique et semblait ignorer la puissance de son talent. Je lui conseillai vivement de se faire connaître en Europe, ce qu'il fit avec succès.

En 1960, j'accompagnai Michel à Missiones, ville située au nord-est de l'Argentine, sur le fleuve Parana, aux frontières du Brésil et du Paraguay, non loin des chutes de l'Iguazu. Celles-ci sont la réplique, sur une plus petite échelle, des fameuses chutes du Niagara!

En Argentine, à cette époque, le tourisme n'avait pas encore abîmé le site. L'auberge n'était qu'une sorte de ranch en bois, au confort rudimentaire, et me promener au milieu d'une profusion de plantes extravagantes me donnait l'impression d'être la première femme à découvrir une des merveilles du monde. Du côté brésilien, un hôtel de style colonial, aux allures tapageuses, accueillait déjà un réseau de cars qui amenaient pour leur voyage de noces des cargaisons de jeunes mariés vers ce lieu édénique!

Pour parvenir à l'estancia Puerto Bemberg au bord du fleuve Iguazu, il fallait parcourir des kilomètres de piste rouge, les prémices de la Panaméricaine qui traverserait le continent américain du nord au sud. La forêt me parut fort dense, ponctuée d'arbres superbes, des scieries débitaient des monceaux de planches de couleur rougeâtre, comme le sol qui avait porté ces essences.

Des plantations ininterrompues de bananiers et d'ananas, la traversée de plusieurs villages dérisoires, puis soudain des allées bien ratissées bordées de pelouses entretenues me firent comprendre que nous étions arrivés. Comme à l'habitude, le

Majordomo vint nous saluer, et fit décharger et porter nos bagages dans nos appartements.

J'y retrouvais le décor habituel aux estancias de la société, fort cossu et de bon goût : lits de cuivre ou en bois exotique, comme tout le mobilier disposé dans chacune des chambres, le genre style Napoléon III aux îles et de grandes salles de bains 1930 fort confortables, où les baignoires étaient si spacieuses que j'avais peur d'y perdre pied ! La salle à manger et les salons s'inspiraient plutôt des clubs anglais, canapés et fauteuils de cuir capitonné Chesterfield, gravures de chasse sur tous les murs. Pas le moindre dépaysement. Assise sous la véranda, je projetais, comme à l'accoutumée, tous les aménagements que j'aurais aimé faire pour rendre cette maison mienne. Je ne possédais rien et je n'habitais nulle part. C'était la première fois en cinq ans, que je prenais conscience de mon inutilité en Argentine ; ces maisons « fonctionnelles » ressemblaient à ma vie, elles étaient vides de sens. Cette frustration devenait encore plus douloureuse lorsque mes enfants restaient en France. L'année où ils demeurèrent avec moi, je me sentis telle une mère nomade campant çà et là, dans le monde imaginaire de mes fils. Seule la nature remplaçait miraculeusement la maison que j'aurais pu leur aménager.

En cet automne 1960, je retrouvais par la découverte de cette région inconnue une sorte de dérivatif passager à mon attente. Le parc autour de la maison m'apparaissait comme encombré d'essences tropicales au feuillage dense ; les fleurs de couleurs voyantes étaient continuellement visitées par des colibris pailletés d'arc-en-ciel. Les gardénias et les colonnes de jasmin embaumaient l'air humide. Je reconnaissais la plupart des oiseaux et des papillons, pour les avoir vus sur les planches d'un très bel album de sciences naturelles de la bibliothèque à Marsan. De gros toucans peu effarouchés déambulaient drôlement sur la terrasse, certains essayaient vainement d'avaler une baie en la faisant rouler le long de leur bec épais et courbe. Depuis les fenêtres de notre chambre, je devinais les eaux rougeâtres du fleuve Iguazu. J'y pêchai un *dorado* de quinze kilos, un magnifique poisson aux écailles dorées ! Je n'avais rien pris depuis mon enfance à Montrozier !

J'allais seule visiter le petit village de Puerto Bemberg, je n'y vis que des cabanes de bois recouvertes de tôle rouge. Les habitants de race indienne, aux traits épatés et aux cheveux fort sombres, me semblèrent assez misérables. Leurs sourires souvent édentés accompagnaient un regard bienveillant bien que très noir. Des enfants de tous les âges se disputaient en riant pour m'escorter jusqu'à la mission. Les plus petits d'entre eux, pieds et cul nus, comme tous les miséreux, ne chassaient même pas les mouches envahissant leurs paupières.

Je rencontrai le padre, un géant hollandais aux yeux délavés, le visage souriant couvert de taches de rousseur; il ramenait vers l'arrière ses cheveux roux d'un geste maladroit. Il me fit visiter l'hôpital, fort rudimentaire, au point de me rappeler les images des léproseries perdues dans la brousse africaine. La pénombre était rendue telle par l'opacité des moustiquaires aux fenêtres que j'eus du mal à distinguer les quelques malades recroquevillés sur les lits. Ils souffraient sans doute autant de la solitude que de leurs maux. En effet peu d'activité animait l'intérieur de ces murs, et ce dispensaire symbolisait l'abandon dans lequel s'enlisait lentement cette petite agglomération.

Les paroles du père confirmèrent mes pressentiments, alors que nous bavardions dans la solitude de la cure. Plus personne de la société d'exploitation ne continuait l'œuvre entreprise à l'origine par les ascendants Bemberg. Tout restait à faire. Je demeurais assise devant ce prêtre, la gorge serrée, incapable de projeter quoi que ce soit de positif pour la renaissance de ce *pueblo*; je n'étais rien d'autre que la jeune épouse d'un des neveux. Je promis simplement d'intervenir et de faire connaître la réalité, ce que je fis avec un relatif succès.

Une fois encore, je constatais mon inutilité avec une certaine culpabilité. Mes désirs de faire le bien et d'assumer les responsabilités inhérentes à ma position sociale stagnaient dans le domaine du rêve et de l'indécision. J'aurais dû me révolter contre ces usages érigés en institutions, sans doute n'en avais-je pas encore les audaces, puisque les attributions professionnelles de mon mari se cantonnaient aux domaines agricoles. Je dépendais de lui, de ses décisions et me soumettais à sa forte personnalité. A cette époque, je n'avais que vingt-six ans, et mon manque de confiance en moi m'interdisait toute contestation. J'agissais en utilisant mon instinct et tout le charme dont j'étais capable, mais de cette façon je ne construisais rien de stable. Il faut être partenaires pour mener à bien un projet dans un couple, trop d'intermédiaires intervenaient dans le nôtre.

Le séjour s'acheva par un dîner dans la forêt paraguayenne au centre du campement d'un ornithologue américain. Assis en cercle autour du feu, nous sirotions du maté, dit « thé des jésuites ». Trois Paraguayens, venus pour aider le chercheur, jouaient de la flûte, de la harpe indienne et du tambour. Ils interprétèrent et chantèrent toutes les mélodies du folklore guarani, une race d'Indiens de cette région qui fut totalement exterminée. Contrairement à ce que je croyais, la forêt tropicale demeure silencieuse, nul cri de bête ne la hante; ainsi, les notes cristallines de ces instruments s'égrenaient de façon mélodieuse et poétique à travers l'obscurité et la densité de la nuit, et rendaient ces chants encore plus nostalgiques. Un des péones me fit cadeau d'une grande boîte où des papillons de couleur féeriques s'alignaient en désordre, comme s'ils allaient prendre leur envol. Il avait sans doute remarqué, lors de mes promenades, mon émerveillement pour cette faune. Cette boîte fut à l'origine d'une collection qui tapissa mes murs de façon originale, remplaçant ainsi l'absence de tableaux pendant de nombreuses années. Ce cadeau me toucha d'autant plus que cet homme n'avait qu'une main, un crochet remplaçait l'autre!

Je ne connus réellement l'Argentine qu'après avoir été en Patagonie, à la hauteur de San Carlos de Bariloche, visiter la région des grands lacs. J'imaginais, en effet, que la majeure partie de ce pays ressemblait à la pampa et à ses étendues infinies. En descendant dans le Sud, après avoir traversé des régions désertiques je découvrais un paysage grandiose de montagnes aux cimes neigeuses, plantées de forêts d'araucarias, ces conifères gigantesques aux branches hérissées d'aiguilles épaisses, tombant à pic sur des lacs immenses ayant les couleurs des pierres précieuses : turquoise, émeraude, saphir et onyx! La nature exprime avec une telle puissance sa beauté et son identité primitives que la seule résonance possible me sembla être celle de la *Symphonie du Nouveau Monde*, d'Anton Dvorak. C'était la Terre avant l'apparition de l'homme, le monde de la Création, façonné par le Dieu de l'Ancien Testament!

Ce voyage se poursuivit encore plus au sud, car j'accompagnai Michel pour aller chasser le cerf sur les contreforts des Andes. Les cervidés là-bas sont aussi beaux que ceux des Carpates, leurs andouillers encore plus étonnants battent tous les records mondiaux. En arrivant à San Martin de los Andes, je me retrouvai dans le décor d'un film du Far West : le village s'échelonnait le long d'une rue principale en terre, où se succédaient en désordre des bicoques en bois, des troquets, quelques hôtels minables devant lesquels attendaient des chevaux.

Par ordre d'importance après l'église, le poste de police et sa prison, la mairie, le point vital de cette agglomération était l'« Almacen »! Dans cette sorte de bazar, on trouvait toutes espèces de marchandises, des plus incongrues aux plus indispensables. Les clous et les boîtes de conserve côtoyaient les chemises de nuit courtes en nylon festonné, les selles en peau de mouton s'étageaient près de monceaux de couvertures, et des boîtes de bobines de fils multicolores s'entassaient au milieu de rideaux en macramé! Un homme à la figure rougeaude régnait sur ce capharnaüm; en m'entendant parler, il me proposa de m'aider avec un accent parigot digne du faubourg Montmartre! La rue était encombrée de sulkies, de péones à cheval, quelques passants se frayaient un passage, bousculés par le klaxon de Ford poussives, tout cela dans des nuages de poussière et des bruits intempestifs qui m'évoquaient des clichés du XIXe siècle.

En attendant l'organisation de notre campement et l'arrivée des marchandises, nous demeurions, Michel et moi, dans une pension de famille, un peu en dehors de la ville.

Le premier soir je descendis retrouver Michel au bar; en poussant la porte, je crus défaillir! Je ne vis que des hommes de dos, en costume vert-de-gris. Je reconnus immédiatement les nuques carrées et épaisses, les cheveux blonds ou gris coupés très court. Ils s'exprimaient tous en allemand! Je tremblais d'une façon incoercible, cette image agressive me remettait brusquement en mémoire les années de guerre à Marsan! Je me retrouvais seule face à un groupe d'occupants. Ils étaient tous là, devant mes yeux incrédules, réfugiés de l'Allemagne vaincue, anciens nazis à l'allure martiale, et parlant si fort! En traversant la pièce minuscule où ils s'agglutinaient pour boire de la bière, je dus affronter leurs regards bleus, froids et toujours pleins d'arrogance.

Le sud de l'Argentine, depuis la fin de la guerre, se transformait en refuge, puis en dépotoir où se retrouvaient tous les indésirables chassés d'Europe.

Nous partîmes le lendemain matin, une fois la camionnette chargée; un guide de chasse nous accompagnait. Une véritable aventure commençait, je n'avais jamais vécu sous la tente. Nous roulâmes durant deux heures sur des routes plus ou moins carrossables, puis il fallut déposer le chargement dans des barques, sur lesquelles nous traversâmes un grand lac vert sombre, et retrouver les chevaux sur l'autre rive. Des mulets portaient les tentes et tout le matériel, les caisses d'approvisionnement et de munitions. A la file indienne, nous suivions par un chemin rocailleux et malaisé les sinuosités de la montagne. Nous traversions des gués, les sabots des montures frappait l'eau en larges éclaboussures, puis de petites rivières. Pour permettre au cheval de nager et de nous mener de l'autre côté, les rênes devaient flotter sur l'encolure. Je m'accrochais au pommeau, légèrement inquiète car j'avais de l'eau à mi-cuisses. Assise sur mon cheval, je pouvais suivre le cours des rivières irisées, le dessin des lacs; je dominais ainsi jusqu'à l'infini cette contrée si extraordinaire par sa diversité et sa beauté primitive qu'elle en devenait irréelle!

Mais il fallait dresser le campement avant la tombée de la nuit, et me dépêcher de rejoindre la troupe!

Le péon qui devait s'occuper de l'intendance ne se trouvant pas au rendez-vous, je dus le remplacer pendant quelques jours : faire la cuisine, et pour cela allumer le feu, nettoyer et ranger les tentes, veiller à ce que les repas soient prêts à l'arrivée des chasseurs, en l'occurrence Michel, son frère Paul et le guide. Les tentes furent montées en lisière d'un bois, non loin d'un ruisseau, pour l'approvisionnement en eau.

C'est dans ce lieu perdu en altitude, à la frontière du Chili, que je compris la signification du mot silence. Plus rien ne me rattachait au monde des vivants. Ce paysage, admirable dans sa démesure et son immensité, semblait indifférent à toute présence humaine. Pas un village à l'horizon, pas un bruit, ni un chant d'oiseau, nul cri d'animal, même au loin, ne se faisait entendre durant le jour. La nuit, j'écoutais les cerfs bramer, un cri ressemblant au rugissement d'un lion.

Une fois les hommes partis, je m'efforçais de combattre mon angoisse. Face à cette absence de sons, j'essayais de me souvenir et de fredonner des passages entiers des symphonies de Beethoven, de rechercher les thèmes principaux des *Concertos brandebourgeois*. Le premier mouvement du *Sacre du printemps* illustrait admirablement la matière et les forces contenues dans la nature environnante, et le désir que j'éprouvais de communiquer avec celle-ci. Seules la chaleur des rayons solaires, l'eau froide du cours d'eau et les gelées matinales me redonnaient l'impression de posséder un corps!

Lors de ma première traque, je fus stupéfaite de voir surgir à des hauteurs vertigineuses, en vols circulaires, des charognards, venus de nulle part, s'approcher du cerf mort à nos pieds depuis peu! Durant ces semaines, je découvris la chasse telle qu'elle se pratiquait selon les rites les plus primitifs. Un cerf superbe ayant été entendu, puis vu, non loin du camp, je partis à cheval accompagner mon beau-frère Paul. Après avoir observé d'où venait le vent, en jetant une herbe sèche en l'air, nous fîmes un long détour pour que l'animal ne sente pas notre venue.

Nous approchions en silence, avec mille précautions près de son territoire, mon cœur battait très vite. Brusquement, au détour d'un rocher, le cerf était là, il nous regardait avec superbe, sa tête ornée de bois gigantesques. Nous demeurâmes face à face, le chasseur aussi surpris que sa proie!

Au moment où l'animal allait partir de son pas tranquille et majestueux, j'imitai, comme le guide me l'avait enseigné, le cri de la biche en pinçant mon nez avec un bruit de gorge aigu. A ma stupéfaction, le dix corps se retourna; Paul profita de cet instant de surprise pour épauler et tirer. L'animal tomba sur le coup. En voyant ce corps privé de vie, j'étais à la fois heureuse et fière pour le chasseur, mais en même temps un sentiment de honte me submergea. Une autre fois, moi-même je tuai une biche d'un seul coup de carabine et, devant l'inutilité de mon geste, je jurai de ne plus jamais chasser. L'innocence et la beauté de ces animaux devaient être respectées.

En 1962, mon beau-père attribua à chacun de ses trois fils puînés une partie du château de Fleury-en-Bière : l'aile Richelieu à Charles, la partie à droite de l'entrée d'honneur à André, et celle de gauche à Michel. Ce désir de bâtir un foyer à l'intérieur duquel nous pourrions être chez nous et vivre avec nos fils selon notre bon plaisir allait peut-être enfin se réaliser. J'attendais cette libération depuis huit ans et je souhaitais renoncer peu à peu à la facilité et à la douceur de vivre d'un certain milieu, pour m'engager totalement dans l'exercice d'une profession et tenter de vivre d'une façon plus authentique. L'installation de Fleury sera une première étape de cette prise de conscience.

Tous les mardis après-midi, j'allais à pied de la rue Saint-Dominique à l'avenue de Latour-Maubourg retrouver Mogens Twede dans son cabinet. D'origine danoise, cet ami architecte m'aida dans ma tâche. Au milieu d'un fatras de dessins et de gravures nous étudiions les plans d'aménagement de Fleury, cherchant les solutions les meilleures et les moins onéreuses. Après avoir travaillé, nous prenions une tasse de thé avec sa femme la princesse Radziwill, appelée affectueusement tante Dolly. Cette femme minuscule et frêle, au regard de braise, racontait avec passion sa vie en Pologne. Elle avait épousé successivement ses deux cousins Radziwill, son existence ponctuée de drames et de bonheurs s'était déroulée de châteaux en voyages, de chasses au loup et à l'ours en bals et soirées magnifiques. Je l'écoutais rêveuse, comme l'on tourne les pages d'un livre d'images d'un monde qui n'a jamais existé.

Tôt le mercredi, Mogens et moi nous partions ensemble pour Fleury-en-Bière au rendez-vous de chantier, où nous attendaient les différents corps de métier. Durant une année, je suivis avec un enthousiasme croissant la marche des travaux et la concrétisation des projets.

Ma belle-mère trouva dans ses armoires d'admirables rideaux en velours de soie frappé, d'un vert Titien, avec la passementerie d'époque pour les rideaux et le lit à la polonaise de la chambre de son fils.

En furetant dans le grenier, je découvris trois lustres de cristal en très mauvais état : le savoir d'un artisan du Marais les transforma en une superbe suspension de bronze et de pendeloques pour éclairer la table ronde de la salle à manger.

La plupart du mobilier provenait des resserres situées dans les bâtiments annexes du château et d'achats chez les brocanteurs d'Auch et de Melun.

Mais ce fut grâce aux cadeaux merveilleux et successifs de mon beau-père que la décoration de Fleury atteignit son apogée. Les fêtes annuelles, les anniversaires ou même de simples visites étaient toujours le prétexte d'une surprise, et d'un présent. Sans son extrême générosité, cette maison n'aurait jamais été aussi belle.

Avant de nous installer, durant une année je rapportai, à chacune de mes allées et venues depuis la rue Saint-Dominique, une partie du déménagement; dès que les travaux de peinture furent terminés, j'en commençai l'installation, avec l'impression d'entreprendre un nouveau chapitre de ma vie.

Tout était neuf, tout était beau et la maison ne demandait qu'à exister!

C'était un peu comme un baptême : investie des droits et du pouvoir que m'attribuait Fleury, j'allais enfin pouvoir exercer mes talents et m'acquitter de mes devoirs de maîtresse de maison. Je prenais très à cœur la réussite de cette entreprise quotidienne, m'étant toujours sentie peu considérée et peu capable de bien recevoir. La première personne que je désirais épater était Michel.

Dorénavant je travaillerai en équipe avec une cuisinière, un maître d'hôtel et une femme de chambre, ferai des menus, dresserai de belles tables, veillerai à ce que rien ne manque dans les chambres d'amis et mettrai des bouquets partout dans la maison. Chaque semaine, je me rendais à Fontainebleau pour m'occuper de l'intendance de la maison et chez un horticulteur pour choisir mes fleurs.

Mon grand ami Pierre Celeyron fut, entre autres, mon maître « ès fleurs », celui qui m'enseigna l'art des bouquets. Au début ce n'était pas chose facile car l'architecture du salon et de la bibliothèque dégageait de telles proportions que les fleurs et leur vase devaient être gigantesques pour avoir leur raison d'être. Peu à peu, en suivant ses conseils, je sus associer les couleurs, trouver l'équilibre dans la composition et faire en sorte que ces bouquets deviennent un élément important de la décoration. Cette occupation me rendait très heureuse, elle faisait partie de ce bonheur d'être à Fleury et de vivre au milieu de la beauté sous toutes ses formes.

Je regardais vivre avec une émotion intense, parfois proche d'une désespérance inexplicable, mes trois enfants insouciants et heureux, à qui je contais les émerveillements de mon enfance et les histoires que j'avais apprises de grandes personnes aimées. L'été, la duchesse de Mouchy, tante Marie, nous conviait à prendre le thé.

Les goûters se déroulaient suivant l'humeur du temps dans le jardin ou à l'intérieur du salon et selon un rite immuable, orchestré par Georges le maître d'hôtel. Les mains derrière le dos, vêtu de sa veste blanche, imperturbable il les annonçait avec un formidable « ... chesse est servie », expression franche et spontanée de sa forte corpulence et de son dévouement protecteur depuis des lustres envers ma tante.

Sur des tables roulantes, aux étages recouverts de napperons de dentelle, se plaçaient harmonieusement des cakes truffés de fruits confits et de raisins de Corinthe, les sablés blonds et les tartelettes aux fraises nappées de gelée de groseille. Le thé de Chine, Lapsang-Souchong ou Earl Grey de préférence, était versé dans d'exquises tasses de porcelaine anglaise, mes fils et leurs cousines buvaient avec bonheur le jus de cassis de Marie-Louise, la cuisinière. Toutes ces délices préparées avec art et raffinement inspiraient le thème de ces réunions amicales, sortes de rendez-vous hors du temps ! Je retrouvais avec joie oncle André de Vilmorin venu de Verrières avec un de ses amis américain, Russel Page, une sommité de l'architecture des jardins, également Lady Diana Duff Cooper aux inoubliables yeux bleus.

Tous venaient en amis, mais aussi en admirateurs, car le potager demeurait un jardin unique, mais tout amateur pouvait s'en inspirer. Puis ils allaient à Courances voir mon beau-père et le jardin japonais, parfois Vaux-le-Viconte et Pompadour. De cette amitié entre hommes de l'art est née une société « Les amateurs de jardins », qui fait le tour d'Europe à la recherche des plus beaux jardins.

Cette délicieuse habitude de se rendre visite de châteaux en maisons et de se recevoir entre voisins occupait la plupart de nos journées et de nos soirées. En automne et durant toute la saison des chasses, cet usage devenait le prétexte de déjeuners et de dîners fort élégants pendant le week-end.

Courances et les deux ailes du château de Fleury sortaient de leur silence et de leur immobile beauté pour s'animer d'une façon étrange : dès l'aube, des mouvements incessants de voitures, les claquements de portières et les roulements intempestifs sur le gravier brisaient le calme habituel de ces murs. Les façades restaient allumées fort tard dans la nuit, car mes belles-sœurs et moi nous aimions recevoir.

C'était un des plaisirs que me donnait ma nouvelle existence à la campagne, non dépourvue d'un certain snobisme. Tout un rite y participait, comme dans les répétitions d'une pièce de théâtre. Je m'appliquais à rendre la maison tout à fait accueillante avec une profusion de bouquets et de brûle-parfum exhalant une odeur de jasmin à tous les étages, le couvert à la salle à manger était encore plus raffiné, et bien sûr un excellent menu s'élaborait en bavardant longuement avec Aurora la cuisinière. Je veillais à ce que les vins soient décantés et à bonne température, qu'il y ait des cigarettes sur les tables, des boissons rafraîchissantes après le dîner et des havanes, sans oublier le champagne, dont un verre avant l'arrivée des invités me rassurait.

Le fait de vivre à Fleury me permettait enfin de rendre les politesses à tous ceux qui nous avaient reçus durant des années, mais aussi d'inviter les personnalités de notre temps. Je désirais que notre maison soit ouverte aux artistes et aux hommes politiques, qu'elle devienne peu à peu un lieu propice à l'élaboration d'idées et d'œuvres, et surtout que Fleury soit un refuge pour tout créateur épris de silence et de solitude, luxe de plus en plus rare que je pouvais offrir. Ce souhait, hélas! ne se réalisa pas. C'est aussi en 1962 que notre vie se fit plus mondaine, moins soumise aux rites familiaux. L'été nous passions des séjours à la Reine Jeanne chez Paul Louis Weiller, et chez les

Agnelli à la Léopolda, une villa palladienne sur les hauteurs de Villefranche, ayant appartenu à Léopold de Belgique. Dans cet environnement cosmopolite je côtoyais les personnages du Jet Set international et souvent à la une de tous les journaux de cette époque.

Nullement grisée par la fréquentation de ce milieu, je retrouvais mes attitudes favorites, l'écoute et l'observation, avec peut-être un œil plus acéré, mais toujours prête à l'émerveillement et à la moquerie. De ces rencontres il me reste des images cocasses : ainsi je surpris Elsa Maxwell, cette commère redoutable, interprétant du George Gershwin au piano, son béret vissé sur la tête, alors que toute la maisonnée dormait encore. Je vis Aristote Onassis, lors d'une réception sur son yacht le *Cristina*, lancer des pétards sur la piste de danse et hurler de rire en voyant l'effroi de ses invités, il aimait s'amuser et se considérait avec humour comme un « rasta » (*dixit*). Tout comme Arturo Lopez qui me dit, un soir que j'admirais le diamant qu'il portait au doigt : « Après Louis XIV, seul un rastaquouère comme moi pouvait le faire ! »

Pas la moindre joie de vivre chez Stavros Niarchos, la plupart du temps à moitié ivre, s'ennuyant à périr en toute occasion, sauf peut-être à bord du *Créole*, lorsqu'il montrait l'esquisse de l'*Olympia* de Manet ou qu'il parlait de sa collection d'argenterie exécutée par les célèbres frères Germain. De même, je n'ai jamais vu son fabuleux trois-mâts naviguer toutes voiles dehors, il faisait le bouchon dans la baie de Villefranche et servait de taxi, ou bien encore, comme s'exclamait un capitaine anglais, ce bâtiment se transformait en « bar » pour son propriétaire !

Je constatais avec stupeur que les nantis de ce monde étaient fort désabusés et qu'aucune passion ne semblait les animer. Trop d'argent agit comme un anesthésique. A ces réceptions fastueuses de la Côte d'Azur, j'avais l'impression de passer l'examen du « Beau Paraître » et d'affronter le mur de l'ennui, en particulier à table, où je me sentais mal à l'aise face à la vacuité intellectuelle et morale des conversations. Seul mon regard se réjouissait, car le décor dépassait toute imagination, et je ne résistais pas à l'entrain des orchestres, j'adorais danser.

A l'opposé, je prenais conscience d'une découverte et d'un réel enrichissement en observant des artistes dans la vie courante, tels que Charlie Chaplin, Yul Brynner et David Niven et en conversant avec des journalistes comme Pierre Lazareff,

Joseph Kessel, ou un « Barbare » tel que Sam Spiegel et un chef d'entreprise comme Gianni Agnelli, pour ne citer que ceux avec qui j'ai réellement eu des échanges suivis. Une lumière habitait leurs yeux, celle de l'intelligence et de la générosité, un autre pouvoir que celui de l'argent leur accordait un charisme certain.

Michel interprétait cette impatience de toujours me remettre en question et mon envie de graviter à travers le milieu intellectuel et artistique comme une perpétuelle insatisfaction.

Secrètement je ressentais, très profondément en moi, un mal de vivre, que je ne pouvais encore définir. A ses yeux, j'étais comblée par le sort, toutes les apparences le lui prouvaient chaque jour ! En effet, en peu d'années, j'étais devenue (*dixit* la presse et la rumeur), avec Dolores Guiness, une des plus belles jeunes femmes de Paris et parmi les très élégantes, après Jacqueline de Ribes, la duchesse de Windsor et Hélène Rochas. Dior m'habillait et Marc Bohan choisissait dans ses collections le tailleur, l'ensemble habillé et la robe du soir qui m'iraient le mieux : il assistait personnellement à tous les essayages, et indiquait les rectifications à la Première, Mme Simone.

Il ne me restait plus qu'à poser un masque sur ma figure, celui du Paraître !

Selon la formule consacrée, Michel et moi nous étions devenus le ménage en vogue et nous faisions dorénavant partie du « Tout-Paris ». Seule me restait l'émotion fugitive d'être belle et de n'être malheureusement reconnue que pour telle, j'étais devenue une pièce de collection, un beau masque, je n'avais pas d'âme et ma personnalité s'était peu exprimée jusqu'alors.

Aujourd'hui je garde à l'esprit le souvenir mélancolique de fêtes fabuleuses où je me sentais très esseulée avec ou sans Michel. Les réceptions au château de Versailles données par le général de Gaulle pour les Kennedy par exemple, dont le faste rappelait le siècle de Louis XIV. Ainsi le « Bal des petits lits blancs » au palais de Beit ed-Din à Beyrouth en 1964, qui s'acheva au lever du soleil dans les ruines de Baalbek : les abricots encore couverts de rosée, cueillis à même l'arbre, avaient une saveur délicieuse, douce à ma gorge nouée. Les dîners à l'hôtel Lambert dans l'île Saint-Louis, donnés par Alexis de Rédé, les nombreux bals au château de Ferrières où s'exprimaient avec un art féerique l'imagination et l'accueil subtil de Guy et Marie-Hélène de Rothschild pour le bonheur de leurs invités. Je ne peux oublier les fêtes à Venise aux palais Volpi et

Brandolini, celle donnée dans le décor étonnant des fresques en trompe l'œil peintes par Véronèse, de la villa Maser.

Il y eut un bal costumé, un des plus poétiques, créé par Sheela de Rochambeau, qui restera à jamais inscrit dans ma mémoire. L'hôtesse s'était inspirée des « fêtes galantes » de Watteau : lumignons pour souligner dans la nuit de juin l'architecture du château et des jardins à la française, guirlandes de feuillages et lustres de fleurs couverts de bougies, une tente immense en toile rose imprimée de « singeries » dans le goût du XVIIIe siècle, décorée de grands bouquets, et d'immenses buffets dressés en étages. Les invités faisaient leur « entrée » en interprétant les thèmes de tableaux de l'époque. Tout cela était ravissant et évoquait la frivolité du Hameau de Marie-Antoinette au Petit Trianon, la fête fut des plus gaies, et je dansai à m'en étourdir sans notion de l'heure et du temps. Et pourtant, j'avais froid. Michel me surprit dans mon désarroi. Ce fut notre premier affrontement inamical, face à un mal-d'être qu'il ne pouvait pas s'expliquer. Pour la première fois, je devais admettre mon échec, au désenchantement succédait le chagrin, un chagrin inavouable qui demeurerait caché derrière le masque encore inaltéré du « Paraître ». Cette prise de conscience me libérait en quelque sorte et m'incitait à chercher ma voie, j'étais déterminée et voulais survivre coûte que coûte sans toutefois provoquer l'irrémédiable, ma conscience me l'interdisait.

L'hôtel particulier des Guy de Rothschild, au 10 de la rue de Courcelles, fut pour moi un de ces carrefours parisiens où je fus mise en présence du monde politique et de l'intelligentsia de notre temps. C'est ainsi que l'on me présenta, en juin 1961 lors d'un grand dîner, à Claude et Georges Pompidou ; il n'était pas encore Premier ministre.

Je fus tout de suite frappée par son regard pétillant d'intelligence et de malice, mais en même temps très attentif et circonspect. L'ombre des énormes sourcils qui protégeaient ses yeux, son sourire en coin et ses manières de bon vivant me rappelaient les paysans du Sud-Ouest, et plus particulièrement ceux des villages de l'Aveyron. Il savait écouter patiemment son interlocuteur en croisant les bras sur sa poitrine, ne prenant pas garde à la cendre de sa cigarette qui dégringolait le long de son gilet, ou d'un chandail usagé qu'il portait volontiers dans sa maison de Cajarc. Tout en écoutant il semblait prendre du recul, comme pour mieux réfléchir à la réponse à donner. Je remarquai que cet homme important montrait en toute circonstance une extrême courtoisie vis-à-vis des autres, même lorsqu'il s'impatientait. Il entourait toujours sa femme Claude de beaucoup de prévenance et de tendresse, la prenant par le bras, l'entraînant par la main, sachant à quel point elle redoutait la foule des courtisans et les réceptions officielles. J'eus le bonheur d'être souvent invitée dans leur appartement du quai de Béthune et de partager leur intimité, même en vacances dans le Lot. Je découvrais leurs vrais amis et l'intérêt qu'ensemble ils portaient aux œuvres de l'art contemporain et à ses créateurs. Jean et Françoise d'Ormesson m'accompagnaient souvent à ces dîners où je rencontrais des personnalités fort différentes : les frères Gal, écrivains et réalisateurs, le chef d'orchestre Maurice Le Roux et Gilbert Bécaud qui parlaient de rime et d'harmonie avec désinvolture, Philippe de Croisset, journaliste et directeur de *Vogue*, André Malraux, qui à cette époque m'intimidait beaucoup malgré la grande bienveillance avec laquelle il m'expliquait les arcanes de l'art et de la littérature, semblant ignorer mon inexpérience; les plus fidèles des habitués étaient Françoise Sagan..., Jacques Chazot, Edouard Balladur, le charmant Guy Béart aux yeux tristes et Raymond Cordier, grand amateur et collectionneur de tableaux, avec qui Pompidou allait dans les galeries.

D'avril 1962 à juin 1969, date à laquelle Georges Pompidou devint président de la République, je me rendis souvent à l'hôtel Matignon pour déjeuner en très petit comité, et assister aux dîners officiels. J'y allais seule, le plus souvent. Je me laissais aller au naturel et à la spontanéité. Dorénavant, j'osais m'exprimer avec aisance, poussée par la curiosité d'apprendre et de connaître.

Je ne craignais plus d'arriver non accompagnée dans une assemblée et de franchir les doubles portes des salles de réception, sous les regards de tous. Je me sentais aussi à l'aise à la droite de l'ambassadeur de Russie Serguiev Vinogradov qu'assise à côté d'Olivier Guichard, n'hésitant pas à relancer la conversation, en particulier si le sujet me passionnait, n'était-ce que pour en savoir davantage.

Le salon bleu, où l'on remarquait un Nicolas de Staël parmi

de beaux et de nombreux tableaux modernes, fut un lieu de rencontres agréables et divertissantes mais surtout le réceptacle des événements qui marquèrent les années soixante.

Ainsi un soir, Peter Ustinov élabora en quelques minutes un sketch qui relatait la découverte d'une cantate de J.-S. Bach jusqu'alors méconnue. Il imita les différentes mimiques des « spécialistes es musici » surpris de leur incompétence, parodia leurs commentaires en langue allemande, aussitôt transmis avec des intonations différentes selon la personnalité de chacun. L'acteur enfin chanta le thème principal de la cantate, repris à chaque fois sur tous les registres, du soprano léger au baryton! Sa performance fut extraordinaire.

Parmi l'assistance secouée par l'hilarité, même les personnes les plus graves comme Maurice Druon, de par leur rang et leur fonction, ne résistèrent pas au fou rire général.

Dans ce même salon donnant sur de grands jardins, un entretien se révéla très important pour moi, et selon le cours des années devint une source d'échanges intellectuels et affectifs, je veux parler de ma rencontre avec Madeleine Renaud et Jean-Louis Barrault. Je les avais entr'aperçus des années auparavant sur les gradins du Vél'd'hiv', au premier récital de Ray Charles en 1957. Dès le premier regard, j'avais retrouvé l'intensité et la « volubilité » des mains de Baptiste des *Enfants du Paradis* et le cycliste de *Drôle de drame.* L'Odéon et le restaurant « La Méditerranée » deviendraient mes lieux de prédilection, la vie d'un théâtre et le travail des acteurs, une leçon d'éthique.

Madeleine me révélerait ce qu'exige l'achèvement d'un rôle et m'enseignerait par chacune de ses attitudes la sérénité, la pudeur et l'autocritique malgré les applaudissements, présages d'un triomphe incontestable.

Jean-Louis, lui, n'était qu'effervescence et enthousiasme, projection de tout son être dans la réalisation d'une œuvre. Il m'amènera à comprendre le métier de metteur en scène, à la fois par son insatiable avidité de vivre, sa passion de faire connaître les auteurs dont il vénère les textes et par sa compréhension des êtres humains.

Mon grand désir de faire oublier ma beauté et d'être aimée, estimée en tant qu'être, se précisait chaque jour d'avantage. Les marques d'amitié et d'affection dont m'entourèrent ces personnalités m'aidèrent réellement.

Ce n'est qu'à Cajarc, entre les murs de pierres sèches de sa maison, que je découvris le véritable Georges Pompidou, l'homme aux vertus terriennes. Seul, assis au coin de la grande cheminée, en train d'étudier des piles de dossiers, la cigarette pendue aux lèvres, ou encore en veste et pantalon de gros velours, se promenant sur le Causse sous une pluie fine, la boue collée à la semelle de ses souliers, et me parlant de cette terre qu'il aimait tant. Le calme et la bienveillance qui émanaient de sa personne me semblaient encore plus évidents. Il paraissait si heureux, goûtant avec des mines de chat les perdreaux aux choux et son vin de Cahors, ou regardant ce paysage admirable depuis le seuil de sa porte. Et puis je ressentais avec émotion le bonheur et l'entente de ce couple dans cette ancienne ferme, choisie et arrangée par eux, s'enthousiasmant ensemble des progrès de l'aménagement des nouvelles chambres d'amis, discutant du programme de la journée, et allant main dans la main voir les dernières roses du jardin. C'est dans ce coin perdu de France, éloigné de toute vie sociale, donc débarrassé du protocole et de tout conformisme, que s'exprimaient véritablement l'intérêt et l'affection qu'il portait à ses amis.

Ainsi, à un moment difficile de mon existence, Georges Pompidou prit le temps de m'écouter et la peine de me conseiller, comme l'aurait fait un père. Avoir de la chance signifiait pour lui saisir au vol les possibilités d'avenir offertes lors d'une rencontre. Je m'en souvins dans ma vie professionnelle.

A partir de Mai 68, l'homme d'État s'affirma chaque jour davantage, je le notais aussi dans ses moindres attitudes. Ce furent le « J'ai décidé que la Sorbonne serait réouverte, à partir de lundi » à son retour tant attendu d'Afghanistan, vers onze heures du soir, le dimanche 12 mai – la marche accélérée des accords de Grenelle, menés de main de maître alors que nous n'en avions plus – la formation d'un gouvernement de transition après le retour du Général et le défilé d'un million de Français l'acclamant. Une fois ce mois de turbulences passé, le Premier ministre réunit à l'hôtel Matignon quelques intimes. Après le dîner, il nous conta quelques faits confidentiels de cette révolution : A sa stupeur les spectres de la lâcheté prirent corps, à l'intérieur même du gouvernement, les uns retournant leur veste, les autres se dévoilant parfois un peu vite dans l'opposition! Sa joie d'avoir marié son fils dans l'incognito, à la barbe des journalistes trop occupés par l'actualité. Sa fureur contre les radios périphériques qui commentaient et signalaient aux étudiants la position des C.R.S.; il se montrait particulièrment agacé par l'attitude de certains journalistes. Enfin il nous fit part de son angoisse morale et physique le mercredi 29 mai, après le coup de téléphone du général de Gaulle, lui demandant de ne pas s'inquiéter et se terminant par un incompréhensible : « Je vous embrasse. »

Jamais, durant toutes ces années de collaboration, il ne lui avait adressé un tel geste affectueux, correspondant si peu aux relations qu'il entretenait avec le Général. Personne ne savait ni ne sut pendant vingt-quatre heures où celui-ci avait disparu. Georges Pompidou échafauda toutes les hypothèses, cet adieu solennel, à un moment, lui fit redouter que le Général puisse peut-être penser au suicide. Il évoquait ces heures pénibles avec une gravité que je ne lui connaissais pas jusqu'à ce jour.

Nous écoutions en silence, emplis d'admiration, le Premier ministre, notre ami, parler avec humour et sérénité de cette période historique, si difficile à canaliser, puis à apaiser et qu'il avait su maîtriser. Je me souviens qu'il ajouta cette phrase surprenante : « Mai 68 devait se produire, tout était annoncé dans les films de Godard, ainsi dans *La Chinoise*, par exemple. »

Pour qui connaissait bien Pompidou, il suffisait de se rappeler l'annonce de sa candidature à la succession du général de Gaulle, faite à Rome en janvier 1969, pour savoir qu'il serait élu président de la République. Cet homme ne parlait en toute sérénité que de ce qu'il ressentait profondément et savait, en se conformant à sa sagesse paysanne.

Après le départ « honorable » de De Gaulle, malgré sa défaite au référendum, nous pressentions comme la majorité des Français que Pompidou gagnerait les élections. Nous participâmes tous selon nos talents et nos possibilités à la campagne, avec beaucoup d'enthousiasme. Le 16 juin 1969, en fin d'après-midi, j'allai chercher Jean Poniatowski et Patrick de Montal à *Paris Match*, époque où ils mettaient sur pied la maquette du *Figaro Magazine*, tel que nous le lisons aujourd'hui, pour nous rendre à pied boulevard de Latour-Maubourg. Au numéro 8 se tenaient la permanence et les bureaux de l'ancien Premier ministre.

La soirée était délicieuse comme peuvent l'être celles d'un mois de juin à Paris. En traversant le pont des Invalides, la Seine m'apparut plus attachante que jamais, les rayons du couchant s'y attardaient, lui accordant la poésie du crépuscule. De nombreux barrages de police retenaient les journalistes et les photographes agglutinés derrière les barrières de fer, et nous avions du mal à nous faufiler jusqu'à la porte cochère. J'aperçus le maître d'hôtel de tante Dolly Radziwill : dès qu'il me vit je lui fis un signe impératif de la main, lui faisant comprendre que je voulais passer et entrer dans l'immeuble. Il s'adressa au policier et nous passâmes tous les trois. « Que madame la Comtesse veuille bien m'excuser, mais je suis obligé de la faire passer par l'escalier de service », me répétait-il, me précédant le long de l'étroit colimaçon. Je le remerciai avec effusion, et nous pénétrâmes dans l'ancien appartement de la princesse Radziwill, à qui, il y a quelques années, je rendais visite une fois par semaine. Je ne retrouvais que les structures, le charme et l'élégance avaient disparu. Ce n'était que bureaux, murs couverts d'affiches, cliquetis des machines à écrire, allées et venues, conversations rapides et sonneries des téléphones. Je songeais à la marche du temps, au clin d'œil de l'Histoire.

La foule se massait de plus en plus nombreuse devant l'immeuble, scandant le nom de Georges Pompidou, puis celui de PomPon sur l'air des lampions. A l'annonce des résultats définitifs confirmant sa victoire, le nouveau président de la République s'approcha lentement de la fenêtre et parut sur le balcon sous les ovations et les acclamations frénétiques. J'en avais la chair de poule. Il salua d'un geste amical, avec un sourire bienveillant et radieux, comme s'il s'adressait à chaque personne en particulier. Sans perdre sa sérénité coutumière, son visage reflétait une émotion profonde, de joie, certes, mais surtout de fierté. En sept ans, cet homme qui n'était pas un politicien parvenait aux plus hautes responsabilités de l'État par la volonté du suffrage universel.

Je vivais intensément ce moment, très émue d'être le témoin d'une page de notre histoire. Pompidou dorénavant appartenait à la France.

Face à l'impossibilité de communiquer avec mon proche entourage et de lui faire comprendre que le succès, le bien-être ne signifiaient pas pour autant le bonheur, mais parfois son deuil, je m'étais réfugiée dans le rêve. A travers ces illusions, et mes aspirations, je projetais une vie différente dans laquelle je ne me sentirais plus seule. L'amour que je portais à mon trio ne me comblait pas dans la mesure où Michel et moi vivions trop souvent éloignés l'un de l'autre, A ce jeu, la réciprocité n'existait pas dans notre couple, je devenais encore plus vulnérable, me laissant aller à mes vieux démons, ceux de mon enfance, la tristesse et la mélancolie.

Deux années plus tard, le point de non-retour sembla atteint. Je ne pouvais continuer de mener cette vie sans enthousiasmes ni perspectives. A trente ans je ne voulais plus subir mais conduire mon existence. Outre ce besoin vital de construire ma personnalité hors de toute dépendance, je désirais exercer une profession.

Et puis je savais d'une façon irrémédiable que Fleury, cette maison installée par mes soins avec tant de passion, ne serait jamais un foyer. Les allées et venues en Argentine déréglaient toutes possibilités d'assise et de vie familiale.

Une grande lassitude s'emparait de tout mon être, il me semblait que je n'arriverais jamais à changer le cours des choses car j'étais seule.

M'incombait non seulement la marche de cette grande maison, mais surtout l'éducation de mes fils, et souvent la présence paternelle me faisait défaut. En effet, toutes mes initiatives étaient discutées et contrariées par cette gouvernante qui, au cours des années, avait pris de plus en plus d'ascendant.

J'avais perpétuellement la sensation d'être en liberté surveillée, dans cette si vaste demeure tout était contrôlé, même mes conversations téléphoniques. Elle exerçait sur l'entourage une véritable tyrannie, utilisant contre moi ma décision de travailler, l'incitant, avec perfidie, à l'interpréter comme un abandon de mes responsabilités maternelles.

Avant de partir pour l'Argentine, en janvier 1967, j'étais allée voir Hélène Lazareff au siège du journal *Elle*, rue Réaumur. Je la connaissais assez bien pour oser cette démarche, ayant été si souvent déjeuner chez eux à Louveciennes. Je lui fis part de ma détermination de faire du journalisme et de commencer dès mon arrivée à Buenos Aires. Elle me donna une lettre d'introduction pour le directeur des éditions Atlantida. Alors que je prenais congé, elle me regarda de ses petits yeux brillants d'intelligence et tout en remettant de l'ordre dans sa frange de sa main couverte de bagues, elle me dit tranquillement : « Quel dommage que vous soyez si malheureuse. » Je demeurai interdite debout près de son bureau, mon cœur battant à tout rompre. Comment avait-elle pu deviner que sous le masque de la mondanité souriante se cachait un tel désarroi ? En me réconfortant, elle m'assura que je réussirais. Sa confiance m'aida beaucoup dans la poursuite de cette profession.

C'est dans un bureau exigu, sans fenêtre, éclairé au néon, que du jour au lendemain je devins rédactrice de mode à Buenos Aires pour l'hebdomadaire *Para Ti.* Mon expérience et mon jugement en tant qu'observatrice depuis de longues années des collections de haute couture, le sens de la mode et l'instinct de l'élégance sans omettre mon qualificatif de « Parisienne » m'aidèrent à convaincre le directeur de journal, car j'eus beaucoup de mal à me faire accepter. En effet, bien que je me sois présentée sous mon nom de jeune fille (Victoire de Montesquiou), quelques jours après m'avoir reçue, cet homme jeune, sans préjugés apparents, me révéla sur un ton persifleur ma réelle identité et que dans ces conditions il ne pouvait embaucher une jeune femme de la « société », à plus forte raison lorsqu'elle appartenait à la famille Bemberg!

Mon irritation fut extrême, car je considérais que les tabous et les interdits qui contraignaient les Argentines d'une certaine classe sociale à rester chez elles et mener une vie oisive ne me concernaient plus. La chance voulut que je dus remplacer au pied levé la rédactrice de mode, mise en congé de maladie pour un an.

Tous les matins, je me rendais aux éditions Atlantida situées aux abords du port, au milieu des docks et des grues. Ma parfaite connaissance de l'espagnol me permit de traduire et de rédiger les articles sans difficulté. Peu à peu je convainquis les boutiques de prêt-à-porter de faire photographier leurs modèles, et je créai un « Bon magique ». Je désirais aussi que des femmes connues fassent la couverture du journal pour attirer un plus grand nombre de lectrices.

Mais ce qui me passionnait le plus fut sans aucun doute les reportages, en particulier celui que je rédigeai après un séjour d'une semaine de la Comédie-Française à Buenos Aires. J'accompagnai la troupe chaque après-midi et jusqu'aux heures tardives de la nuit, j'assistai aux répétitions et à toutes les représentations, assise sur une chaise dans les coulisses. Nous soupions dans une taverne toujours à la même table, Paul-Émile Deiber, Jacques Toja, Claude Winter, François Chaumette et Jacques Destoop. Je les nomme tous, car ils m'ont apporté un air de liberté et beaucoup de tendresse.

Il me semblait que je faisais partie de leur famille et que tous m'avaient adoptée, je me sentais heureuse de vivre. Je participais à leurs fous rires, écoutais avec émotion les vers et les extraits de textes qu'ils disaient si bien et je chantais avec eux des airs d'opéra, alors que nous marchions dans les rues désertes. En partant l'un d'eux me fit cadeau d'un livre d'Apollinaire, *Tendre comme le souvenir.*

Durant neuf mois, je menai enfin une vie professionnelle à Buenos Aires. Le fait d'apprendre sur le tas me prenait beaucoup de temps et me passionnait au point de ne plus avoir envie de faire autre chose. Je renonçai avec plaisir aux sorties mondaines et à toute vie sociale. Étant en deuil de Papédoux j'utilisais cette excuse avec une mauvaise foi polie et constante.

Je ne recherchais que la présence d'amis fidèles et celle de mon trio. Le soir, je rentrais en même temps qu'eux et nous passions des heures délicieuses ensemble. Malheureusement ce plaisir était toujours gâché, car je subissais d'une façon encore plus oppressante la mainmise de la gouvernante sur la marche de la maison et l'éducation des enfants. Physiquement, je manquais d'espace, car l'appartement ne permettait aucun isolement, moralement je me sentais prise en faute, mes absences professionnelles lui laissaient le champ libre, elle désirait m'évincer. (Depuis de nombreuses années chez nous, elle avait reporté une passion excessive sur mes fils, celle d'une femme célibataire, totalement dévouée à leur existence, donc exclusive. Elle supportait mal ma présence. Percevant mon mal de vivre elle cherchait à en tirer parti et à me nuire par tous les moyens.) Lasse de me battre, j'avais trop présumé de mes forces et pas su évaluer le prix de « la liberté d'être ». Je n'arrivais plus à assumer les difficultés quotidiennes et le découragement m'immobilisait. Je souffrais de trop de solitude, malgré mon emploi du temps presque entièrement consacré à la rédaction de *Para Ti*, et un fort sentiment de culpabilité m'empoisonnait peu à peu. Vis-à-vis de mon entourage je me sentais perpétuellement en tort, car j'avais déserté le foyer pour travailler; des reproches habilement distillés me condamnaient. Le « A quoi bon » hantait mon esprit heure après heure.

Le suicide d'une jeune amie cristallisa mon désir de renoncer à vivre – malgré mes enfants, mes croyances religieuses et l'idéal de mener à bien mon mariage qui avait été le mien. Je commençai une dépression.

Après deux mois d'hospitalisation à Buenos Aires, je fus rapatriée en France. Il me fallait tout abandonner pour guérir. En arrivant à Orly, je constatai avec calme que je « n'existais » plus qu'en « spectatrice », c'est-à-dire que je me regardais marcher, parler et agir comme les autres sur un écran. Plus rien ne me concernait. Ma sœur et ma mère elles-mêmes ne signifiaient plus rien à mon cœur, et pourtant je ne les avais pas vues depuis bien longtemps.

Mon fils Sébastien, quelques jours avant mon départ, pressentit la menace de ce dédoublement et m'avait dessinée, minuscule, couchée sur un immense lit, observée par une dame qui me ressemblait. Dans le taxi me menant à la clinique de Versailles, je pensais ne pas avoir la force d'y arriver. Seule l'idée de mourir en France m'apaisait et m'aida à monter les marches jusqu'à la chambre. Ce fut la première mort.

Combien de temps dura cet état d'inconscience?

Je ne peux le dire, car j'avais perdu la notion du temps, la perception de l'espace et de la douleur. Il y a un tendre abandon de soi dans la mort. Je retournais au magma, mon extrême faiblesse m'ôtait toute consistance et je flottais dans un univers totalement obscur. Pourtant, d'une façon lointaine et presque impersonnelle, je me souviens encore aujourd'hui de quelques images « arrêtées », sortes de repères extrêmement présents, qui déchiraient l'opacité du sommeil artificiel dans lequel l'on m'avait plongée.

Ainsi, je m'éveillai dans une chambre jaune, les rayons du soleil en augmentaient l'intensité au point de me sentir au centre d'une boule de feu. Je ne pouvais en soutenir l'éclat et la force centrifuge et appelais désespérément au secours.

Un après-midi, je me rendis compte que mon lit se trouvait au ras du sol, j'effleurai de mes doigts les lattes du parquet. Elles étaient lisses et fraîches. Ce fut ma première sensation tactile en dehors des draps tièdes et moelleux dont mon corps faisait partie. Plus tard, mon regard se figea sur des barreaux noirs et épais quadrillant la fenêtre, et une porte nue sans poignée.

L'impression d'être emprisonnée me fit me redresser sur mes oreillers et guetter dans une sorte de tétanie, pendant des heures me sembla-t-il, la venue d'une infirmière. Cette femme sereine me rassura et m'expliqua qu'étant devenue un être imprévisible, ces détails pratiques me servaient nuit et jour d'autoprotection !

Enfin, un matin miraculeux, je me surpris en train de m'étirer avec précaution. Je reprenais possession des moindres parcelles de mon corps, en ayant l'impression que j'enfilais une combinaison de plongée un peu étroite. Au fur et à mesure que mes membres revêtaient cette seconde peau, le désir de vivre m'habitait à nouveau tout entière.

Encore fallait-il en être capable !

Avec un instinct de survie, je me mis debout sans aucune aide, la pièce tourna autour de moi comme une toupie, je retombai sur ma couche. Il me fallait apprendre à nouveau les gestes les plus primaires. Chaque victoire sur mon corps me rendait heureuse, je redevenais un être humain.

A l'heure du repas, si souvent refusé, j'eus envie de manger, et portai l'assiette sous mon nez. Mes narines s'entrouvraient avec délectation, et je sentais la salive envahir ma bouche.

Tel un enfant, je retrouvais mes réflexes les plus primitifs, ayant besoin de tout renifler, de toucher ce que ma main trouvait à sa portée, d'observer avec minutie le plus près possible de mes yeux et d'écouter le silence. Je m'identifiais au chimpanzé.

Hélas, aucun geste acquis ne semblait encore possible : enfiler un pantalon, boutonner un chemisier, mettre des chaussures, coiffer mes longs cheveux me demandait trop d'efforts. Une fatigue pernicieuse me paralysait toujours, j'avais atteint le fond du marécage et ne pouvais que redresser la tête pour échapper à mon anéantissement.

Les quelques visiteurs me surprenaient par leurs attitudes. Certains comme mon frère voulaient me sortir de mon internement, d'autres, tel mon père, minimisaient mon état jusqu'au ridicule : « Un caprice féminin », « Une manifestation de son ascendance russe » ! Jean d'Ormesson navré de me voir ainsi, en bon philosophe, s'intéressait à tous mes symptômes, les connaissait par cœur pour les avoir étudiés en psychologie. Le charmant père Carré, avec qui j'avais tant bataillé jusqu'à la révolte, se lamentait d'avoir trop exigé de moi. Et puis j'aimais ceux et celles qui venaient simplement pour être près de moi sans rien demander, dont la fidélité me soutenait. Ma sœur, tante André, oncle Robert et Françoise d'Ormesson.

J'attendais la venue de mon amie comme le renard du Petit Prince, écoutant les battements de mon cœur s'accélérer, guettant ses pas le long du couloir alors que l'heure de sa visite approchait.

Attitude naïve peut-être, mais ma survie dépendait de ce code et de cette musique. Jour après jour, avec une patience infinie elle guida ma redécouverte de la vie. Ce fut l'apprentissage de la marche dans le jardin de la clinique autour duquel la vue des autres internés, alcooliques et toxicomanes en désintoxication, malades mentaux, me mettait si mal à l'aise. Puis vinrent les promenades le long des allées du parc du château de Versailles si apaisantes dans la lumière de l'automne. Elle savait interpréter ma fatigue lorsque mon bras pesait sur le sien, et ma panique à l'idée de traverser une rue. Mon comportement ressemblait à celui d'un détenu libéré. J'avais peur à la vue des voitures prêtes à bondir sur les clous, et au contact de la foule déambulant le long des trottoirs. Mais la pire des agressions résidait dans la moindre manifestation sonore.

Je ne pouvais même pas entendre un morceau de musique classique, à fortiori la sonnerie du téléphone. Pis, le brouhaha des restaurants m'interdit d'y entrer pendant d'interminables semaines. Deux mois de soins médicaux seulement suffirent à rétablir mon équilibre. En effet dans cette clinique le psychiatre négligeait toute conversation, à l'inverse des échanges affectifs et des sentiments quasi paternels pratiqués à Buenos Aires.

C'est non sans inquiétude que je quittai la chambre jaune pour me terrer rue Saint-Dominique, à l'intérieur d'une seule pièce, comme l'aurait fait un animal pourchassé. J'y attendrai le retour de mes fils qui terminaient leur année scolaire en Argentine. Ma guérison et le cours de ma convalescence dépendaient de ma seule volonté. Je le savais enfin.

Il me fallait apprivoiser le monde extérieur, raisonner mes inquiétudes et supprimer peu à peu les médicaments, mais surtout ne pas succomber au chagrin de vivre sans mes enfants.

Pour renaître et retrouver mes forces, je décidai de continuer mon apprentissage pour devenir journaliste professionnelle.

Mon unique préoccupation, mon seul désir était que, lors de nos retrouvailles, mes fils soient heureux et fiers de voir leur mère intacte et forte, et menant une profession avec succès. L'ère de mon indépendance commençait.

Par un coup de chance incroyable, je reçus un coup de téléphone de Marie-José Lepicard, rédactrice en chef du *Jardin des modes*, elle avait appris par le directeur de la Chambre de la haute couture que je recherchais du travail. Elle-même désirait depuis longtemps me voir rentrer dans sa rédaction, sachant avec quel œil critique j'appréhendais la mode pour m'avoir vue choisir des modèles dans les collections. Ce magazine féminin jouait un rôle très important dans tous les domaines de la mode. Et pourtant son élaboration prenait corps rue Saint-Florentin dans un immeuble vétuste et exigu. Ses directeurs artistiques, rédactrices de mode et photographes marquèrent cette époque de leur personnalité. Ce furent Peter Knapp, Maimé Arnodin, Fouli Elia, Laurence Tavernier, Catherine Lardeur, pour ne citer que ceux-là, et qui s'imposent encore de nos jours. Me rendre au bureau ressemblait à une promenade. Paris me paraissait une ville fabuleuse après l'uniformité bourgeoise de Buenos Aires et la tristesse de la clinique. Cette beauté quotidienne me rassurait tout en m'insufflant le désir de la conquête. Car il s'agissait de réussir sans rien demander à personne, ce projet m'animait d'une énergie soudaine et inimaginable. Je comprenais enfin ce que me disait toujours tante Odette à propos de cette merveilleuse aventure qu'était la vie. Il fallait mourir pour renaître et aller vers l'essentiel. En cette fin d'année 1967, le désir de vivre me possédait totalement. Marie-José Lepicard me confia deux rubriques par mois. Une de mode, « L'élégance tout simplement », l'autre avait pour titre « La femme actuelle : sa réussite, son équilibre ».

Je n'eus aucun mal à mener ces entretiens, car j'avais été à bonne école durant les campagnes électorales de mon père. J'aimais les rencontres, échanger des idées, laisser parler et surtout écouter. Je souffrais comme tout le monde lorsque la mise en pages exigeait des coupes sombres. Faire la synthèse, garder l'essentiel, ne jamais tirer à la ligne, et encore moins se faire plaisir, toutes ces obligations demandaient non seulement une grande discipline mais aussi beaucoup d'humilité. Cet apprentissage me fut très salutaire. La confiance accordée dès la première semaine par notre rédactrice en chef m'avait aguerrie et encouragée d'une façon extraordinaire. Je me sentais totalement responsable pour la première fois de ma vie.

Prise au jeu de l'exigence, depuis la conception de l'article ou du reportage photo jusqu'au bon à tirer, je redevins perfectionniste. Il fallait faire mes preuves avant d'être acceptée comme professionnelle.

Marie-José, sous des apparences de nonchalance et de distraction, savait parfaitement mener son équipe composée de femmes de tous âges et de tous les milieux, permettant à chacune d'apporter la meilleure collaboration. Sa douce autorité appuyée d'une extrême politesse se transformait en rigueur allant jusqu'au blâme si le résultat ne satisfaisait pas l'éthique du journal. Elle poussait l'esthétisme et la vocation de cette parution aux extrêmes, rejetant la médiocrité et le racolage pratiqués souvent par les médias d'alors. Elle fut mon premier patron, celle qui enseigne, explique l'erreur après avoir sanctionné verbalement, délègue et approuve. Elle ressemblait à George Sand photographiée par Nadar : teint mat, de grands yeux noyés, parfois cernés de bistre, un sourire rêveur pimenté d'humour. Cette apparence se retrouvait aussi dans son art d'écrire. Elle n'avait pas son pareil pour exprimer en peu de lignes l'essentiel de son éditorial, et par souci de purisme veillait à ce que nos articles soient bien écrits. Nous avions heureusement pour cela la charmante Odette Piquet, secrétaire de rédaction qui corrigeait sévèrement nos textes. Étant toutes deux du Sud-Ouest, nos affinités permirent une amitié filiale. Je lui demandais souvent conseil, en particulier durant les moments où la solitude, due à l'absence de mes fils, devenait insupportable; je trouvais la compréhension d'une grand-mère attentive et réaliste.

Lorsque l'on travaille dans la mode, on se sent obligée de la suivre saison après saison, de par la profession, mais aussi par snobisme. Cette manière d'être ne concernait en aucune façon Marie-José. Elle s'habillait avec une inconsciente désinvolture : l'été en robe-chemisier de Donald Davies et sandales sans âge mais toujours chic, l'hiver en tailleur de tweed, col roulé, ghillies et bas de laine, son éternel loden sur les épaules. Son originalité me faisait rire, alors que je voyais entrer, au moment des collections, les aréopages de rédactrices en chef telles que Diana Vreeland de *Harper's Bazaar* en Saint Laurent, Edmonde Charles-Roux, directrice de *Vogue*, généralement en Chanel, Hélène Lazareff souvent habillée selon la dernière « ligne » de Courrèges.

Malgré ce détachement apparent, la mode la passionnait autant que nous et, lorsque nous préparions le numéro des collections, c'est elle qui annonçait quels étaient les modèles importants à photographier, ceux qui indiquaient les nouvelles tendances, le couturier qui méritait le nom de précurseur et à qui l'on consacrerait plusieurs pages, voire la couverture.

Je me devais d'aller tous les matins au journal et de réaliser des reportages et interviews et ainsi, les jours noirs de déprime, je repoussais avec force la possibilité de mourir, sous prétexte de mes obligations. Je m'astreignais donc à ne jamais rester rue Saint-Dominique ou d'y arriver le plus tard possible et ainsi n'y rencontrer personne en sortant du bureau.

Au crépuscule, tous les jours, je me rendais au Luxembourg à un cours d'art dramatique, recommandé par Jean-Louis Barrault ; il pensait qu'une recherche dans l'expression m'aiderait à trouver ma propre identité. Dans ce local minable, à la faveur des textes et des répétitions, sans oublier les engueulades, je perdis petit à petit mes inhibitions et mon manque d'assurance. Juchée sur la scène, j'avais l'impression que le maître m'enlevait une à une, comme on pèle un oignon, mes défenses et les pièces de la cuirasse que je m'étais forgée depuis des années. Je pleurais souvent, mais l'initiation à la vie passait par ces exigences, le temps perdu devait se reconquérir. Que ce soit dans mon comportement et l'orientation de mes pensées, je me contraignais à la plus stricte discipline et à l'esprit de synthèse, une sorte de stoïcisme, pour acquérir le plus d'indépendance et de force de caractère. La réflexion remplaçait la pulsion instinctive et l'éparpillement.

Durant cette période de réadaptation à la vie, le théâtre fut le lieu et l'expression artistique qui correspondaient le mieux à mon bien-être. L'obscurité de la salle me protégeait, le silence et la résonance des mots m'apaisaient ; lorsque je pouvais m'identifier à certains personnages féminins, je me sentais leur semblable, donc absoute de toute culpabilité. J'y allais seule en matinée, le dimanche après-midi. C'est ainsi que je vis plusieurs fois Madeleine Renaud dans *Ô les beaux jours* de Samuel Beckett, Jean-Louis Barrault dans la création de *La Tentation de saint Antoine* et *Le Soulier de satin*. Je retrouvais aussi mes amis de la Comédie-Française, nous dînions après le spectacle chez Ruc, et nous évoquions nos souvenirs *porteños*.

Guy Dumur, que j'avais beaucoup vu chez ma mère, critique littéraire au *Nouvel Observateur*, m'emmenait souvent avec lui aux générales. Le *Jardin des modes* ayant déménagé rue de Cléry, et lui travaillant non loin de la place des Victoires, nous

nous retrouvions à la sortie de nos journaux respectifs. C'est ainsi qu'en sortant d'un petit théâtre sous la Butte, où nous avions vu *Les Chaises* de Ionesco, nous fûmes surpris par une forte odeur de pomme qui nous piquait la gorge et nous faisait larmoyer. En descendant jusqu'au Quartier latin, ce n'était que groupements de voitures de C.R.S., jeunes gens en train de courir en chaussures de tennis, un mouchoir sur leur visage, ne laissant que leurs yeux à découvert, bruits sourds de détonations au lointain qui semblaient accélérer la marche des passants.

L'Histoire nous précédait. Sans le savoir, nous étions en mai 68, et Guy ne cessait de répéter avec une certaine incrédulité : « C'est la révolution, nous assistons à une révolution. » Quelques jours plus tard, je fus le témoin de la prise de l'Odéon. Y passant comme presque chaque soir, une fois notre cours d'art dramatique terminé, pour saluer Jean-Louis, je remarquai que le brouhaha précédant le lever du rideau ressemblait plutôt à un chahut énorme. En montant au premier étage, je rencontrai les acteurs agglutinés le long du couloir et à proximité de la porte de son bureau, le visage pâle, l'air inquiet.

Je pénétrai avec difficulté dans la salle qui ressemblait à un amphi encombré de jeunes surexcités. Jean-Louis Barrault apparut alors sur la scène, l'air lui aussi d'un éternel étudiant, et dans l'euphorie du moment leur livra son théâtre.

Puis ce fut l'agonie de l'Odéon auquel Jean-Louis Barrault assista impuissant. Sur la façade dégradée, couverte de graffiti, flottait le drapeau noir des Katangais chevelus et barbus qui squattérisaient l'édifice. Je me rappelle avoir déjeuné avec lui juste en face, à La Méditerranée : une grande lassitude marquait son visage et son regard exprimait une infinie tristesse en évoquant la ruine du théâtre et la disparition de tous les costumes, qui se comptaient par centaines.

Le ministre de la Culture, la presse et la rumeur le rendaient responsable de ce désastre, alors que le 15 mai, dans l'après-midi, Barrault, prévenant André Malraux de l'éventualité d'une invasion, s'était entendu dire : « Laissez-les entrer... » Puis, comme s'il chassait d'un geste de la main des insectes importuns, il partit d'un grand éclat de rire en s'exclamant : « Je prendrai ma besace, comme lorsque je me rendais à pied à Brangues pour rencontrer Paul Claudel, et partirai à la recherche d'un théâtre. » Sept mois plus tard, il montait *Rabelais* à l'Elysée-Montmartre.

En dehors d'une vie professionnelle fort active et de mes relations quasiment affectives avec le théâtre, je m'occupais le jeudi après-midi d'une petite fille abandonnée à qui j'offrais un trop-plein de tendresse. J'allais la chercher à l'orphelinat et l'emmenais là où elle le souhaitait. A la voir sourire, je m'imaginais gâter un de mes fils. Leur absence me rendait très malheureuse.

Mes week-ends se passaient en compagnie d'amis ou de parents très chers, ceux qui savaient avec une fidèle affection écouter et comprendre même mes silences. Je ne voulais plus aller à Montrozier pour un temps, car tante Odette était morte, alors que je me réfugiais à Versailles. Le psychiatre m'avait autorisée à lui rendre une dernière visite quelques heures avant qu'elle ne perde conscience. Je pus lui faire sentir ma présence en lui parlant doucement, mes mains enlacées fortement aux siennes déjà froides, et, malgré les rouspétances de la religieuse, j'ouvris grand les fenêtres de sa chambre pour laisser l'air glacé lui frôler le visage. Depuis toujours elle dormait ainsi, au milieu des courants d'air, hiver comme été; elle ne supportait pas une porte fermée et redoutait depuis toujours, comme elle disait en riant, d'être enfermée dans la « caisse ».

Le cœur éclaté par la peine, je la regardais, immobile sur les oreillers, si blanche et déjà essoufflée. Cette femme m'avait tant apporté et appris. Une tendre complicité nous unissait depuis mon adolescence et à la disparition de Mamédoux, ma grand-mère, elle m'avait adoptée. Qu'allais-je devenir privée de sa tendresse et de cette bienveillance sans cesse renouvelée?

Depuis sa disparition, je portais en moi un chagrin que rien ne semblait jamais pouvoir apaiser, la douleur d'un animal, irraisonnée et lancinante. Je me répétais sans cesse dans le secret de mon cœur, pour exorcisme, ses mots sur « le merveilleux qu'est la vie », sorte de testament dans lequel je puise encore aujourd'hui mes forces.

Merveilleux été 68 que celui passé seule avec mes enfants revenus d'Argentine, après cette longue séparation. Notre histoire d'amour reprenait dès les premiers regards, les sourires succédaient aux étreintes dans un silence précieux et fragile, plus éloquent qu'aucune phrase explicative. Nonobstant les trahisons de la nurse, une confiance intacte et réciproque nous unissait. En effet, nous étions libres, tous les quatre seuls sans la présence de la gouvernante, partie en congé, et surtout mes enfants savaient et sentaient que jamais un mensonge ni la moindre dissimulation n'avaient altéré nos tendres et profondes relations.

Un an plus tard, seule face à eux dans le grand salon de Fleury, je dus leur expliquer, avec une souffrance contenue et toute la tendresse dont j'étais capable, mon intention de me séparer de leur père, puis de divorcer, en dépit de la terrible appréhension de les faire souffrir. Le respect et la véritable amitié qui liaient leurs père et mère malgré ce drame les aidèrent à affronter la réalité. Ils décidèrent de repartir avec leur père, je les laissai aller, bien que j'en eusse la garde, comprenant leur désir de ne pas l'abandonner. J'irais près d'eux en Argentine durant mes vacances, ils habiteraient chez moi durant leurs congés scolaires, en France.

Cette formule pouvait être établie sans trop de difficultés, mais à vivre elle était insoutenable, d'une façon ponctuelle, aux heures et jours durant lesquels une mère donne le meilleur d'elle-même, en dehors de son travail.

J'avais voulu rejeter les apparences, je découvrais les exigences de l'authenticité. Cependant, au plus profond de mon âme, je sentais et je savais que le fait d'avoir compris et accepté le souhait de mes fils consolidait cette espérance d'amour qui nous liait. Ils reviendraient définitivement en France près de moi, j'en avais la certitude.

Après avoir vécu chez ma mère pendant un moment, je louai dans un des immeubles au bout de la rue, sur l'ancienne propriété de Maurice Fenaille, un appartement avec trois chambres pour moi et mes enfants, situé au midi. Les cloisons étaient si minces que je pouvais entendre les conversations, le rebondissement d'une bille au-dessus de ma tête et la chasse d'eau intempestive au milieu de la nuit ! Les murs de l'entrée et du salon furent laqués, tête-de-nègre et bleu pétrole, j'y installai deux fauteuils, un pouf carré, un canapé et une table bureau prêtés par maman, dans ma chambre mon lit, deux chaises et une commode donnée par tante Odette. J'avais quitté Fleury avec deux valises. Alors que la voiture quittait la cour du château, je jetai un dernier regard sur cette maison que j'avais tant aimée. Le temps des regrets effacé, je laissais à mes fils l'expression la plus belle de mon affection, une demeure imaginée et décorée pour eux.

Savoir tourner une page m'accordait une force incroyable, et je projetais déjà un avenir dans lequel ma vie avec eux cristalliserait l'essentiel de notre existence.

Cet espace aux murs lisses, peu encombré de mobilier, me donnait parfois l'impression de légèreté et d'un vide propice au vagabondage de la pensée. Je pris l'habitude de me parler à voix haute, comme pour canaliser par des repères mon imagination et trouver un écho à ma solitude.

Tous les soirs, je m'obligeais à écrire; l'écriture m'aidait à considérer avec détachement la crise d'existence que j'avais traversée et à remettre à leur juste valeur ces petites misères humaines. C'est à cette époque de retraite plus ou moins volontaire, et de ma disparition de toute vie mondaine, que se manifestèrent ceux et celles pour qui l'amitié appartenait au domaine de l'inviolable.

Toutes ces manifestations affectives me sortirent définitivement de ma convalescence et m'aidèrent à tenir bon chaque fois que l'absence des enfants me brisait.

La lumière animait tout le long du jour la pièce principale, se reflétant comme à travers un prisme sur la laque des murs, le verre, le métal et la fibre plastique transparente. Cette prédominance de la matière dans sa nudité, le rejet de tout ornement et bibelot correspondaient à mon désir de renouveau et de dépouillement, et cela va sans dire à ma situation financière. Pour parfaire la décoration de l'appartement et des chambres des garçons, je choisis quelques meubles aux entrepôts des grands magasins et dans le catalogue de Prisunic, où des architectes tels que Mourgue mettaient à la disposition du public leurs créations de style d'avant-garde.

Assise par terre devant la télévision j'assistai aux grands bouleversements de la fin des années soixante : l'alunissage du L.E.M américain le 20 juillet 1969, et les premiers pas d'un homme, Neil Armstrong, sur la Lune, qui rebondissait sur le sol blanc. Je me rappelle l'incroyable conversation téléphonique depuis la Lune avec la Terre, du cosmonaute avec le président Nixon. Le retrait progressif des troupes U.S. du Viêt-nam et les grandes manifestations devant la Maison-Blanche pour que cesse la guerre. La mort du général de Gaulle le 9 novembre 1970, le dessin de Faizant représentant Marianne sanglotant au pied d'un grand chêne, qui illustrait si bien le désarroi et la peine des Français, les pleurs intarissables de Bedel Bokassa et en particulier l'émotion mal contenue d'André Malraux et des autres compagnons de la Libération.

La passion de découvrir et d'apprendre m'animait d'autant plus que l'exercice de ma profession excitait et développait ma prédisposition à la curiosité. Je passais les dimanches à Louveciennes chez les Lazareff, les mercredis dans les salons de

Christian Bourgois, à l'hôtel Matignon, dans l'île Saint-Louis chez Frédéric Castet où se retrouvaient peintres, stylistes et comédiens, à Verrières chez les Vilmorin, et dans l'hôtel particulier de Guy et Marie-Hélène de Rothschild, au 5 de la rue de Courcelles ou bien à Ferrières.

C'est ainsi qu'après huit ans de silence je me trouvai en présence de Valéry Giscard d'Estaing au milieu du « chemin de fer », nom donné par Marie-Hélène de Rothschild à un salon tout en longueur, aux murs recouverts de damas rose.

Il avait été le ministre des Finances du général de Gaulle (il le serait à nouveau en juin 1969 à l'élection de Georges Pompidou président de la République) et il avait suivi en quelque sorte l'ascension que Wilfried Baumgartner me prédisait en 1952, alors qu'il venait d'être nommé inspecteur des Finances. Le temps n'avait pas altéré ses traits, peut-être dégarni son crâne, le faisant encore plus ressembler à un sage asiatique. Il me parut toujours aussi sûr de lui, légèrement embarrassé par la longueur de ses membres, croisant et décroisant souvent les bras pour les poser sur ses genoux, facétieux et charmeur en société.

En l'observant je le sentais perplexe et facilement décontenancé face aux fluctuations du caractère et du comportement humains. Il n'en comprenait pas facilement les faiblesses et ne savait pas établir avec naturel des relations avec le public. Cette attitude réservée, proche de la défiance, provenait sans doute de son éducation et d'une jeunesse entière passée dans les grandes écoles, puis les ministères, mais toujours aux plus hauts postes, loin des préoccupations quotidiennes.

Son attitude proche du qui-vive s'accompagnait d'une grande mobilité dans le regard, ses yeux noirs s'étirant de plus en plus vers les tempes comme un explorateur face à une peuplade indigène dont il redouterait les pulsions.

Nos relations furent fort courtoises et amicales, s'accompagnant parfois d'un sentiment protecteur de sa part, nous étions cousins par alliance. Il me rendait visite place de Bagatelle à Neuilly, et nous dînions à la fortune du pot, seuls avec mon frère Aymeri, déjà passionné de politique. J'allais déjeuner au ministère des Finances, dont le décor lourd et somptueux me surprit la première fois que je grimpai le vaste escalier. Nous nous mettions à table une fois les cours de la Bourse affichés et commentés au journal de treize heures. Cette familiarité avec les hauts lieux de la politique m'amusait beaucoup. C'est ainsi que je connus l'Elysée durant trois septennats successifs : sévère et classique sous Charles de Gaulle, modernisé à outrance avec son immense salon en forme de potiron de velours sable, la salle à manger de Lalanne et les salles de Vasarely quelques mois après l'arrivée de Georges Pompidou, restauré tel qu'il fut sous le règne de la marquise de Pompadour avec le mobilier Louis XV remis en place par le président Giscard d'Estaing. Ce dernier me conseillait pour mes lectures, il me fit découvrir l'œuvre de Guy de Maupassant en m'offrant tous ses livres pour mon anniversaire.

Je me souviens avec humour qu'il rédigea ma première déclaration de revenus, et, devant la complexité du questionnaire et de sa formulation, il se jura de la simplifier au maximum pour l'année suivante. Ce qu'il fit.

Autre souvenir, celui d'un dîner chez mon frère où Valéry Giscard d'Estaing rencontra Jacques Chancel et Armand Jammot, après l'explosion de l'O.R.T.F. en 1977; le président s'interrogeait sur la nécessité de privatiser une des trois chaînes. Avec le recul du temps, je pense qu'il aurait dû écouter les conseils de ces deux éminents professionnels et ainsi devancer l'Histoire. Nos liens d'amitié s'effilochèrent puis disparurent, quelques mois après sa défaite en mai 1981, comme si le fait d'être battu avait effacé la mémoire du cœur. Je ne compris pas son éloignement après toutes ces années durant lesquelles il venait fidèlement fêter l'anniversaire de mon frère et dîner en petit comité avec des amis proches, dans notre maison de Versailles. Peut-être que le fait de l'avoir incité, l'été 1981, à ne pas laisser tomber tous ceux, y compris les maires des petites communes, qui l'avaient soutenu et de leur écrire personnellement l'avait-il atteint dans sa vanité.

Certains hommes politiques ont d'étranges réactions face à l'épreuve de la vérité, ils n'entendent plus la voix et les conseils de l'amitié. La franchise est insupportable pour ces êtres qui ont connu le pouvoir, l'isolement et la cécité organisés par la flatterie de leur entourage.

Le temps et les souffrance ont-ils remédié à son défaut majeur, celui de ne pas savoir écouter avec humilité, en dépit d'une formidable intelligence, les avis sévères mais justes d'amis de toujours? L'Histoire nous le dira.

Entre toutes les entrevues que j'eus avec les hommes déjà célèbres qui marquèrent leur époque, je pense avec émerveillement et tendresse à ma rencontre avec André Malraux. La première fois, je l'aperçus quai de Béthune chez Georges et Claude Pompidou, puis je le vis souvent à leurs dîners, durant lesquels j'écoutais avec avidité les conversations exubérantes de notre ministre de la Culture. Je gardais une prudente réserve lorsque, s'adressant à moi, il me demandait mon avis et faisait appel à mes connaissances.

Cet homme grave et pudique m'apprivoisa peu à peu, et d'autant plus facilement que je le voyais en famille à Verrières, auprès de Louise de Vilmorin. Mon oncle et ma tante m'invitaient très fréquemment auprès d'eux, sachant combien leur présence me réconfortait.

Comme tous les Français, j'avais profondément ressenti l'incantation de sa voix et de ses discours, en particulier celui du 19 décembre 1964, jour glacial et venteux, qui accompagnait les cendres de Jean Moulin au Panthéon. L'émotion qui me submergeait fut si forte que je dus arrêter ma voiture rue de Constantine, tant je tremblais. J'entends encore cette apostrophe : « Entre ici, Jean Moulin!... »

Comme toute ma génération, j'avais vécu passionnément à travers ses romans, et vibrais chaque jour au rythme de l'épopée qu'il écrivait pour le général de Gaulle. L'amitié réciproque de ces hommes hors du commun me faisait songer aux exploits d'un héros de la Grèce antique chantés et glorifiés par le poète lyrique, son ami fidèle.

La possibilité de le voir et de l'écouter me comblait de joie. Alors que je travaillais au *Jardin des modes*, Malraux m'emmenait dans de vieux quartiers de Paris, déjeuner à la table de petits bistrots et de vieux restaurants. Parfois nous allions dîner chez Lasserre, pour déguster son célèbre pâté d'anguille. Les premières fois, quand je voyais arriver la DS noire, je rougissais jusqu'à la racine des cheveux, redoutant les commentaires d'une collègue de bureau!

Fort gourmet, « comme le Chat botté », aurait-il dit, il appréciait la très bonne cuisine; à ses yeux, seules les cuisines française et chinoise méritaient cette appellation. Cet art du « bien-manger » m'étonnait chez un homme dont le caractère intuitif et absolu se rapprochait d'un certain mysticisme. La quête du sacré l'habitait complètement. Étonnée par son savoir religieux (il connaissait certaines épîtres de saint Paul par cœur, les versets des Actes des Apôtres, les quatre évangélistes et leurs écrits, et la vie de certains grands saints), je ne comprenais pas pourquoi il m'opposait avec véhémence son agnosticisme chaque fois que je l'interrogeais sur la foi. Me regardant de ses yeux noirs, intenses, il me répondait courbé sur lui-même : « Une fourmi se promenant sous une table est incapable de la décrire. Eh bien, moi aussi je demeure dans l'impossibilité de vous parler de Dieu et d'y croire ! »

Son érudition ne semblait pas avoir de limites, tous les sujets le passionnaient, sauf peut-être la musique et les mathématiques. Il n'aimait, disait-il, que le deuxième mouvement de la *Septième* de Beethoven, et *Le Chant des partisans*. J'étais fascinée par le cheminement de sa pensée, qui se construisait par associations d'idées ininterrompues et fulgurantes. A son contact, je me sentais devenir intelligente et capable d'assimiler et de comprendre plus facilement ses théories sur l'art. Notre amitié ressemblait à l'histoire de Pygmalion, à ses côtés je me sentais l'élève et imprégnais ma mémoire de son savoir et de ses réflexions. La « troisième dimension », et la métaphysique animaient continuellement ses conversations, j'en tirais comme une lumière, une espérance.

A la belle saison, je lui rendais visite après le bureau, dans la maison de Verrières. Je l'apercevais par la fenêtre encadrée de glycines, assis à sa table, en train d'écrire, malgré la présence de Fourrure couchée en boule sur ses papiers. Nous bavardions calmement de tout et de rien, ce qui m'étonnait un peu, mais à la réflexion ce devait être par courtoisie, en me voyant un peu lasse après une journée de travail. Sa pudeur de sentiment cachait une grande intelligence du cœur. Ce fut lui qui m'assura que mes fils me reviendraient très vite, et que je ne devais pas me décourager : « Les chemins que prend le cœur des enfants pour dire leur amour sont imprévisibles. » Il prononçait cette phrase dans un murmure, son pouce toujours posé sur le menton, comme pour retenir trop de tendresse.

Apprenant que j'essayais d'écrire, il demanda à lire mes écrits, et, après en avoir corrigé quelques pages, il m'encouragea à persévérer.

André Malraux me disait avec drôlerie, car il avait un grand sens de l'humour, que la réalité historique et l'actualité finissaient par ressembler aux projections de son imagination et donc à ses romans. Il n'alla jamais en Chine et *La Condition humaine* semblait un compte rendu de la Révolution chinoise! Ainsi je me rappelle certains récits anecdotiques sur Staline et la terreur qu'il inspirait même aux membres du parti. Il me raconta que, lors d'un banquet à Gorki, tous les camarades rassemblés l'attendaient en buvant force vodka et les conversations allaient bon train. Lorsque tout à coup, malgré le brouhaha, Malraux perçut au loin un bruit de bottes. Au fur et à mesure que les pas se faisaient plus audibles, l'assistance se taisait, comme prise en flagrant délit de désobéissance. Enfin quand Staline parut dans la salle, on aurait pu entendre une mouche voler.

Une autre fois, il me conta, avec une certaine émotion, qu'il avait accompagné la reine Sirikit lors de sa visite à Versailles, et qu'elle avait posé délicatement les deux doigts du signe bouddhique, geste de paix, sur le portrait de Marie-Antoinette, percé par les lames des révolutionnaires.

Je sentais que Malraux aimait Napoléon Bonaparte, il commentait avec une certaine tristesse la disparition de son étoile lors d'une dernière visite à Joséphine dans le parc de la Malmaison : l'astre d'Austerlitz avait disparu entre les branches de l'arbre où il avait l'habitude réconfortante de l'apercevoir. Ce fut Waterloo. En lisant les *Antimémoires*, je retrouvai avec plaisir beaucoup de ses récits, et une partie de nos conversations.

Le 26 décembre 1969, alors que j'étais à Fleury avec mes enfants, oncle André m'appela au téléphone, sa voix me parut méconnaissable tant elle était émouvante. Sa sœur Louise de Vilmorin venait de mourir. Il me demanda de me rendre tout de suite auprès d'André Malraux.

C'était un dimanche d'hiver glacé, au ciel bas et gris, la nature paraissait foudroyée dans son immobilité morbide.

Le chagrin de mon oncle était immense, d'ailleurs il ne se consola jamais de la disparition de sa sœur bien-aimée.

La peine d'André Malraux se manifestait à travers des phrases incompréhensibles, entrecoupées de quelques sanglots étouffés et d'errances incohérentes le long du salon bleu. Je lui pris la main, le fis asseoir et réussis à l'apaiser en lui rappelant combien il avait rendu Louise heureuse, durant ces dernières années, en venant vivre auprès d'elle. Comme on le sait, c'est Malraux qui l'avait incitée à écrire, alors qu'ils étaient fort jeunes l'un et l'autre. La vie les avait séparés pendant de longues années, puis réunis à nouveau au seuil de leur vieillesse.

Il me conduisit au premier étage, Louise reposait sur le lit à colonnes, son visage empreint d'une grande sérénité avait retrouvé sa beauté première, celle qui charma tant d'admirateurs.

En me recueillant à ses pieds, les vers les plus beaux qu'elle eût imaginés me revinrent en mémoire :

Aidez-moi doux Seigneur et j'oublierai la plage
Et le ciel sur la mer et la mer à mes pieds...
Et les regards d'amour et mon amour dernier...
Le repentir m'appelle aux confins de mon âge
Pour remettre en vos mains mon rosaire de pleurs.

Le charme et la poésie de cette femme ponctuaient toutes les pièces de la maison à travers chaque objet, placé harmonieusement par ses mains. Cette sorte de langage muet racontait qui était Louise pour nous tous : une magicienne, une Schéhérazade, mais en même temps une femme très vulnérable.

Puis Malraux me parla longuement de la mort, sa compagne familière, la première fois rencontrée au chevet de son frère Roland puis auprès de Josette Clotis, la mère de ses deux fils, morts eux aussi dans un accident de voiture, enfin la mort de tous ses compagnons de la brigade Alsace-Lorraine. Cette évocation douloureuse se faisait avec une grande retenue, qui ressemblait à une prière. Il ajouta dans un murmure : « Voyez vous, Victoire, on n'aime jamais assez ceux qu'on aime. »

Par fidélité envers lui, et en souvenir de notre affection réciproque, cette pensée devint mienne. Je m'attache depuis lors et jusqu'au jour d'aujourd'hui à la vivre quotidiennement. Il est très émouvant pour moi de savoir que cet homme qui ne manifestait jamais ses sentiments m'a enseigné l'amour de l'autre.

Un an plus tard, à nouveau, la mort du Général l'atteignait profondément. Il quitta aussitôt le gouvernement et la vie publique pour vivre et écrire retiré à Verrières. C'est entre les murs de la belle maison, protégée par son parc immense et solitaire, qu'il écrivit en hommage au général de Gaulle *Les Chênes qu'on abat*, titre tiré des vers de Victor Hugo qu'il admirait beaucoup et citait volontiers. Puis, après un séjour à l'hôpital de la Salpêtrière, à Paris, où il fut conduit d'urgence à notre grande inquiétude, ce fut *La Résurrection de Lazare*, livre dans lequel il racontait la violence de sa chute et son retour à la vie. Depuis des années, je ne l'avais vu aussi heureux de vivre, plus passionné et passionnant que jamais. Il ne touchait plus à une goutte de vin ni d'alcool, ne buvait que du thé et des jus de fruits, et sa verve n'en était que plus brillante. Un soir, en nous raccompagnant à la grille, il s'exclama avec une fierté enfantine : « Regardez comme je me tiens droit. » C'était bouleversant. Durant ces six années il se dédia à l'écriture, aux grandes émissions sur l'art à la télévision, et conclut son œuvre avec la parution de *L'Intemporel*. Il me parlait de son travail avec l'enthousiasme d'un jeune écrivain, me montrant les illustrations et s'émerveillant de ses trouvailles. Le monde universel de l'art lui appartenait, il l'avait totalement exploré.

Nous allions une fois par semaine dîner (je dis nous, car dorénavant nous étions deux, je me suis remariée en 1972) en sa compagnie chez mon oncle et ma tante à Verrières. Nous assistions avec bonheur aux joutes oratoires entre les deux André, Malraux et Vilmorin, aux vers d'Apollinaire et de Victor Hugo dits merveilleusement, aux interrogations de Malraux sur la marche de l'Histoire, à ses prodigieuses associations d'idées. Paul Meurice, souvent présent, mêlait son esprit et son art de la parole à ces réunions, son intervention les rendait plus surprenantes encore.

Nous le quittions émerveillés, enthousiasmés par ces moments exceptionnels durant lesquels un des génies de notre époque nous faisait la joie d'être parmi nous et de nous parler pendant des heures. En effet, André Malraux savait écouter et nous mettre à l'aise avec cette formule si courtoise, « comme vous le savez », avant de nous apprendre tel fait historique, telle théorie artistique ou religieuse, ou encore, plus savamment, que la plus grande poétesse érotique était une princesse chinoise du XVe siècle ! Une de mes plus grandes joies professionnelles fut de réaliser pour « Aujourd'hui madame » deux émissions avec Malraux face à trois télespectatrices, sur le « génie féminin ».

Sa mort, le 23 novembre 1976, survenue un mois après celle de mon père, me donnera définitivement l'impression d'être orpheline. Je perdais mon père spirituel, celui qui avait remplacé le mien. Devenu inaccessible, absorbé par la politique, le Gers, le Parlement européen et les missions à l'étranger, je ne conversais jamais plus de cinq minutes avec mon propre père, l'apercevais entre deux rendez-vous à l'Assemblée et ne dînais avec lui et tous mes enfants qu'une fois l'an à Noël. Notre histoire d'amour n'avait pas grandi depuis mon adolescence. Je vécus d'attente et d'espoir, puis d'images et de souvenirs.

J'avais été me recueillir avec mon mari et François, mon fils, une dernière fois avant que sa dépouille ne quitte le « salon bleu ». Il reposait au milieu de la pièce sous une montagne de fleurs. Le parfum des lys et des tubéreuses rendait l'atmosphère irrespirable; cette abondance de couronnes et de bouquets évoquait l'Inde, le culte de ses morts, une fête païenne et gaie que Malraux aurait certainement approuvée.

Malgré l'espérance de vie que je portais en moi et la présence des miens, la tristesse m'accablait. Un dernier regard sur le sourire énigmatique des bustes khmers retint mon attention, plus que jamais son esprit demeurerait parmi nous. Nous en parlerions tous deux avec Patrick. Je n'avais qu'à relire quelques pages écrites par lui et me souvenir avec tendresse des *Voix du silence.*

Le bonheur ne se raconte pas. Il existe, tout simplement, et s'affirme jour après jour à travers l'alchimie de deux êtres qui se sont reconnus et ne peuvent vivre l'un sans l'autre. Il est l'air que l'on respire. L'absence de l'être aimé me fit découvrir l'absurdité de vivre sans partage, sans don de soi. C'était la négation de l'existence même.

Place de Bagatelle, pendant la période où j'habitais chez ma mère, je retrouvai Patrick de Montal, un ami d'enfance de mon frère Aymeri. A cette époque, j'étais encore convalescente, l'âme écorchée vive, et je me protégeais contre toute conquête ou initiative sentimentale. Le destin en décida autrement. Cette rencontre me redonna le goût de vivre et de conquérir la force essentielle qui galvanise toute une vie et vous fait abandonner nombre de vanités et de mirages qui encombrent notre société.

L'apprentissage se fit lentement, par étapes poétiques où les silences et la musique des cœurs débordaient d'intensité. Le port d'Honfleur et ses ruelles dessinées par le charme du temps passé. La cueillette des cerises noires à Garches, dans un verger. Les séjours à Uraldea, sur le bassin d'Arcachon. Les promenades le long du banc d'Arguin, au bout duquel l'océan et le ciel se rejoignent à l'infini. Les collines du Boulonnais encerclant le Rougefort, la propriété maternelle, où s'ébauchèrent nos désirs de vie commune. Les marais et la forêt d'Argonne peuplés par des centaines d'oiseaux et une faune peu farouche que nous regardions vivre de saison en saison. Le grésillement des chardonnerets au petit jour et la mélancolie des crépuscules sur les eaux dormantes. Les coteaux de Gascogne où nous retrouvâmes nos racines et les bonheurs de notre enfance. Les lentes remontées sur Paris dans la Volkswagen poussive, propices aux conversations et à l'évocation de nos textes littéraires préférés. Les petits déjeuners ensommeillés à la terrasse de Carette, place du Trocadéro. Les échappées sous les frondaisons du parc de Saint-Cloud aux heures brèves du déjeuner. L'Olympia, le Vél'd'hiv, le théâtre Jean-Louis Barrault-Madeleine Renaud et le bortsch dégusté sur les banquettes douteuses du Poisson d'or près du Panthéon. Les dîners avec André Malraux et ses entretiens avec Patrick au sujet de Spengler. Enfin, le village de Montrozier et l'église de Trébosc où notre destin fut scellé pour toujours.

Toutes ces images, nos émotions sans cesse renouvelées, ces paysages familiers nous firent escorte, nous conduisant de l'émerveillement à l'évidence, celle de l'amour.

L'espoir, le courage et la joie me furent redonnés par cet homme qui avait prévu notre destinée avec sagesse et philosophie, dans le secret de son cœur, depuis des années.

Ce fut, c'est toujours l'aventure, les projets hors du commun réalisés malgré les difficultés, la négation du conformisme, la volonté d'entreprendre et de mener à bien les mêmes idées, et un certain désir de rendre heureux notre entourage.

Notre mariage eut lieu le 30 août 1973, en présence de parents et amis fidèles. Comme toujours, notre ami Pierre Celeyron fut le magicien et l'organisateur de la fête.

Nine, notre fille, naquit le 4 décembre de cette même année. A notre mariage, certaines personnes constatèrent à regret que j'avais pris beaucoup trop d'embonpoint, mais qu'heureusement j'étais toujours belle ! Cette petite fille délicieuse ramena mes fils d'Argentine quelques jours après sa naissance, dans notre maison située quartier Notre-Dame à Versailles. Cette demeure ressemblait à un perchoir étroit haut de trois étages, sur lesquels de minuscules chambres se fixaient deux par deux pour abriter cinq enfants. Patrick m'ayant apporté en cadeau sa fille Alexandra, âgée de quatre ans. Moi qui avais toujours désiré une famille nombreuse, j'étais comblée, en l'espace d'un mois trois garçons et deux filles redonnaient un sens à ma vie. Tous mes désirs se réalisaient, je vivais dorénavant à l'intérieur d'une maison qui nous appartenait, pleine de rires et de jeux, de tendresse et d'amour.

Cette maison devint vite trop petite, car Jean allait naître le

1er mars 1977, il fallut la vendre pour déménager dans le quartier Saint-Louis afin d'abriter toute la nichée et jouir d'un plus grand jardin. C'était un autre perchoir, plus vaste, orienté plein midi. Déménagements, travaux, aménagements, nouveau-né et bébé, trains de banlieue et boulot, je menais tout cela de front avec Patrick.

Pour la première fois je découvrais la complémentarité d'un couple dans tous les domaines, le bonheur quotidien fondé sur la confiance, l'écoute, l'échange et la liberté d'être. Ce fut la période la plus exaltante, la plus constructive, la plus extraordinaire de mon existence. Je ne crains pas tous ces superlatifs!

A quarante ans, ma vie ressemblait à celle d'une femme de vingt ans. J'assumais l'organisation et la marche d'une maison avec peu de moyens (nos deux salaires), le bonheur d'un couple, l'éducation de nos enfants, d'un bébé, et de surcroît une vie professionnelle de plus en plus active et créatrice.

A Versailles la vie était belle. J'y retournais tous les soirs, après trente-cinq minutes de voyage assise dans un train bondé qui, je ne sais pourquoi, m'évoquait la Pologne. Avec un bonheur infini, celui qui vous incite à marcher avec légèreté le long des rues menant à la maison, je restais comme en suspens devant le 24, rue Borgnis-Desbordes, pour capter les signes et les bruits si chers à mon cœur. La sonnette retentissait selon un rythme spécial, alors qu'au même moment je tournais la clef dans la serrure, ainsi les cris de joie et les sautillements maladroits dégringolaient l'escalier alors que je m'avançais dans l'entrée.

Tous les week-ends nos amis venaient déjeuner et passer la journée, en particulier dès le retour de la belle saison, ne résistant pas à la poésie de ce jardin clos de murs, envahi par les fleurs.

Vivre à Versailles ressemblait à une fête, différente selon les saisons, mais toujours présente. Nous y vécûmes très heureux durant huit ans, au gré des heures, au fil des jours qui passèrent sans bruit et sans heurts.

Ma carrière de journaliste évolua comme ma vie. En 1970, j'avais quitté *Le Jardin des modes* à l'arrivée de Christiane Collanges – nous n'étions pas faites pour nous entendre –, pour le mensuel *Marie-France.* Après la naissance de Nine, je fus congédiée pour raisons économiques et fréquentai durant quelques mois les bureaux de l'ASSEDIC. J'allais pointer dans des bureaux vétustes près de la gare des Chantiers en emmenant ma fille dans sa poussette.

Un jour Valéry Giscard d'Estaing me demanda sur le ton d'une boutade si la télévision m'intéresserait. L'enthousiasme et le vif intérêt avec lesquels j'acquiesçai m'amenèrent à rencontrer fort rapidement, à la Maison de la radio, Arthur Conte, P.D.G. de l'O.R.T.F. depuis juillet 1972.

Je garde toute ma reconnaissance envers Giscard d'Estaing, car ce fut lui qui facilita mon premier contact avec l'audiovisuel et j'eus ainsi la chance d'exercer le métier de rédacteur-reporter à la télévision avec passion jusqu'à ce jour.

Je garde un souvenir charmant de mon entrevue avec Arthur Conte, et le son rocailleux de sa voix m'est toujours présent à l'oreille. D'une façon très chaleureuse, il évoqua mon père, dont il était l'ami et le compagnon dans le même parti, puis il m'interrogea sérieusement sur mon désir de travailler à la télévision. Après l'énoncé de projets d'émissions qui me tenaient à cœur, il me pria d'aller voir Armand Jammot, producteur de l'émission « Aujourd'hui madame », dont le siège se trouvait boulevard Jules-Ferry, derrière la Bastille.

Mon premier contact avec Jammot fut très déconcertant, car je n'étais pas habituée aux relations directes et abruptes de ce monde « barbare » qu'était alors celui de la télé. Être « parachutée » comme je l'étais et porter un nom « à tiroirs » ne facilita pas nos premières relations et ne fit qu'augmenter l'agressivité et la méfiance de mon futur patron!

Après la présentation orale de mon C.V., et quelques réponses à ses questions sur ma réelle motivation, Armand Jammot se leva d'un bond, remonta la ceinture de son pantalon, un tic qui me devint familier après m'avoir surprise, et conclut notre entretien en une phrase, qui me tint lieu d'avertissement : « L'équipe d'"Aujourd'hui madame" est composée de mercenaires, si un tombe, les autres resserrent les rangs, nous n'avons pas la sécurité de l'emploi et Antenne 2 nous paye au mois. Ce qui marche le mieux ici, c'est le siège éjectable! Venez, je vais vous présenter à la rédaction. » Mon inquiétude devint insupportable, je lui fis face et serrai les mâchoires, tout en admirant l'honnêteté de ses propos. Au moins je savais à quoi m'en tenir et me décidai à combattre coûte que coûte alors que je franchissais la porte de la rédaction. J'en fis le tour et saluai une dizaine de journalistes, essayant de déceler dès le premier regard et au seul contact de la poignée de main à qui j'aurais affaire.

On m'installa le lendemain matin non loin de Patrice Laffont, et face à Gilbert Khan, dos à la fenêtre, dans la trajectoire de notre rédacteur en chef Jacques Garat, prompt à envoyer quelques annuaires pour calmer ses emportements.

L'ambiance de la rédaction paraissait plutôt franche et sympathique, mais personne ne se faisait de cadeau, seules les qualités professionnelles comptaient, il fallait s'adapter. Je remarquai que, comme dans un champ magnétique les morceaux de grenaille se dirigent plus ou moins rapidement vers le corps aimanté, les sympathies allaient de même. Je sentis que je devais faire mes preuves le plus tôt et le mieux possible.

Pendant six mois, ce fut la galère, car je ne connaissais rien à la mécanique du tournage ni à la construction d'une émission. Après deux émissions « plateau » où je passai mal, sans doute trop angoissée, Armand Jammot m'orienta vers les magazines. Son choix s'avéra juste, car ce travail de reportage me correspondait parfaitement. Grâce à la camaraderie et à la bonne entente des équipes de tournage, j'appris le métier sur le tas. Le réalisateur n'hésitait pas à me faire recommencer mon chapeau jusqu'à ce qu'il soit parfait. Nous partions huit à dix jours par mois pour tourner dans les coins les plus reculés de France, parfois avec beaucoup d'inconfort, mais nous logions à la même enseigne, et c'est grâce à ces contacts quotidiens, au partage de conditions de vie semblables, qu'une parfaite complicité s'établissait. Nos conversations, les mises au point, l'enchaînement des interviews et des séquences, tout ce qui concernait le sujet se mettait en place au fil des jours, avec un intérêt soutenu et souvent avec passion, car seule la qualité du reportage nous importait. L'équipe se composait de cinq personnes : un réalisateur, le cameraman, l'ingénieur du son, un assistant et moi, sans oublier l'âme de ces émissions, c'est-à-dire la participation de téléspectatrices.

Le génie d'Armand Jammot résidait dans le fait qu'« Aujourd'hui madame » était réalisé par des femmes et pour les femmes. Cette participation et ces échanges d'idées permirent à ces cinquante-six minutes d'antenne quotidienne d'exister sur les écrans d'Antenne 2 près de quinze ans sans perdre de leur intérêt malgré l'évolution des mœurs. L'émission s'adressait après l'heure du déjeuner aux Françaises de tous âges, de toutes classes et de toutes professions, et en particulier à celles qui restaient chez elles.

Une fois par semaine, en prévision des émissions et des magazines futurs, des sujets très divers leur étaient proposés : un métier artisanal, un problème de société, les derniers livres parus, la découverte d'une région, une profession, un homme politique, un fait social, etc.

Nous recevions un important courrier, dans lequel les journalistes qui avaient proposé le sujet choisissaient les meilleures lettres pour leurs qualités : celles où la téléspectatrice pouvait intéresser, émouvoir, étonner le public, servir de guide dans la découverte de sa province, faire face à un homme public, critiquer un écrivain avec raison, et cela pendant près d'une heure. Rien ne se décidait sans l'avis de notre rédacteur en chef Jacques Garat, homme fort sensible, dense et intelligent, ni sans avoir consulté la douce autorité et le réalisme de Dominique Rouchaud sur qui reposait toute l'organisation de la rédaction. Cette belle femme possédait une mémoire fabuleuse qui remontait aux balbutiements d'« Aujourd'hui madame », elle se souvenait du déroulement de toutes les émissions et pouvait le vérifier sur ses grands cahiers.

Une fois par semaine, nous avions droit au « happening » Jammot, une conférence qui se mettait en marche après dix-neuf heures (car nous attendions Armand des heures, sollicité sans cesse au téléphone) et se terminait souvent vers une heure du matin ou plus !

Toute la rédaction, y compris les réalisateurs, les assistants, le secrétariat, une trentaine de personnes, se réunissait dans une longue salle, dans laquelle la séance se déroulait selon un rite bien précis et d'une façon immuable : l'examen et les critiques de toutes les émissions de la semaine écoulée. Si elles étaient bonnes, Jammot leur accordait un « bien », qui à mes yeux équivalait à la plus haute récompense. Si le jugement s'avérait négatif, alors notre chef, de très mauvaise humeur, se mettait, comme il disait avec gouaille, « à traîner dans la merde » le journaliste et le réalisateur responsables de l'émission ou du reportage, puis avec froideur il expliquait la raison du ratage, ce qui aurait dû être évité, etc. Au fur et à mesure de sa démonstration tout s'éclairait, il avait toujours raison.

Ensuite, durant la deuxième partie de la conférence, on procédait à la « pêche » aux sujets, sorte de tour de table où chacun proposait et développait les thèmes qu'il voulait traiter avec tel réalisateur et l'inverse. Armand Jammot pourfendait son interlocuteur jusque dans ses derniers arguments, pour voir si le sujet tiendrait la route. Dans ces moments de confrontation, Armand ne tenait pas en place, remontait la ceinture de son pantalon, vous regardait du haut de sa petite taille, ramassant tous ses muscles, prêt à bondir, ses vastes yeux noirs brillant d'intelligence ou vous foudroyant sur place. Sa voix au terrible accent parigot grondait, éclatait sous les néons, ou s'attendrissait lorsqu'il sentait que sa fureur frisait l'injustice.

Très instinctif, il sentait dès son apparition qu'un malaise s'infiltrait dans l'équipe et qu'une certaine tension y régnait, alors il commençait la conférence par un : « Ça sent mauvais! Je veux savoir ce qui se passe! » Il n'y eut jamais d'abcès de fixation, jamais de rancœur entre nous tous, car nos deux rédacteurs en chef suivaient la même politique de transparence. Ce qui est remarquable dans ce milieu de saltimbanques.

J'admirais et j'admire profondément cet homme, malgré sa dureté envers moi, les premiers mois, mais que méritait mon incompétence, car c'est un homme profondément honnête et très humain. Il vous accordait toute liberté de création et ne sanctionnait qu'à bon escient une fois le reportage réalisé. Lorsque j'eus fait mon second cinquante-six minutes sur les couvents avec Henry Polage, « Une vie désencombrée », qui mérita de bonnes critiques dans les journaux, je fus totalement acceptée et intégrée dans « Aujourd'hui madame ». Au fil des ans, Armand devint un ami sur qui je pouvais compter, et qui avait confiance en mon jugement.

C'était un vrai patron, un meneur d'hommes, sachant vous galvaniser et vous communiquer pour toujours la passion du journalisme, mais en vous incitant à vous remettre en question à chaque reportage. Je crois surtout qu'il faisait partie de ces hommes « libres » qui refusent toute compromission. Ainsi, il s'opposa toujours aux pressions venant de l'Élysée, du gouvernement et des syndicats quels qu'ils soient. Attitude courageuse qui suscita bien du respect et bien des jalousies.

Ces années de journalisme furent pour moi les plus importantes, les plus positives de toute ma carrière.

A cette époque de ma vie, où je ne me contentais pas de faire des bébés, j'enchaînais film après film, préparant déjà le prochain lors des semaines de montage du précédent, et ne revenant que pour le mixage.

Parfois je me faisais bien du souci, car il suffisait que je quitte la maison pour la province pour que Nine ou Jean tombe malade ou ait un petit accident. Heureusement que Patrick suppléait complètement à mes absences. Je me souviens cependant d'un ou deux retours en catastrophe par le dernier train, une fois toutes les interviews assurées, arrivant dans la gare lugubre et déserte, cherchant désespérément un taxi qui veuille bien me mener à Versailles pour m'approcher du lit où s'agitait un bébé brûlant de fièvre ou couturé sur le menton.

A chaque fin de vacances, au moment de quitter à nouveau le Gers, ce pays enchanté de notre enfance, Patrick et moi éprouvions une nostalgie profonde et l'impression que nous passions à côté de l'essentiel. Les « si » prenaient un sens de plus en plus affirmatif « ... et si nous retournions là-bas, ce serait... » L'ondoiement de cette mer de collines, ses lointains bleutés, l'inclinaison des toits des fermes, en parfaite harmonie avec les nuances de cette terre, tous ces liens imperceptibles nous conduisaient à une évidence : il était temps de quitter Paris, notre vie organisée et plutôt facile, pour retourner vivre en Gascogne. Le désir de voir Nine et Jean grandir dans cet environnement de liberté et de beauté, et qu'ils puissent faire leurs certaines des vertus paysannes telles que sagesse, humilité, ténacité, nous incitait à tenter l'expérience.

Je ressentis très profondément ce besoin au hasard de ma vie professionnelle, je dirais que cela ressemblait à une pulsion physique. La première fois, ce fut pendant un tournage sur les religieuses contemplatives, au carmel de la vallée de Chevreuse. Ces femmes vivaient heureuses, simplement, près de la terre, loin de la confusion et de la bousculade des villes, et des vanités de notre siècle. La seconde tentation réapparut en Provence, au milieu d'une communauté hippie, où nous achevions avec Ado Kyrou (cinéaste surréaliste) une série, *Semblables et Différents*, sur les malades mentaux. Un jeune couple aidait de jeunes marginaux ayant renoncé aux stupéfiants, dès lors très perturbés, à retrouver le goût de vivre dans un milieu calme, humain et vrai.

Ils travaillaient la terre, élevaient des chèvres en suivant le rythme et les rites des saisons, et s'adaptaient avec une bonne volonté évidente aux dures lois de la nature.

Eux aussi avaient fui « la société de consommation » et son agitation, et semblaient heureux dans leur désir d'absolu. Après cette ultime confrontation avec une réalité qui correspondait à ma conviction profonde, je me sentis engagée à suivre la voie nouvelle et difficile qui se dessinait devant nous. Je ne pouvais plus nier l'évidence, chaque fois plus forte, puisque Patrick la partageait avec autant d'intensité. Le hasard, une nouvelle fois, nous fut bénéfique. Le 30 août 1978, alors que je terminais nos valises pour remonter du Gers vers Versailles et reprendre nos activités professionnelles, le rêve devint réalité. Il y eut la rencontre et l'irrésistible appel venu d'une maison : « Arton ».

Cette chartreuse entourée de grilles portait un signe : un M couronnait déjà le sommet de la porte principale!

Blottie au creux d'un parc abandonné, envahi par les ronces, cette maison de plain-pied s'appuyait sur diverses terrasses d'où l'on apercevait les terres environnantes. Nous allions vers elle, main dans la main. Dès le premier regard, tout mon être fut envahi par une terrible résonance, je tremblais presque. Éperdue, je retrouvais une émotion semblable, contrôlée certes, chez Patrick. Plus de questions à se poser, ni de faux-fuyants, encore moins de prétextes. La certitude d'avoir trouvé notre maison nous rendait fous de bonheur, déterminés.

L'après-midi j'eus le droit de la visiter. Devant la porte d'entrée, j'entendais mon cœur battre, aussi affolé que les pensées qui sillonnaient mon esprit. Un vaste vestibule traversait toute la largeur de la maison comme dans toutes les habitations gersoises. Les proportions des pièces étaient belles. Spacieuses, elles avaient chacune leur cheminée, leur raison d'être.

A l'est, depuis les fenêtres de notre chambre, le regard se posait sur un bassin rond sur lequel tremblait la silhouette des arbres, puis se perdait dans l'infini des coteaux. Un tapis de cyclamens sauvages invitait à se déchausser pour mieux y marcher. A l'ouest, le ciel se découpait entre les ombres chinoises de grands cèdres, plein sud une vallée et des bois, au nord un verger comme on en voyait sur les illustrations de Boutet de Montvelle : rangées penchées de cerisiers, pommiers en parasol, poiriers montant la garde, un amandier ou deux égarés, venus d'ailleurs. Dans la grande cuisine aux murs noircis flottait cette odeur de métairie si connue de nous enfants, un mélange de fruits mûrs, de fumet de soupe et d'odeur de suie. Sous les voûtes de la cave aux très hauts murs de pierre, une source captive.

Au fur et à mesure de nos découvertes, je rêvais, nous imaginions, nous y vivions déjà. Il fallut attendre une année.

A la rédaction, on s'interrogeait sur mon regard vide, ma distraction. Certains me supposaient malade, d'autres m'imaginaient déchirée par une double vie sentimentale. Pour la première fois je travaillais avec difficulté, tant j'étais habitée, obsédée par cette maison. Je découvrais que les « histoires de maison » sont des histoires d'amour. Je menais déjà une nouvelle existence. Je pensais à cette bâtisse délaissée, silencieuse et qui n'attendait que notre arrivée pour revivre.

A force d'être interrogée, il fallut avouer. La stupeur fut grande, les sourires entendus. Personne, je pense, ne comprenait que ma décision était définitive, nous allions nous embarquer pour l'aventure, avec les enfants, des souvenirs très attachants, des bagages et quelques regrets, ne plus voir ma mère tous les dimanches, ni aussi souvent mes amis les plus chers. Ils viendraient nous rendre visite par curiosité d'abord, puis par plaisir et amitié.

Sur un ton bienveillant, les Cassandre accompagnaient notre décision en essayant de nous rendre coupables de folie et d'inconscience. Nous quittions Paris pour ne plus jamais revenir y habiter. Un nouveau chapitre commençait pour nous deux. Nous étions fiers de continuer une tradition familiale, nous appartenions à cette terre depuis des siècles, et nous nous sentions impatients et heureux, car nous savions qu'à travers cette revanche d'authenticité notre amour n'en serait que plus grand.

Fortis atque Fidelis. Arton nous attendait.

Arton, le 26 janvier 1990.

Cet ouvrage a été réalisé par la
SOCIÉTÉ NOUVELLE FIRMIN-DIDOT
Mesnil-sur-l'Estrée
pour le compte des Éditions Lattès
en août 1990

Imprimé en France
Dépôt légal : septembre 1990
N° d'édition : 90093 – N° d'impression : 14950